FACE-À-FACE

Conversation et rédaction

Françoise Ghillebaert

VISTA®
HIGHER LEARNING

Boston, Massachusetts

FACE-À-FACE
Conversation et rédaction

Françoise Ghillebaert

Publisher: José A. Blanco

Executive Editors: Deborah Coffey, María Eugenia Corbo

Managing Editor: Paola Ríos Schaaf (Technology)

Senior Project Manager: Armando Brito

Editors: Isabelle Alouane, Aliza Krefetz, Sofía Pellón

Director of Design and Production: Marta Kimball

Design Manager: Susan Prentiss

Design and Production Team: María Eugenia Castaño, Oscar Díez, Mauricio Henao, Nick Ventullo

Student Text ISBN: 978-1-60576-118-3
Instructor's Annotated Edition ISBN: 978-1-60576-122-0

Library of Congress Control Number: 2009931448

Every reasonable effort has been made to trace the owners of copyrighted materials in this book, but in some instances this has proven impossible. The publisher will be happy to receive information leading to more complete acknowledgements in subsequent printings of the book, and in the meantime extends its apologies for any omissions. Excerpts from *Le Petit Prince* by Antoine de Saint-Exupéry, copyright 1943 by Houghton Mifflin Harcourt Publishing Company and renewed 1971 by Consuelo de Saint-Exupéry, reproduced by permission of the publisher.

6 7 8 9 WC 14

Getting the Conversation Going with FACE-À-FACE

Bienvenue! **FACE-À-FACE** is a brand new French conversation and composition program from Vista Higher Learning. With **FACE-À-FACE,** you will find it easier and more stimulating to participate in lively conversations in your French class, as you explore a broad range of topics corresponding to each lesson's engaging theme. Most importantly, with **FACE-À-FACE** you will find yourself feeling freer than ever before to speak French.

Speaking French is key to improving your language skills. **FACE-À-FACE** offers abundant opportunities for you and your classmates to engage in conversations on a number of captivating topics. Your French will improve as you put it to use to express ideas and opinions that are important to you. The themes, readings, films, and exercises of **FACE-À-FACE**, along with its unique magazine-like presentation, were specifically chosen to spark exciting conversations and capture your interest and imagination. After all, people express themselves most genuinely when they feel strong emotions.

When you speak to your friends and family outside the French classroom, you probably don't think about whether your sentences are grammatically correct. Instead, you speak fluidly in order to get your message across. Why should expressing yourself in French be any different? Participate as much as possible, without worrying about whether your French is "perfect," and remember that we all have opinions, so don't let the fear of making grammar mistakes keep you from voicing your ideas. Although you will be reviewing and learning grammar in the **Structures** section of every lesson, it should not be your primary concern when you speak. Enhance your conversations by applying the same strategies to French that you do to English to enjoy the conversation. In other words, ask follow-up questions, or ask someone to repeat what he or she has said.

To make progress in French, however, you must also be exposed to the other language skills. These include listening, writing, reading, and socio-cultural competence. With **FACE-À-FACE,** you will practice these skills often as you improve your conversational French. Every lesson opens with a **Court métrage**, an enthralling short film by a contemporary filmmaker from a French-speaking country. **FACE-À-FACE** also provides a wealth of readings of various genres and by renowned literary figures, and every lesson ends with a written **Rédaction** and a **Conversation** that tie up what you have learned and discussed throughout the lesson. **FACE-À-FACE** reinforces each film and reading with comprehension checks and communicative activities in a wide range of formats, all intended to encourage you to bring your experiences into the conversation and voice your opinions. Furthermore, **FACE-À-FACE** will expose you to the cultural diversity of French-speaking countries. Finally, navigating **FACE-À-FACE** will prove effortless, thanks to its highly structured, innovative graphic design.

Communicating in a foreign language is a risk that takes courage, and sometimes even the most outspoken students feel vulnerable. Try to overcome your fears of speaking French, and remember that only through active participation will your communication improve. Most importantly, remember to relax and enjoy the experience of communicating in French.

We hope that **FACE-À-FACE** will help you get the conversation going!

BANDE DESSINÉE	RÉDACTION	CONVERSATION

COURT MÉTRAGE

features award-winning and engaging short films by contemporary Francophone filmmakers.

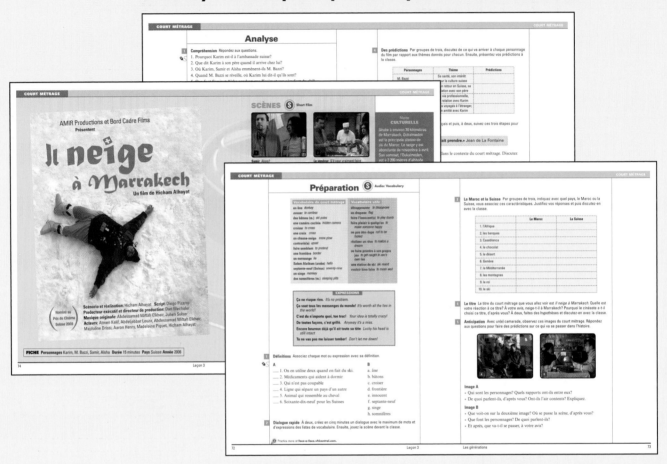

Préparation Pre-viewing exercises set the stage for the short film and provide key background information, thereby facilitating comprehension and enjoyment.

Vocabulaire This feature provides the words and expressions necessary to help you talk about the **court métrage**, along with exercises in which you will use them actively.

Scènes An introduction to the short film's plot consisting of captioned film photos prepares you visually for the film and introduces some of the dialogue and expressions you will encounter.

Courts métrages All short films are available for viewing on the **FACE-À-FACE Supersite** (face-a-face.vhlcentral.com).

Note culturelle This cultural note explains the historical context and aspects of everyday life in the French-speaking world that are central to the short film.

Analyse Post-viewing activities check comprehension and allow you to discover broader themes and connections. In this section especially, you should allow yourself to voice your thoughts and let your French flow unimpeded.

STRUCTURES

review and practice grammar points tied to major language functions.

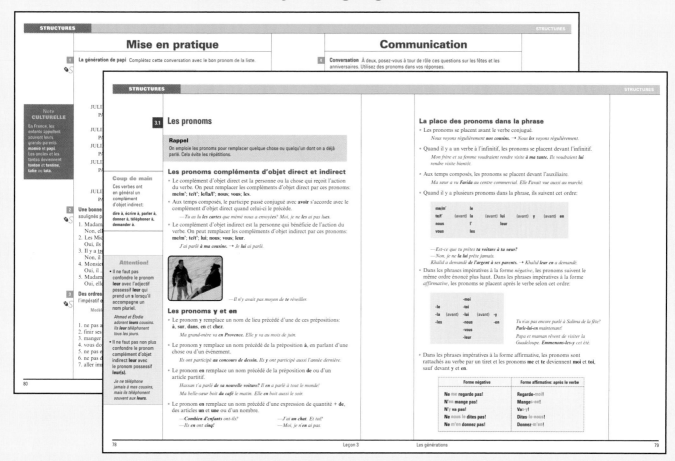

Tables de conjugaison An appendix at the end of the book provides additional support for verb forms and conjugations.

Rappel A reminder gives a quick framework for the grammar point and its functions.

Visual support Video stills from the lesson's short film are incorporated into the grammar explanation so you can see the grammar point in meaningful and relevant contexts.

Mise en pratique, Communication Directed exercises and open-ended communicative activities help you internalize the grammar point in a range of contexts related to the lesson theme and in a variety of configurations (individual, pair, and group work).

Supersite A mouse icon lets you know when an activity is available with auto-grading on the **FACE-À-FACE Supersite** (face-a-face.vhlcentral.com). A Supersite icon lets you know when additional material is available.

LECTURES

provide a wealth of selections in varied genres and serve as a springboard for conversation.

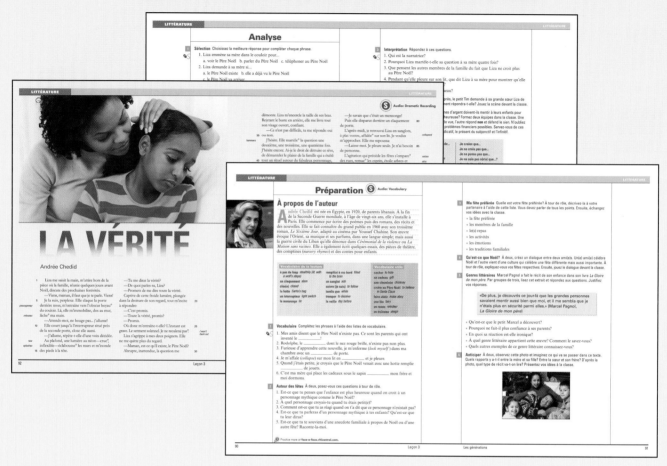

Préparation Helpful lists highlight vocabulary from each reading, as well as words that might prove useful in discussing it. Diverse activities then allow you to practice the vocabulary within the context of the reading's topic.

À propos de l'auteur A brief biography presents key facts about the author, as well as a historical and cultural context for the reading.

Analyse Post-reading exercises check your understanding and motivate you to discuss the topic of the reading, express your opinions, and explore how it relates to your own experiences.

Supersite Mouse and Supersite icons let you know that content from the book and additional content are available on the **FACE-À-FACE Supersite** (face-a-face.vhlcentral.com).

Design Each literary and cultural reading is presented, along with glosses of unfamiliar words, in an attention-grabbing visual style.

Lectures The hand-picked readings and selected authors expose you to different takes on the lesson themes.

BANDE DESSINÉE

features comic strips that offer clever, thought-provoking insights into the lesson themes.

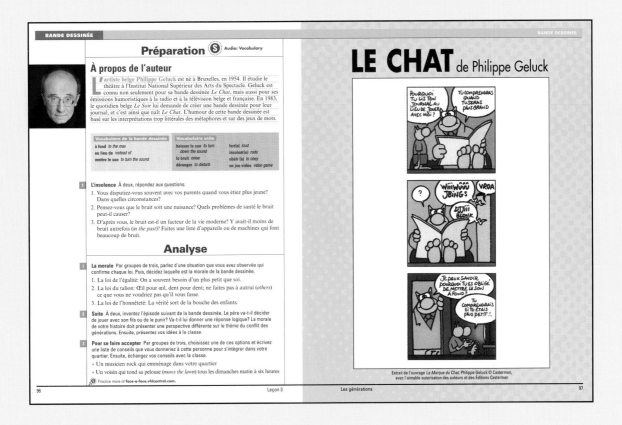

Préparation Lists spotlight key vocabulary from the comic strip, as well as words and expressions useful for discussing it. Preliminary exercises give you the opportunity to reflect on important aspects and on the context of the comic strip.

Analyse In these activities, you will work in pairs and groups to react to the comic strip and to consider how its message applies on both personal and universal levels.

RÉDACTION

gives you the opportunity to express yourself in writing about the lesson's topic.

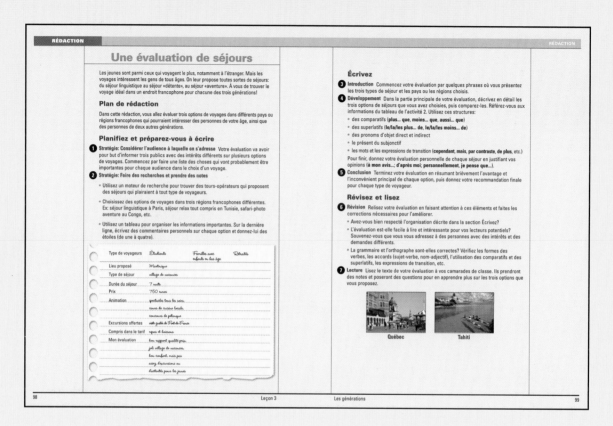

RÉDACTION

Une évaluation de séjours

Les jeunes sont parmi ceux qui voyagent le plus, notamment à l'étranger. Mais les voyages intéressent les gens de tous âges. On leur propose toutes sortes de séjours: du séjour linguistique au séjour «détente», au séjour «aventure». À vous de trouver le voyage idéal dans un endroit francophone pour chacune des trois générations!

Plan de rédaction

Dans cette rédaction, vous allez évaluer trois options de voyages dans différents pays ou régions francophones qui pourraient intéresser des personnes de votre âge, ainsi que des personnes de deux autres générations.

Planifiez et préparez-vous à écrire

1 **Stratégie: Considérer l'audience à laquelle on s'adresse** Votre évaluation va avoir pour but d'informer trois publics avec des intérêts différents sur plusieurs options de voyages. Commencez par faire une liste des choses qui vont probablement être importantes pour chaque audience dans le choix d'un voyage.

2 **Stratégie: Faire des recherches et prendre des notes**

* Utilisez un moteur de recherche pour trouver des tours-opérateurs qui proposent des séjours qui plairaient à tout type de voyageurs.

* Choisissez des options de voyages dans trois régions francophones différentes. Ex: séjour linguistique à Paris, séjour relax tout compris en Tunisie, safari-photo aventure au Congo, etc.

* Utilisez un tableau pour organiser les informations importantes. Sur la dernière ligne, écrivez des commentaires personnels sur chaque option et donnez-lui des étoiles (de une à quatre).

Type de voyageurs	Étudiants	Familles avec enfants en bas âge	Retraités
Lieu proposé	Martinique		
Type de séjour	village de vacances		
Durée du séjour	7 nuits		
Prix	750 euros		
Animation	spectacles tous les soirs, cours de cuisine locale, concours de pétanque		
Excursions offertes	visite guidée de Fort-de-France		
Compris dans le tarif	repas et boissons		
Mon évaluation	bon rapport qualité-prix, joli village de vacances, bon confort, mais pas assez d'excursions ou d'activités pour les jeunes		

Écrivez

3 **Introduction** Commencez votre évaluation par quelques phrases où vous présentez les trois types de séjour et les pays ou les régions choisis.

4 **Développement** Dans la partie principale de votre évaluation, décrivez en détail les trois options de séjours que vous avez choisies, puis comparez-les. Référez-vous aux informations du tableau de l'activité 2. Utilisez ces structures:

* des comparatifs (**plus... que, moins... que, aussi... que**)
* des superlatifs (**le/la/les plus... de, le/la/les moins... de**)
* des pronoms d'objet direct et indirect
* le présent du subjonctif
* les mots et les expressions de transition (**cependant, mais, par contraste, de plus,** etc.)

Pour finir, donnez votre évaluation personnelle de chaque séjour en justifiant vos opinions (**à mon avis...; d'après moi; personnellement, je pense que...**).

5 **Conclusion** Terminez votre évaluation en résumant brièvement l'avantage et l'inconvénient principal de chaque option, puis donnez votre recommandation finale pour chaque type de voyageur.

Révisez et lisez

6 **Révision** Relisez votre évaluation en faisant attention à ces éléments et faites les corrections nécessaires pour l'améliorer.

* Avez-vous bien respecté l'organisation décrite dans la section Écrivez?
* L'évaluation est-elle facile à lire et intéressante pour vos lecteurs potentiels? Souvenez-vous que vous vous adressez à des personnes avec des intérêts et des demandes différents.
* La grammaire et l'orthographe sont-elles correctes? Vérifiez les formes des verbes, les accords (sujet-verbe, nom-adjectif), l'utilisation des comparatifs et superlatifs, les expressions de transition, etc.

7 **Lecture** Lisez le texte de votre évaluation à vos camarades de classe. Ils prendront des notes et poseront des questions pour en apprendre plus sur les trois options que vous proposez.

Québec   Tahiti

Plan de rédaction A writing task allows you to synthesize the vocabulary and grammar of the lesson while using your critical thinking skills.

Process approach The writing task is divided into logical, sequential steps that are organized into pre-writing, writing, and post-writing activities. This structure guides your efforts and ensures a better outcome.

CONVERSATION

pulls the whole lesson together with a lively discussion.

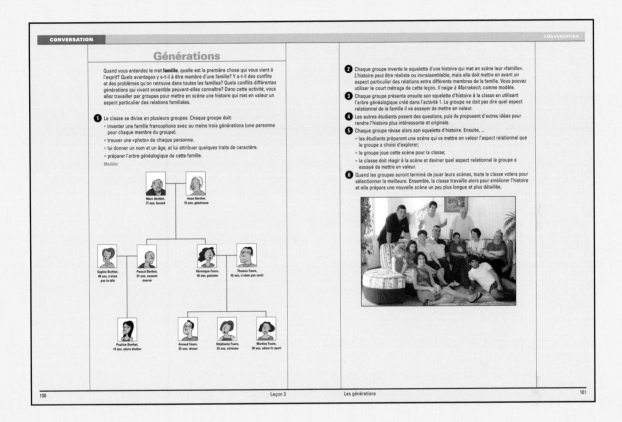

CONVERSATION CONVERSATION

Générations

Quand vous entendez le mot **famille**, quelle est la première chose qui vous vient à l'esprit? Quels avantages y a-t-il à être membre d'une famille? Y a-t-il des conflits et des problèmes qu'on retrouve dans toutes les familles? Quels conflits différentes générations qui vivent ensemble peuvent-elles connaître? Dans cette activité, vous allez travailler par groupes pour mettre en scène une histoire qui met en valeur un aspect particulier des relations familiales.

1. La classe se divise en plusieurs groupes. Chaque groupe doit:
   • inventer une famille francophone avec au moins trois générations (une personne pour chaque membre du groupe).
   • trouver une «photo» de chaque personne.
   • lui donner un nom et un âge, et lui attribuer quelques traits de caractère.
   • préparer l'arbre généalogique de cette famille.

Modèle:

2. Chaque groupe invente le squelette d'une histoire qui met en scène leur «famille». L'histoire peut être réaliste ou invraisemblable, mais elle doit mettre en avant un aspect particulier des relations entre différents membres de la famille. Vous pouvez utiliser le court métrage de cette leçon, *Il neige à Marrakech*, comme modèle.

3. Chaque groupe présente ensuite son squelette d'histoire à la classe en utilisant l'arbre généalogique créé dans l'activité 1. Le groupe ne doit pas dire quel aspect relationnel de la famille il va essayer de mettre en valeur.

4. Les autres étudiants posent des questions, puis ils proposent d'autres idées pour rendre l'histoire plus intéressante et originale.

5. Chaque groupe révise alors son squelette d'histoire. Ensuite, ...
   • les étudiants préparent une scène qui va mettre en valeur l'aspect relationnel que le groupe a choisi d'explorer;
   • le groupe joue cette scène pour la classe;
   • la classe doit réagir à la scène et deviner quel aspect relationnel le groupe a essayé de mettre en valeur.

6. Quand les groupes auront terminé de jouer leurs scènes, toute la classe votera pour sélectionner la meilleure. Ensemble, la classe travaille alors pour améliorer l'histoire et elle prépare une nouvelle scène un peu plus longue et plus détaillée.

Genres Each lesson uses one of three discussion configurations. The prompts prepare you for each kind of discussion.

Conversation This final activity brings you and your classmates together for debate and discussion.

FACE-À-FACE Film Collection

Manon sur le bitume

Il neige à Marrakech

The **FACE-À-FACE** Film Collection showcases the work of contemporary filmmakers from the French-speaking world. You can find their short films in the **Court métrage** section of each lesson. The films offer entertaining and thought-provoking opportunities to build your listening comprehension skills and your cultural knowledge of the French-speaking world.

Film Synopses

Leçon 1: *Manon sur le bitume* d'Élizabeth Marre et Olivier Pont (France; 15 minutes)
Nominated for an Oscar in 2009 and winner of three other international awards, this short film depicts a series of random thoughts that come to a young woman as she lies on the pavement after an accident. Will these be her final moments?

Leçon 2: *Idole* de Benoît Masocco (France; 7 minutes)
Idole tells the story of a young woman whose career path is transformed by love. She is determined to meet Markus, the celebrity idol with whom she has fallen in love. When she finally does, will she have the courage to open her heart to him?

Leçon 3: *Il neige à Marrakech* de Hicham Alhayat (Suisse; 15 minutes)
In this short film, Hicham Alhayat deals with the sometimes comic and always complex dynamics of one Moroccan family. Karim's father wants to ski in Switzerland but was denied a visa to travel there. To avoid breaking the old man's heart, Karim comes up with a plan. But will it work?

Leçon 4: *Pas de bagage* d'Ismaël Djebbari (France; 12 minutes)
Ismaël Djebbari's film deals with the painful topic of fragmented families. Alban's ex-wife and her new husband are moving far away and taking Marion, Alban's teenage daughter, with them. He is trying to keep a close relationship with his daughter, but they are both aware that distance will make this much harder.

Leçon 5: *Le Lagon néo-calédonien* de Yann Arthus-Bertrand (France; 9 minutes)
This documentary short speaks of New Caledonia's coral reef, the world's second largest. It is in good health for now, though waste material from a new mine is poised to devastate the reef and its ecosystem.

Leçon 6: *Sans titre* de David Rousseau et Valéry Schatz (France; 5 minutes)
A young Congolese man is constantly aware of airplanes flying overhead, and he wonders where they are headed. His life is happy, but his happiness is threatened by the possibility of deportation.

SUPERSITE FEATURES

The **FACE-À-FACE** Supersite is fully integrated with the student textbook and is designed to make the student learning experience easier and more enriching. Icons signal to you when material is available on the Supersite.

For Students (free with the purchase of a new Student Text)

- Activities directly from the textbook, with feedback and automatic scoring. At least two activities from the book are generally available online for each film and reading.

- Additional grammar activities and more comprehension practice

- Streaming video of the **FACE-À-FACE** Film Collection. Films are available with subtitles in French and English.

- Dramatic recordings of literary pieces. One reading is recorded for each lesson (six recordings total).

- And much more...

For Instructors

- Full access to the student site

- A robust gradebook and learning management system

- Lesson Plans

- A complete Testing Program (password protected)

- And much more...

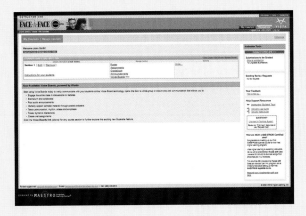

Using FACE-À-FACE to Promote Communication in French

People are naturally predisposed to communication through spoken language. Indeed, we can find almost any reason at all to talk. Sometimes we talk when we feel comfortable or uncomfortable in a given context. We also talk to express emotions such as joy or anger. Regardless of the circumstances, one thing is always true: indifference seldom stimulates genuine communication.

As instructors of French, why should we expect anything different from our students when they participate in class? It isn't realistic to expect that our students will generate French without motivation to do so. That motivation should not be any different from what motivates them to speak their native language outside the French classroom. **FACE-À-FACE** was designed to serve as the basis for active classroom participation and meaningful communication. For conversation to blossom in a French classroom, it is imperative that discussion topics focus on the students and what they bring to the class: their experiences, their opinions, their plans, and their dreams.

Students' views should be the focus of virtually any discussion in order to ensure language output. **FACE-À-FACE** offers appealing content and vibrant page layout, both designed to put students in a position where indifference, and consequently silence, is unlikely. You will find that the films, readings, writing assignments, and discussions in **FACE-À-FACE**, along with its unique presentation, pique students' interest, capture their imagination, and arouse a genuine desire to speak.

Of course, students cannot forgo practice in any of the linguistic skills that comprise well-rounded communication. These skills include listening, writing, reading, and socio-cultural competence. Every lesson of **FACE-À-FACE** opens with a **Court métrage**, a riveting short film, each by a different contemporary filmmaker from a French-speaking region. These films are excellent vehicles for students to listen to spoken French. **FACE-À-FACE** also provides a wealth of reading selections of various genres (**Essai, Article, Nouvelle, Poème,** and **BD,** among others), all of which are meant to stimulate students' curiosity and stir their emotions with the ultimate goal of awakening a strong desire to express themselves in class. Furthermore, every lesson includes a **Rédaction** section in which students express themselves in writing on a topic closely tied to the lesson's theme. Finally, all of the linguistic skills are presented in contexts that expose students to the cultural diversity of French-speaking countries and the issues they face, while steering them clear of the stereotypes that plague these countries' images.

Spontaneous conversation also flows unhindered. When students are outside the French classroom, seldom does anyone stop them to correct their grammar. The atmosphere inside the classroom should be no different. The best way for the instructor to promote communication is by keeping grammar correction to a minimum, so that students can express their ideas fluidly. If grammatical accuracy becomes a serious concern, the instructor can take notes on the general mistakes students are making. Afterwards, the instructor can make these lists available to students periodically as reminders. In no case should these corrections be the focus of any class period, nor should the instructor use them in a reprimanding spirit. Nothing puts students off more from expressing themselves in a foreign language than the fear of feeling embarrassed for their efforts to communicate. Communicating in a foreign language is a risk that makes even the most outspoken students feel vulnerable. A conversation course, therefore, should avoid all obstacles to communication. Remind your students to work to overcome any fears they may have of speaking French with less than 100% grammatical accuracy.

What, then, should the instructor's role be in the French conversation classroom? The instructor should serve as facilitator, ensuring that the conversations maintain their momentum and intervening momentarily whenever that momentum wavers. The instructor in a conversation class should never conduct a lecture on any topic nor should he or she dominate any discussion. The instructor should make sure not to influence the students' opinions, so that what they express is always their own thinking. Instead, the instructor should provide support and answer questions when they arise. You may also want to provide students with conversational techniques to help their French sound more fluent. Speakers in their native language exploit techniques such as using rejoinders and asking follow-up questions to follow a conversation. Likewise, your French conversation students will improve their fluency and comprehension in French when they become aware that they can take advantage of a variety of conversational strategies, just as they would in their native language. The instructor's final role is that of coach, encouraging students to participate as much as possible and reminding them that we all have ideas and no one should be afraid to voice them.

Oral practice should take place primarily among the students. It is from this mutual interaction with their peers that they will maximize speaking opportunities. Encourage students to assist each other, answering each other's questions whenever possible. The instructor as facilitator should see to it that no student dominates any discussion. This situation is easily avoided if the instructor actively encourages students to change the types of groups in which they work. To maximize students' availability to their peers as well as to ensure a successful communicative progression, students should start off the class period working in pairs, advancing to larger groups and finally to discussions involving the entire class. Allow them to assemble the bigger picture after practicing with its component parts. The **Conversation** sections that round off every **FACE-À-FACE** lesson are designed to tie together everything the class learned and discussed.

We hope that you and your students will enjoy the experience of communicating in French and that **FACE-À-FACE** will support and enhance that experience. As an instructor, you can trust that your efforts to stimulate ongoing, lively discussion will make for confident, satisfied language learners who will ultimately feel better prepared to communicate in French. And **FACE-À-FACE** will pave the way.

FACE-À-FACE

Conversation et rédaction

Les relations personnelles

L'être humain est un animal social et, pour lui, les relations personnelles sont essentielles. D'abord, il y a les copains, ceux avec qui on aime s'amuser et faire la fête. Et puis il y a les véritables amis, ceux à qui on peut tout dire et qui sont encore là quand tout va mal. Ceux-là sont plus rares mais leur amitié dure toute la vie.

Quelles sont les principales qualités d'un(e) ami(e)?

Quel genre d'ami(e) êtes-vous?

Quelle relation avez-vous avec vos amis d'enfance?

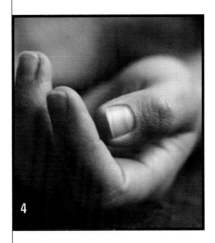

Préparation  Audio: Vocabulary

Vocabulaire du court métrage	
le bitume *asphalt*	**poireauter** *to wait*
crado (inv.) *gross, nasty*	**pourri(e)** *outdated*
une culotte *panties*	*(lit. rotten)*
flou(e) *blurry, out of focus*	**prévoir** *to foresee,*
gonflable *inflatable*	*to predict*
le maître-nageur	**recoudre** *to sew up*
swimming instructor	**les secours (m.)** *help,*
le mec *guy, dude*	*emergency personnel*
un olivier *olive tree*	**le témoin** *witness*
	tripoter *to play with,*
	to touch
	le truc *thing*

Vocabulaire utile
la circulation *traffic*
blessé(e) *injured*
cher/chère *dear*
entre la vie et la mort *between life and death*
des pensées vagabondes (f.) *wandering thoughts*
porter secours *to aid*
les proches (m.) *loved ones*
la victime *victim*
voir sa vie défiler devant ses yeux *to see one's life flash before one's eyes*

EXPRESSIONS

avoir la main verte *to have a green thumb*

à la bourre *in a hurry*

On était bien parti. *We were off to a good start.*

1 **À compléter** Complétez ces phrases à l'aide des mots de la liste.

blessées	maître-nageur
crado	prévoir
floues	tripoter
gonflable	victime

1. Mehdi adore la natation alors il est _____ dans une piscine.
2. Malheureusement, on ne peut jamais _____ un accident!
3. Ces photos ont été mal prises: elles sont complètement _____ !
4. Cette jeune femme a été _____ d'un accident de voiture.
5. Quand je vais à la plage, je prends toujours mon ballon _____ .
6. C'est un accident grave: trois personnes ont été _____ .
7. Arrête de _____ ce portable! Tu vas finir par le casser!
8. Ma colocataire ne nettoie jamais sa chambre, alors elle est vraiment _____ .

2 **Inventez** Avec un(e) camarade, choisissez six à huit mots ou expressions des listes de vocabulaire et écrivez un dialogue logique dans lequel vous utilisez les mots choisis.

3 **Devinez** Par groupes de trois, relisez les listes de vocabulaire, puis essayez de deviner de quoi va parler le court métrage *Manon sur le bitume*. Notez quelques idées, puis partagez-les avec la classe.

Practice more at **face-a-face.vhlcentral.com.**

4 **Un drame** *Manon sur le bitume* est considéré comme un drame psychologique. Quels sont les éléments que vous associez avec ce genre de films? Les aimez-vous? Quel est votre drame préféré? Faites un petit résumé de l'intrigue (*plot*) et expliquez pourquoi vous avez aimé ce film.

5 **Questions personnelles** Répondez à ces questions.

1. Vous êtes-vous déjà trouvé(e) dans une situation où vous n'avez pas fait quelque chose que vous auriez aimé avoir fait? Expliquez.

2. Pouvez-vous citer une chose que vous voulez absolument faire dans la vie? Expliquez pourquoi cette chose est importante pour vous.

3. Y a-t-il une chose que vous espérez ne jamais devoir faire? Qu'est-ce que c'est? Pourquoi ne désirez-vous pas faire cette chose?

4. À votre avis, peut-on souvent contrôler ce qui nous arrive dans la vie? Pourquoi?

6 **Anticipation** À deux, observez ces images et répondez aux questions.

Image A

• Qui voyez-vous sur l'image? À votre avis, qui tient le bébé dans ses bras?

• Qu'est-ce que cette image représente pour Manon, d'après vous?

Image B

• Que font les personnages? Qui est l'homme avec Manon?

• Est-ce un événement important pour Manon, d'après vous?

La Luna Productions présente

manon sur le bitume

un film de **Elizabeth MARRE** & **Olivier PONT**

UN FILM ÉCRIT ET RÉALISÉ PAR **ÉLIZABETH MARRE** ET **OLIVIER PONT** SCÉNARIO **OLIVIER PONT** PRODUIT PAR **SÉBASTIEN HUSSENOT** MUSIQUE ORIGINALE **CHRISTOPHE JULIEN** ACTEURS **AUDE LÉGER, XAVIER BOIFFIER, BASTIEN EHOUZAN, ÉDOUARD RAIX, ÉLIZABETH MARRE, YASMEEN EL MASRI, SAMUEL LAHU**

FICHE **Personnages** Manon, Matthieu, Francesco, Antoine, Jeanne, Mehdi, Yasmeen, Benjamin
Durée 15 minutes **Pays** France **Année** 2007

SCÈNES (S) Short Film

Manon Ça doit être grave. Ça doit être grave vu comment ils me regardent...
Mais ça va... J'ai dû tomber...
L'homme Bonjour, je vous appelle parce que je viens d'être témoin d'un accident de la circulation.

Manon Mais, là, regarde, voilà, sur mon bureau... mon petit carnet[1] mauve.
Tu le connais. Tu peux appeler tout le monde... Tu vas les appeler, hein, Benjamin? Tu vas leur dire quoi?

Manon À un moment, on a parlé de la mort, comme ça, sans y penser vraiment... À un moment où, si on avait su, on aurait fait autrement. On aurait fait attention.

Manon Mehdi ne va trop rien dire.
Je le connais, il ne va rien dire.

Manon Je me souviens une fois ensemble où j'ai failli te dire mille choses gentilles. Et puis, c'est resté là.
Je n'ai pas osé[2]. Mais j'étais bien avec toi.

Manon Allô?... Oui, maman... Écoute, je t'ai dit que je le ferai, mais là, je suis hyper pressée, je suis à la bourre. Bon, il faut... il faut que... il faut que j'y aille, maman. Voilà, je suis pressée, je te dis, voilà. Allez... bisous, ciao, à plus!

[1] address book [2] I did not dare

Note CULTURELLE

Julien Clerc est un célèbre chanteur français qui est né à Paris en 1947. Il est le fils d'un haut fonctionnaire (*government official*) à l'Unesco et d'une Antillaise. En 2003, il est devenu ambassadeur de bonne volonté au profit du Haut Commissariat des Nations Unies pour les réfugiés. Il a fêté ses 40 ans de carrière en 2008 avec la sortie d'un nouvel album, *Où s'en vont les avions?* Carla Bruni, l'épouse du président français, Nicolas Sarkozy, a même écrit une des chansons.

S À L'ÉCRAN

Dans le bon ordre Numérotez ces événements dans l'ordre chronologique, d'après l'histoire.

___ a. Manon sort de chez elle et part à vélo.

___ b. Un passant utilise son portable pour appeler les secours.

___ c. Manon rencontre Matthieu pour la première fois.

___ d. Benjamin apprend la mauvaise nouvelle aux proches de Manon.

___ e. Manon a un accident de vélo.

___ f. Les amis de Manon évoquent les souvenirs qu'ils ont d'elle.

___ g. Manon et ses amis parlent de la mort dans un bar.

Analyse

1 **Association** Associez les éléments de la colonne B à ceux de la colonne A.

A	B
1. ___ Jeanne	a. le voisin de Manon
2. ___ Manon	b. le petit ami de Manon
3. ___ Matthieu	c. une librairie
4. ___ Mehdi	d. une piscine
5. ___ Benjamin	e. la victime d'un accident
6. ___ Francesco	f. travailler avec des enfants
7. ___ Antoine	g. un accent étranger
8. ___ Yasmeen	h. le squash

2 **Sélection** Choisissez la meilleure réponse pour compléter chaque phrase.

1. Manon part de chez elle...
   a. à pied. b. à vélo. c. ni a ni b

2. Dans la rue, Manon...
   a. retrouve Matthieu. b. a un accident. c. ni a ni b

3. Matthieu et Manon sortaient ensemble depuis...
   a. un mois. b. un an. c. un peu plus d'un an.

4. Manon a des regrets en ce qui concerne...
   a. sa dernière conversation avec sa mère. b. sa carrière. c. a et b

5. Manon pense aux... qu'elle n'a pas eu(e)s avec Matthieu.
   a. enfants b. vacances c. a et b

3 **Réponses brèves** Servez-vous des mots et des expressions de la liste pour compléter ces phrases.

a peur	l'accent
Antoine	sa mère
est en retard	son appartement

1. Immédiatement après l'accident, Manon _____ que les gens dans la rue voient sa culotte.

2. Manon a aussi honte parce que _____ est en désordre.

3. Quand elle était au téléphone avec _____, Manon a été désagréable.

4. D'habitude, les amis de Manon se moquent de _____ de Francesco, mais aujourd'hui personne ne fait de commentaire à son sujet.

5. _____ veut faire quelque chose de spécial pour rendre hommage à Manon.

6. Matthieu pense que Manon _____ à leur rendez-vous.

4 **Actions et réactions** Complétez ces descriptions avec des mots et expressions appropriés.

A. Quand la police vient voir Benjamin, le voisin de Manon, il est en train de s'occuper de (1) _____. C'est pour cela que Manon veut lui laisser son (2) _____.

B. Au moment de l'accident, la mère de Manon prépare tranquillement (3) _____ sans se douter de ce qui vient de se passer.

C. Antoine ne répond pas au téléphone parce qu'il est en train de (4) _____ et ne se doute pas de l'importance de l'appel.

D. Quand les amis sont réunis après «la mort» de Manon, Mehdi reste (5) _____, ce qui n'étonne pas Manon. Elle voudrait qu'il s'occupe de (6) _____ Oswald parce qu'il aime l'eau.

5 **Mes regrets** Avez-vous des regrets dans la vie? Que feriez-vous différemment si vous aviez la possibilité de refaire les choses? Pourquoi? Y a-t-il des choses que vous n'avez pas encore faites mais que vous voudriez faire? Partagez-vous certains des regrets de Manon? Discutez par groupes de trois.

6 **Conversation** Si Manon ne meurt pas à la suite de son accident, va-t-elle vraiment faire les choses auxquelles elle a pensé? Discutez-en avec la classe.

- D'abord faites une liste de toutes les choses auxquelles Manon a pensé. Décidez quelles préoccupations sont importantes, d'après vous, et lesquelles sont peut-être futiles.

- Ensuite, divisez-vous en deux groupes: un groupe qui pense que Manon va faire toutes ces choses et l'autre groupe qui pense qu'elle va faire les choses différemment.

- Les deux groupes expliquent leurs points de vue et débattent de chaque chose.

- Finalement, les deux groupes assemblent leurs idées et en font un résumé pour décrire la vie de Manon après l'accident.

7 **Rédaction** Écrivez un paragraphe dans lequel vous expliquez ce que vous faites pour rester en contact avec vos proches et pour leur montrer votre affection. Votre paragraphe doit comporter ces éléments:

Qui	Pour commencer, faites une liste de vos proches et donnez quelques détails sur vos relations avec eux.
Quand	Indiquez la fréquence de vos contacts avec chaque personne.
Comment	Décrivez comment vous restez en contact avec chaque personne et dites pourquoi vous choisissez cette méthode plutôt qu'une autre.
Pourquoi	Expliquez pourquoi il vous est important de rester en contact avec chaque personne et ce que vous faites d'autre pour lui montrer votre affection.
Quoi	Décrivez ce que vous voudriez dire à chaque personne si vous étiez dans une situation où vous risquiez de ne jamais la revoir.

Practice more at **face-a-face.vhlcentral.com.**

1.1 # Le passé composé et l'imparfait

Rappel

On utilise soit le passé composé soit l'imparfait pour parler de faits passés. Leur usage respectif est déterminé par le contexte ou par le point de vue du narrateur.

Emplois du passé composé

- On utilise le passé composé pour parler d'un fait passé, spécifique et achevé (*completed*) au moment où l'on parle.

   *Martin **a rencontré** Julie chez des amis communs.*

- On l'utilise aussi pour parler d'un fait qui s'est passé à un moment précis du passé.

   *Ils se **sont mariés** il y a deux mois.*

- On utilise le passé composé pour parler d'une action passée en précisant le début ou la fin de cette action.

   *Ils **sont rentrés** chez eux à onze heures.*

   —Voilà, c'est Manon...
   *elle **a eu** un accident.*

- On utilise le passé composé pour parler d'une action passée qui a eu lieu un certain nombre de fois sans être une action habituelle**.**

   *Alain et Murielle se **sont téléphoné** trois fois hier.*

- On l'utilise pour parler d'une suite d'événements passés.

   *Karim et Sonia se **sont parlé**, se **sont plu** et **ont décidé** de se revoir.*

Emplois de l'imparfait

- On utilise l'imparfait pour parler d'une action passée sans en préciser le début ni la fin**.**

   *—Je **croyais** que j'aurais le temps de te le*
   *dire, mais j'**étais** bien avec toi, tu sais?*

• On utilise l'imparfait pour parler d'un fait habituel dans le passé.

> *Ils se **voyaient** tous les jours.*
> *Chaque année, ils **passaient** leurs vacances ensemble.*

• On l'utilise aussi pour décrire quelqu'un (son âge, son état d'esprit) ou quelque chose dans le passé.

> *C'**était** quelqu'un de calme et de réfléchi.*
> *Les arbres **étaient** en fleurs.*

Les différences entre le passé composé et l'imparfait

• Le passé composé et l'imparfait sont souvent utilisés ensemble quand on raconte une histoire.

Utilisez le passé composé pour raconter :	Utilisez l'imparfait pour décrire :
• les faits principaux de l'histoire • les différentes actions qui constituent la trame de l'histoire	• le contexte, le cadre de l'histoire, l'arrière-plan de l'action • ce que les gens étaient en train de faire • les gens (leur âge, leur personnalité, leur état d'esprit) et les choses

> *Dimanche dernier, il **faisait** beau et je **me promenais** tranquillement dans le parc. Tout à coup, une jeune fille **est tombée** de son vélo devant moi. J'**ai voulu** l'aider mais heureusement, ce n'**était** pas grave. Elle **était** jolie et très sympa. Nous **avons passé** tout l'après-midi ensemble et… je **suis tombé** amoureux d'elle !*

• Quand on utilise le passé composé et l'imparfait dans la même phrase, on emploie l'imparfait pour l'action qui est en train de se passer (la situation, la scène de l'histoire) et le passé composé pour l'action qui interrompt le déroulement des faits.

La situation/la scène (imparfait)	L'action qui interrompt la scène (passé composé)
*Ils se **promenaien**t…*	*quand il **a commencé** à pleuvoir.*
*Éric **était** triste…*	*quand Sandrine **est arrivée.***
*Justine **dormait**…*	*quand Alex **a téléphoné.***

• Dans certains cas, l'emploi de l'imparfait et du passé composé indique une relation de cause à effet, une conséquence.

> *Elle **s'est disputée** avec son petit copain parce qu'elle **était** de mauvaise humeur. (Elle était de mauvaise humeur et c'est pour cela qu'elle s'est disputée avec son petit copain.)*

Coup de main

Certains adverbes et expressions sont souvent utilisés avec le passé composé : **tout à coup, soudain, un jour, une fois, hier matin, la semaine dernière**, etc. D'autres sont normalement utilisés avec l'imparfait : **en général, souvent, d'habitude**.

Attention !

• Le sens des verbes **connaître, devoir, pouvoir, savoir** et **vouloir** peut changer au passé composé.

*J'**ai connu** (met) ma fiancée à Montréal.*

*Elles **ont dû** arriver (**must have arrived**) trop tard.*

*Tu **as pu** finir (**managed to finish**) le travail à temps.*

*Personne n'**a su** (**found out**) qui avait apporté le cadeau.*

*Vous n'**avez pas voulu** aider (**refused to help**) la victime.*

Mise en pratique

1

Le bal masqué Complétez le texte en mettant les verbes entre parenthèses à l'imparfait ou au passé composé.

Quand elle (1) _____ (être) jeune, Virginie (2) _____ (être) très timide et (3) _____ (aimer) la solitude. Un jour cependant, ses amies (4) _____ (inviter) Virginie à un bal masqué. Et pour une fois, Virginie (5) _____ (accepter) l'invitation. Pendant la soirée, Virginie (6) _____ (remarquer) un garçon déguisé en Zorro qui la (7) _____ (regarder) tout le temps. Finalement, il (8) _____ (venir) lui parler et ils (9) _____ (passer) le reste de la soirée ensemble. À la fin de la soirée, le garçon (10) _____ (disparaître) et elle (11) _____ (ne jamais savoir) qui il (12) _____ (être).

2

Pauvre Malik!

A. Lisez l'histoire de Malik.

À midi, Malik a faim et va au restaurant. Il regarde distraitement les gens qui passent dans la rue. Soudain, il voit sa petite amie Mina avec un autre garçon! Et ils ont l'air de bien s'amuser! Malik est furieux. Il sort du restaurant en courant et cherche le couple partout dans la rue. Finalement, il voit Mina et le mystérieux jeune homme. Les deux jeunes gens sont à l'arrêt de bus. Malik se précipite vers eux et demande une explication à sa petite amie. Mina éclate de rire et explique que le garçon qui est avec elle n'est autre que son… cousin, Reza. Malik se sent vraiment gêné.

B. Maintenant, mettez l'histoire au passé.

Hier midi, … _____

_____

_____

_____

_____

3

Les vacances d'Aline Faites des phrases avec les éléments donnés.

Modèle quand / elle / être / petite / Aline / aller à la mer / avec ses parents
Quand elle était petite, Aline allait à la mer avec ses parents.

1. cette année / elle / aller à la mer / avec ses copines
2. elles / se promener sur la plage / quand / elles / voir / un garçon / qui / jouer de la guitare
3. Aline / demander / au garçon / comment il / s'appeler
4. il / répondre / qu'il / s'appeler / Lucas
5. Aline et Lucas / devenir copains et / s'entendre très bien en général
6. mais un jour / Lucas / vouloir faire de la planche à voile / et Aline, / qui / avoir peur, / ne pas vouloir
7. alors, ils / se disputer / et / rompre
8. heureusement ses amies / être là / et elles / la consoler

Note CULTURELLE

En France, les jeunes sortent généralement en groupe. Ils se retrouvent en ville et vont au café, au cinéma ou à des concerts tous ensemble. Parfois, ils organisent des soirées chez eux. Le concept américain de *dating* n'existe pas.

Communication

4 **Histoire d'amitié** Posez ces questions à votre partenaire.

1. Qui était ton/ta meilleur(e) ami(e) quand tu étais plus jeune?
2. Comment vous êtes-vous rencontré(e)s?
3. Combien de temps avez-vous mis pour devenir bons/bonnes ami(e)s?
4. Comment êtes-vous devenu(e)s de grand(e)s ami(e)s?
5. Que faisiez-vous ensemble?
6. Est-ce que vous vous disputiez de temps en temps?
7. Est-ce que vous vous réconciliiez facilement?
8. Comment votre amitié s'est-elle terminée?
9. Est-ce que tu as revu cette personne récemment?
10. Est-ce que tu as gardé un bon souvenir d'elle?

5 **La curiosité** Le/La petit(e) ami(e) de votre partenaire est un personnage historique célèbre et ils ont une relation difficile. Et vous, vous avez envie de tout savoir. D'abord choisissez le personnage historique. Ensuite, utilisez ces verbes pour lui poser des questions.

Modèle —**Est-ce que tu avais rendez-vous avec Napoléon hier?**
—**Oui, nous avions rendez-vous mais il est arrivé en retard**
  parce qu'il…

arriver en retard	être jaloux/ jalouse	se réconcilier
attendre	se fâcher	se téléphoner
se disputer	(ne pas) se parler	se voir

6 **Relations personnelles** Avec un(e) partenaire, choisissez deux personnes de la liste: une avec qui vous avez eu une bonne relation et une autre avec qui vous avez eu une mauvaise relation. Racontez ce qui s'est passé. Votre partenaire vous posera des questions pour avoir plus de détails.

- ta/ton meilleur(e) ami(e)
- ta/ton petit(e) ami(e)
- ta sœur / ton frère
- ta/ton voisin(e)

Modèle —**Quand elle était petite, ma sœur était vraiment…**
—**Qu'est-ce qu'elle faisait?**
—**Un jour, elle…**

:🔅: Practice more at **face-a-face.vhlcentral.com.**

1.2 Le plus-que-parfait et la concordance des temps

Rappel

On emploie soit l'imparfait soit le passé composé pour parler d'un fait passé. Mais pour parler d'un fait passé qui a eu lieu chronologiquement avant un autre, on utilise le plus-que-parfait.

*Si j'**avais su**, je vous aurais laissé des trucs.*

Le plus-que-parfait

- Le plus-que-parfait est un temps composé comme le passé composé. Pour former le plus-que-parfait, on prend l'imparfait de l'auxiliaire **être** ou **avoir** et on ajoute le participe passé du verbe conjugué.

	dire	aller	se disputer
je/j'	avais dit	étais allé(e)	m'étais disputé(e)
tu	avais dit	étais allé(e)	t'étais disputé(e)
il/elle/on	avait dit	était allé(e)	s'était disputé(e)
nous	avions dit	étions allé(e)s	nous étions disputé(e)s
vous	aviez dit	étiez allé(e)(s)	vous étiez disputé(e)(s)
ils/elles	avaient dit	étaient allé(e)s	s'étaient disputé(e)s

*Il est arrivé à midi. Nous **avions** pourtant bien **dit** 10 heures!*
*Après tant d'années de séparation, ces deux amies se sont retrouvées comme si elles **ne s'étaient** jamais **quittées**.*

- Les règles d'accord du participe passé sont les mêmes au plus-que-parfait qu'au passé composé.

*Il n'a pas **vu** Farida cette semaine et la semaine dernière, il ne l'avait pas **vue** non plus! Je crois que c'est fini entre eux!*

- On peut aussi utiliser le plus-que-parfait pour exprimer un souhait ou un regret à propos d'une situation passée. Dans ce cas, il est introduit par **si** ou **si seulement**.

*Si seulement il lui **avait dit** toute la vérité!*
*Si seulement elle **n'était pas partie**!*

La concordance des temps

- La concordance des temps établit le rapport entre le temps de la proposition subordonnée et le temps de la proposition principale dont elle dépend. La concordance des temps s'applique notamment quand on rapporte ce que quelqu'un a dit; c'est-à-dire, dans le discours indirect.

  *Tu **veux** m'expliquer pourquoi tu **attendais** dehors?*
  *Ils ne se **sont** pas **rendu** compte que nous **étions parties** tôt.*

- Quand le verbe de la proposition principale est au présent ou au futur, le verbe de la proposition subordonnée est au temps qu'on utiliserait logiquement selon le sens dans une phrase indépendante.

Proposition principale	Proposition subordonnée
Julien **dit**	qu'il **sort** avec Maya. (au moment présent)
	qu'il **sortira** avec Maya. (dans le futur)
	qu'il **sortait** avec Maya. / qu'il **est sorti** avec Maya. (dans le passé: soit habituellement, donc imparfait; soit occasionnellement, donc passé composé)

Proposition principale	Proposition subordonnée
Thomas **demandera**	**si** Paola **est** là.
	avec qui Paola **arrivera.**
	pourquoi Paola **est arrivée** en retard.

- Quand le verbe de la proposition principale est au passé, le verbe de la proposition subordonnée se met:

> **à l'imparfait** s'il y a simultanéité entre les deux actions.
> **au conditionnel** s'il y a postériorité.
> **au plus-que-parfait** s'il y a antériorité.

Proposition principale	Proposition subordonnée
Julien **a dit**	qu'il **sortait** avec Maya. (au moment présent)
	qu'il **sortirait** avec Maya. (dans le futur)
	qu'il **était sorti** avec Maya. (dans un passé antérieur au moment où il parle)

Proposition principale	Proposition subordonnée
Thomas **demandait**	**si** Paola **était** là.
	avec qui Paola **arriverait.**
	pourquoi Paola **était arrivée** en retard.

Coup de main

Quand on rapporte ce que quelqu'un a dit, on utilise souvent des verbes tels que **dire, annoncer, expliquer** ou **répondre** dans des phrases affirmatives et **demander, se demander** dans des phrases interrogatives. La proposition subordonnée est introduite par **que** dans les phrases affirmatives et par **si** ou par un mot interrogatif (**pourquoi, quand, comment,** etc.) dans les phrases interrogatives.

*Je lui ai expliqué **que** tu lui avais pardonné.*

*Il se demandait **si** tu étais enore fâchée.*

Attention!

- **Si** devient **s'** devant **il** ou **ils** mais reste **si** devant **elle, elles** ou **on.**

*Paul pensait à ses copains et se demandait **s'ils** étaient déjà rentrés.*

Mise en pratique

1

Quelle malchance! Le week-end dernier, Amélie n'a vraiment pas eu de chance. Complétez correctement les phrases.

1. Samedi soir, Amélie a téléphoné à Léa pour aller voir le dernier James Bond mais Léa _____ ce film.
   a. a vu   b. voyait   c. avait vu

2. Quand Amélie est arrivée au cinéma, le film _____ déjà _____.
   a. allait… commencer   b. avait… commencé   c. a… commencé

3. Après la séance, Amélie a voulu prendre le dernier métro pour rentrer chez elle, mais il _____.
   a. était déjà partie   b. était déjà parti   c. est déjà parti

4. Quand elle est arrivée chez elle, elle s'est rendu compte qu'elle _____ ses clés.
   a. avait perdu   b. s'était perdue   c. a perdu

5. Alors, elle est allée chez ses amies mais personne n'a ouvert parce qu'elles n' _____ pas encore _____.
   a. étaient… rentrés   b. avaient rentré   c. étaient…rentrées

6. Finalement, elle est allée chez ses parents qui étaient contents parce qu'ils _____ Amélie depuis très longtemps.
   a. n'avaient pas vu   b. ne s'étaient pas vus   c. ne s'étaient pas vues

2

Les mésaventures de Jérémy Mettez les verbes entre parenthèses au plus-que-parfait.

Une amie m'a raconté les mésaventures de Jérémy, un jeune Américain qui (1) _____ (décider) de venir en France pour apprendre le français. À peine arrivé, il (2) _____ (rencontrer) une jeune fille très sympa qui s'appelait Gisèle. Au début, ils (3) _____ (sortir) en bande, avec les copains de Gisèle, mais après quelques semaines, les parents de Gisèle (4) _____ (insister) pour faire sa connaissance et (5) _____ (inviter) Jérémy à venir dîner chez eux.

Le soir du dîner, Jérémy (6) _____ (se présenter) chez les parents de Gisèle avec un beau bouquet de chrysanthèmes qu'il (7) _____ (acheter) pour la maman de son amie. Mais, à la surprise de Jérémy, elle (8) _____ (ne pas avoir) l'air d'apprécier ses fleurs. Comme Jérémy ne comprenait pas pourquoi elle avait l'air si contrariée, Gisèle lui (9) _____ (expliquer) la signification de ces fleurs et le pauvre Jérémy (10) _____ (devoir) se dire qu'il n'y avait pas que la langue française qu'il devait apprendre, mais aussi la culture et les coutumes du pays!

Note CULTURELLE

En France, les chrysanthèmes sont les fleurs associées au souvenir des morts. Traditionnellement, le premier novembre, le jour de la Toussaint, les familles vont déposer des pots de chrysanthèmes sur les tombes de leurs parents. Certaines personnes superstitieuses pensent que ces fleurs portent malheur.

---

*Practice more at **face-a-face.vhlcentral.com**.*

Communication

3 **Et avant ça?** Votre partenaire vous dit ce qu'il/elle et son amie Lise ont fait récemment. Posez des questions pour savoir ce qui s'était passé avant.

> **Modèle** —Hier, j'ai téléphoné à Lise. (avant-hier / envoyer)
> **—Avant-hier, tu lui avais envoyé un e-mail?**

1. La semaine dernière, Lise et moi, nous avons vu le dernier film d'Audrey Tautou. (la semaine d'avant / aller)
2. Aujourd'hui, Lise s'est réconciliée avec Emma. (hier / se disputer)
3. Cet après-midi, Lise s'est promenée en ville toute seule. (hier matin / rencontrer)
4. Hier soir, les parents de Lise ont invité mes parents au restaurant. (il y a une semaine / rendre visite)
5. Cet été, je suis allé en France et Lise est allée au Canada. (l'été dernier / voyager)

4 **Emplois du temps** Que faisaient vos copains quand vous avez téléphoné? Et le matin? Et l'après-midi? Décrivez l'emploi du temps de vos amis à votre partenaire.

> **Modèle** —**Qu'est-ce que Samira t'a dit?**
> —**Quand j'ai téléphoné à Samira, elle m'a dit qu'elle avait joué au tennis avec Jean ce matin, qu'elle déjeunait avec Lili quand j'ai téléphoné et qu'elle irait au cinéma avec Mia et Raoul cet après-midi.**

		samedi	Nom
	10h00	laver la voiture	Adrien
	12h00	jouer de la guitare avec des copains	
	20h00	dîner au restaurant avec Elsa	
	9h00	jogging avec Patrick	Anne
	12h00	faire les magasins avec Patricia	
	21h00	assister à un concert avec Serge	
	9h00	jogging avec Anne	Patrick
	12h00	étudier à la bibliothèque	
	16h00	prendre un café avec des copains	

5 **Voilà pourquoi!** À deux, parlez de ce qui est arrivé hier à vos amis Rose et Fabien. Choisissez chacun(e) une des deux situations et dites à votre partenaire ce que vous avez entendu dire.

> **Modèle** Rose et Fabien ne sont pas allés au concert. (oublier les billets / devoir retourner / ne pas trouver / aller au concert)
> —**Il paraît qu'ils ne sont pas allés au concert parce qu'ils avaient oublié leurs billets, qu'ils avaient dû retourner à la maison, qu'ils ne les avaient pas trouvés et qu'ils iraient au concert la prochaine fois.**

1. Rose et Fabien se sont disputés. (avoir un accident / s'accuser / arriver en retard / rater / aller au cinéma)
2. Rose et Fabien se sont réconciliés. (finalement téléphoner / demander pardon / offrir / inviter)

Préparation Audio: Vocabulary

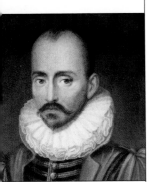

À propos de l'auteur

Montaigne, de son vrai nom Michel Eyquem, est un écrivain du XVIe siècle. Il est né en 1533 au château de Montaigne, en Périgord, dans le sud-ouest de la France et meurt en 1592. Aîné (*Eldest*) de sa famille, il prendra le nom du château en héritant du domaine, à la mort de son père. Dans *Les Essais*, son œuvre principale, il raconte sa vie à travers des réflexions sur l'éducation, sur l'amitié et sur la colonisation du Nouveau Monde, entre autres thèmes. Ce texte ne respecte pas l'ordre chronologique des événements de sa vie parce que Montaigne l'a constamment édité afin de refléter le mouvement de sa pensée. C'est pourquoi le texte se présente comme une superposition de strates (*layers*) successives.

Vocabulaire de la lecture

une âme *soul*
conseiller *to advise*
la couture *seam*
dérober *to steal*
dès lors *since then*
doux/douce *sweet*
effacer *to erase*
se joindre *to join*
languissant(e) *melancholic*
se mêler *to mix*
partout *everywhere*
la perte *loss*
sauf *except*
tromper *to deceive*

Vocabulaire utile

aimable *kind*
amical(e) *friendly*
une amitié *friendship*
l'amour (m.) *love*
la coutume *custom*
entretenir *to sustain*
fidèle *faithful*
le lien *link*
offrir *to give (as a gift)*
se quitter *to leave one another*

---

1 **Antonymes** Complétez chaque phrase avec le mot de vocabulaire qui exprime le mieux le sens contraire du mot souligné.

1. Pourquoi veux-tu <u>te séparer</u> de notre groupe? Viens _____ à nous!

2. Un vrai ami ne doit jamais <u>tromper</u> ses amis. Il doit les _____ pour qu'ils prennent les meilleures décisions.

3. La patronne leur a parlé d'une manière <u>agressive</u>, mais quand ils lui ont expliqué leur retard, elle les a traités d'une manière plus _____.

4. Après la _____ de sa grand-mère, qui est morte le mois dernier, l'<u>arrivée</u> du nouveau bébé doit être un heureux événement.

5. D'abord, le criminel va _____ le diamant. Ensuite, il va l'<u>offrir</u> à sa femme.

2 **Amour ou amitié?** Classez ces activités dans la catégorie **amitié** ou **amour**. Ensuite, avec un(e) partenaire, justifiez vos réponses.

Activités	Amour	Amitié
1. se voir de temps en temps		
2. manger une pizza		
3. aller à des réunions de famille		
4. parler dans un langage familier		
5. avoir le même compte en banque		

 Practice more at **face-a-face.vhlcentral.com.**

Qu'un
AMI VÉRITABLE
EST UNE DOUCE CHOSE!

Michel de Montaigne

e que nous appelons ordinairement amis 1
et amitiés, ce ne sont qu'accointances
et familiarités nouées° par quelque
occasion ou commodité, par le moyen°
de laquelle nos âmes s'entretiennent. 5
En l'amitié de quoi je parle, elles se
mêlent et confondent° l'une en l'autre,
d'un mélange° si universel qu'elles effacent et ne retrouvent
plus la couture qui les a jointes. Si on me presse de dire
pourquoi je l'aimais, je sens que cela ne se peut exprimer qu'en 10
répondant: «Parce que c'était lui, parce que c'était moi».

Il y a, au delà° de tout mon discours et de ce que j'en puis
dire particulièrement, ne sais quelle force inexplicable et
fatale, médiatrice de cette union. Nous nous cherchions avant
que de nous être vus, et par des rapports que nous oyions° 15
l'un de l'autre, qui faisaient en notre affection plus d'effort que ne
porte la raison des rapports°; je crois, par quelque ordonnance°
du ciel. Nous nous embrassions par nos noms; et à notre
première rencontre, qui fut° par hasard en une grande fête et

tied

means

merge
mix

beyond

heard

connections; arrangement

was

20 compagnie de ville, nous nous trouvâmes si pris, si connus, si obligés entre nous, que rien dès lors ne nous fut si proche que l'un à l'autre...

Qu'on ne me mette pas en ce rang° ces autres amitiés *rank* communes; j'en ai autant de connaissance qu'un autre, et des 25 plus parfaites en leur genre, mais je ne conseille pas qu'on confonde leurs règles: on s'y tromperait. Il faut marcher en ces autres amitiés la bride° à la main, avec prudence et précaution; *bridle* la liaison n'est pas nouée en manière qu'on n'ait aucunement à s'en défier°... *mistrust*

30 L'ancien Ménandre° disait celui-là heureux, qui avait pu *Menander, ancient Greek dramatist* rencontrer seulement l'ombre° d'un ami. Il avait certes raison *shadow* de le dire, même s'il en avait tâté°. Car, à la vérité, si je compare *attempted* tout le reste de ma vie, quoiqu'avec la grâce de Dieu je l'aie passée douce, aisée et, sauf la perte d'un tel ami, exempte 35 d'affliction pesante°, pleine de tranquillité d'esprit, ayant pris *burdensome* en paiement mes commodités naturelles et originelles sans en rechercher d'autres; si je la compare, dis-je, toute, aux quatre années qu'il m'a été donné de jouir de la douce compagnie et société de ce personnage, ce n'est que fumée, ce n'est qu'une 40 nuit obscure et ennuyeuse. Depuis le jour que je le perdis, ... je ne fais que traîner° languissant; et les plaisirs mêmes qui *mope* s'offrent à moi, au lieu de me consoler, me redoublent le regret de sa perte. Nous étions à moitié de tout; il me semble que je lui dérobe sa part.

45 J'étais déjà si fait et accoutumé à être deuxième partout qu'il me semble n'être plus qu'à demi. ✠

Analyse

1 **Vrai ou faux?** Indiquez si les phrases sont **vraies** ou **fausses**. Corrigez les fausses.

1. Les deux amis se sont rencontrés à l'école.
2. La vie de Montaigne a été difficile et malheureuse sauf le jour où il a perdu son ami.
3. L'amitié pour Montaigne est plus qu'une relation spéciale. C'est une douce expérience.
4. Montaigne dit que les coutures de leurs âmes s'effacent entre lui et son ami.
5. La compagnie de son ami était agréable, alors sa mort n'a pas été un moment pesant.
6. Depuis la mort de son ami, Montaigne n'a plus de plaisirs et se sent languissant.
7. Rien ne peut consoler Montaigne de la perte de son ami.
8. Maintenant qu'il est seul, Montaigne a l'impression d'avoir retrouvé son âme.

2 **Une amitié spéciale** À deux, répondez à ces questions.

1. Ce texte est-il une fiction ou une histoire vraie? Justifiez votre réponse.
2. Comment le destin est-il intervenu dans la naissance de l'amitié de ces deux personnes?
3. Quel exemple Montaigne donne-t-il pour montrer que toute forme d'amitié rend la vie plus douce? Expliquez cet exemple.
4. Comment cette amitié si douce a-t-elle transformé la vie de Montaigne? Qu'est-ce qui a changé depuis la perte de son ami?
5. Pourquoi Montaigne dit-il qu'il dérobe la part des plaisirs qu'il partageait avec son ami?

3 **Une métaphore** À deux, expliquez la métaphore dans la phrase «qu'elles effacent et ne retrouvent plus la couture qui les a jointes». À quel mot se réfère le pronom sujet **elles**? Quel est le sens littéral de **couture**? Que dit cette métaphore sur l'unité des deux amis?

4 **George Sand** Montaigne pensait que les femmes ne sont pas capables d'une amitié aussi profonde que celle des hommes. Lisez cette protestation de George Sand, écrivaine française du XIXe siècle. Ensuite, à deux, relevez les points qu'elle choisit pour défendre la femme.

> «Mais c'est faux! m'écriai-je; cette ineptie et cette frivolité que vous nous jetez à la figure, c'est le résultat de la mauvaise éducation à laquelle vous nous avez condamnées, et vous aggravez le mal en le constatant. Placez-nous dans de meilleures conditions, placez-y les hommes aussi; faites qu'ils soient purs, sérieux et forts de volonté, et vous verrez bien que nos âmes sont sorties semblables des mains du Créateur.»
> George Sand. *Œuvres autobiographiques.*

Préparation Audio: Vocabulary

À propos de l'auteur

Antoine de Saint-Exupéry est né à Lyon en 1900 dans une famille aristocratique. Il est attiré par l'aviation dès l'enfance. En 1927, il est engagé comme pilote par la Compagnie générale d'aéronautique et chargé du transport du courrier de Toulouse à l'Afrique du Nord. À partir de 1931, Saint-Exupéry consacre de plus en plus de temps à l'écriture et transpose son expérience de l'aviation dans ses romans. Il connaît un premier succès avec *Courrier sud* (1929) puis *Vol de nuit*, qui obtient le prix Fémina en 1931. *Le Petit Prince*, écrit entre 1942 et 1943, est l'un de ses derniers récits. Saint-Exupéry est mort en 1944 pendant la Seconde Guerre mondiale au cours d'une mission aérienne.

Vocabulaire de la lecture		Vocabulaire utile
apprivoiser *to tame*	**le renard** *fox*	**un animal de basse-cour** *farmyard animal*
arroser *to water*	**semblable** *similar*	**un animal domestique** *pet*
un(e) chasseur/ chasseuse *hunter*	**soigner** *to take care*	**le conte** *tale*
éteindre *to extinguish*	**se taire** *to become quiet*	**déçu(e)** *disappointed*
le fusil *gun*	**tousser** *to cough*	**un(e) ennemi(e)** *enemy*
gêné(e) *embarrassed*	**vexé(e)** *upset, hurt*	**s'entendre bien** *to get along*
inutile *useless*	**vide** *empty*	**mordre** *to bite*
n'importe quand *anytime*		**le rêve** *dream*
		sauvage *wild*

1 **Vocabulaire** Complétez les phrases à l'aide des mots des listes de vocabulaire.

1. Un _____ est un animal sauvage qui adore manger les poules (*hens*).

2. Ce n'est pas facile d' _____ un animal sauvage qui n'a pas l'habitude de vivre parmi (*among*) les humains.

3. C'est normal de beaucoup _____ quand on a un rhume.

4. On est _____ parce que notre chien et notre chat ne s'entendent pas bien.

5. Les animaux sauvages sont libres. Ils mangent _____ et où ils veulent.

6. Tous les matins il faut _____ les fleurs parce qu'elles ont soif.

2 **Les enfants et les animaux** À deux, posez-vous ces questions à tour de rôle.

1. Penses-tu que les enfants sont plus responsables quand ils ont un animal? Pourquoi?

2. Quel type d'animal vaut-il mieux donner à un enfant qui habite dans une grande ville?

3. Quels films aimais-tu quand tu étais petit(e)? Pourquoi les films avec de vrais animaux-acteurs ou les films d'animation comme *Ratatouille* attirent-ils les enfants?

4. Quand tu étais petit(e), allais-tu souvent au cirque pour voir les animaux? Quel spectacle aimais-tu le plus? Si tu n'y es jamais allé(e), quel spectacle aurais-tu aimé?

 Practice more at **face-a-face.vhlcentral.com**.

3 **Mon animal sauvage préféré** Quel est votre animal sauvage préféré? À tour de rôle, décrivez votre choix à votre partenaire à l'aide de cette liste. Ensuite, partagez avec la classe ce que vous avez appris.

- son apparence
- ses activités
- son habitat
- son alimentation
- sa condition (en voie d'extinction, protégé, etc.)

4 **Les refuges** La ville où vous habitez doit faire des économies et pense fermer le refuge pour animaux (*animal shelter*). Vous pensez que c'est une bonne idée, mais votre partenaire n'est pas du tout d'accord. À deux, créez un dialogue pour défendre vos opinions. N'oubliez pas de discuter des thèmes de cette liste. Ensuite, jouez le dialogue devant la classe.

- les animaux abandonnés
- les programmes d'adoption
- les vaccinations
- la surpopulation des animaux
- la saleté (*dirtiness*)
- le coût d'entretien élevé du refuge

5 **Langage animalier** Beaucoup d'expressions françaises illustrent une condition physique ou atmosphérique à l'aide d'un nom d'animal. Par petits groupes, étudiez ces expressions et trouvez leur équivalent en anglais. Puis employez-les dans des phrases.

Avoir une fièvre de cheval

Avoir une faim de loup

Dormir comme un loir (*dormouse*)

Il fait un froid de canard

Il fait un temps de chien

Être rusé comme un renard

6 **Anticiper** À deux, observez cette photo et imaginez ce qui va se passer dans ce texte. Que pouvez-vous déduire du récit à partir du titre de la photo? Quels rapports y a-t-il entre l'animal et la personne? Présentez vos idées à la classe.

Apprendre à se connaître

Le Petit Prince

ANTOINE DE SAINT-EXUPÉRY

1   MAIS IL ARRIVA que le petit prince, ayant longtemps marché à travers les sables°, les rocs et les neiges, découvrit enfin une route. Et les routes vont toutes
5   chez les hommes.

    —Bonjour, dit-il.

C'était un jardin fleuri de roses.

    —Bonjour, dirent les roses.

Le petit prince les regarda. Elles
10   ressemblaient toutes à sa fleur.

    —Qui êtes-vous? leur demanda-t-il, stupéfait.

    —Nous sommes des roses, dirent les roses.

    —Ah! fit° le petit prince...

15   Et il se sentit très malheureux. Sa fleur lui avait raconté qu'elle était seule de son espèce dans l'univers. Et voici qu'il en était cinq mille, toutes semblables, dans un seul jardin!

    «Elle serait bien vexée, se dit-il, si elle voyait ça... elle tousserait énormément et ferait semblant de mourir pour échapper au ridicule. Et je serais bien obligé de
20   faire semblant de la soigner, car, sinon, pour m'humilier moi aussi, elle se laisserait vraiment mourir...»

    Puis il se dit encore: «Je me croyais riche d'une fleur unique, et je ne possède qu'une rose ordinaire. Ça et mes trois volcans qui m'arrivent au genou, et dont l'un, peut-être, est éteint pour toujours, ça ne fait pas de moi un bien grand prince...»
25   Et, couché dans l'herbe, il pleura.

    C'EST ALORS QU'APPARUT le renard:

    —Bonjour, dit le renard.

    —Bonjour, répondit poliment le petit prince, qui se retourna mais ne vit° rien.
30   —Je suis là, dit la voix, sous le pommier...

    —Qui es-tu? dit le petit prince. Tu es bien joli...

    —Je suis un renard, dit le renard.

    —Viens jouer avec moi, lui proposa le petit prince. Je suis tellement triste...

    —Je ne puis pas jouer avec toi, dit le renard. Je ne suis pas apprivoisé.
35   —Ah! pardon, fit le petit prince.

sands (line 3)
said (line 14)
saw (line 29)

Mais, après réflexion, il ajouta:

—Qu'est-ce que signifie «apprivoiser»?

—Tu n'es pas d'ici, dit le renard, que cherches-tu?

40   —Je cherche les hommes, dit le petit prince. Qu'est-ce que signifie «apprivoiser»?

annoying   —Les hommes, dit le renard, ils ont des fusils et ils chassent. C'est bien gênant°!

hens   Ils élèvent aussi des poules°. C'est leur seul intérêt. Tu cherches des poules?

—Non, dit le petit prince. Je cherche des amis. Qu'est-ce que signifie «apprivoiser»?

bonds   —C'est une chose trop oubliée, dit le renard. Ça signifie «créer des liens°...»

45   —Créer des liens?

—Bien sûr, dit le renard. Tu n'es encore pour moi qu'un petit garçon tout semblable à cent mille petits garçons. Et je n'ai pas besoin de toi. Et tu n'as pas besoin de moi non plus. Je ne suis pour toi qu'un renard semblable à cent mille renards. Mais, si tu m'apprivoises, nous aurons besoin l'un de l'autre. Tu seras pour

50 moi unique au monde. Je serai pour toi unique au monde...

—Je commence à comprendre, dit le petit prince. Il y a une fleur... je crois qu'elle m'a apprivoisé...

—C'est possible, dit le renard. On voit sur la Terre toutes sortes de choses...

—Oh! ce n'est pas sur la Terre, dit le petit prince.

55 Le renard parut très intrigué:

—Sur une autre planète?

—Oui.

—Il y a des chasseurs, sur cette planète-là?

—Non.

60   —Ça, c'est intéressant! Et des poules?

—Non.

—Rien n'est parfait, soupira le renard.

Mais le renard revint à son idée:

—Ma vie est monotone. Je chasse les poules, les hommes me chassent. Toutes

65 les poules se ressemblent, et tous les hommes se ressemblent. Je m'ennuie donc un peu. Mais, si tu m'apprivoises, ma vie sera comme ensoleillée. Je connaîtrai un bruit de pas qui sera différent de tous les autres. Les autres pas me font rentrer sous terre.

burrow   Le tien m'appellera hors du terrier°, comme une musique. Et puis regarde! Tu vois,

wheat   là-bas, les champs de blé°? Je ne mange pas de pain. Le blé pour moi est inutile.

70 Les champs de blé ne me rappellent rien. Et ça, c'est triste! Mais tu as des cheveux couleur d'or. Alors ce sera merveilleux quand tu m'auras apprivoisé! Le blé, qui est doré, me fera souvenir de toi.

Et j'aimerai le bruit du vent dans le blé...

became quiet 75   Le renard se tut° et regarda longtemps le petit prince:

—S'il te plaît... apprivoise-moi, dit-il!

—Je veux bien, répondit le petit

80 prince, mais je n'ai pas beaucoup de temps. J'ai des amis à découvrir et beaucoup de choses à connaître.

—On ne connaît que les choses que l'on apprivoise, dit le renard. Les hommes n'ont plus le temps de rien connaître. Ils achètent des choses toutes faites chez les marchands. Mais comme il n'existe point° de marchands d'amis, les hommes n'ont plus d'amis. Si tu veux un ami, apprivoise-moi!

*synonym of **pas*** 85

—Que faut-il faire? dit le petit prince.

—Il faut être très patient, répondit le renard. Tu t'assoiras d'abord un peu loin de moi, comme ça, dans l'herbe. Je te regarderai du coin de l'œil et tu ne diras rien. 90 Le langage est source de malentendus. Mais, chaque jour, tu pourras t'asseoir un peu plus près...

Le lendemain revint le petit prince.

it would have been better

—Il eût mieux valu° revenir à la même heure, dit le renard. Si tu viens, par exemple, à quatre heures de l'après-midi, dès trois heures je commencerai d'être 95 heureux. Plus l'heure avancera, plus je me sentirai heureux. À quatre heures, déjà, je m'agiterai et m'inquiéterai: je découvrirai le prix du bonheur! Mais si tu viens n'importe quand, je ne saurai jamais à quelle heure m'habiller le cœur... Il faut des rites.

—Qu'est-ce qu'un rite? dit le petit prince.

100

—C'est aussi quelque chose de trop oublié, dit le renard. C'est ce qui fait qu'un jour est différent des autres jours, une heure, des autres heures. Il y a un rite, par exemple, chez mes chasseurs. Ils dansent le jeudi avec les filles du village. Alors le jeudi est jour merveilleux! Je vais me promener jusqu'à la vigne. Si les chasseurs dansaient n'importe quand, les jours se ressembleraient tous, et je n'aurais point 105 de vacances.

AINSI LE PETIT PRINCE apprivoisa le renard. Et quand l'heure du départ fut proche:

—Ah! dit le renard... Je pleurerai.

110

—C'est ta faute, dit le petit prince, je ne te souhaitais point de mal, mais tu as voulu que je t'apprivoise...

—Bien sûr, dit le renard.

—Mais tu vas pleurer! dit le petit prince.

115 —Bien sûr, dit le renard.

—Alors tu n'y gagnes rien!

—J'y gagne, dit le renard, à cause de la couleur du blé.

Puis il ajouta:

—Va revoir les roses. Tu comprendras que la tienne est unique au monde.

120 Tu reviendras me dire adieu, et je te ferai cadeau d'un secret.

went   LE PETIT PRINCE s'en fut° revoir les roses:

—Vous n'êtes pas du tout semblables à ma rose, vous n'êtes rien encore, leur dit-il.
Personne ne vous a apprivoisées et vous n'avez apprivoisé personne. Vous êtes comme
125 était mon renard. Ce n'était qu'un renard semblable à cent mille autres. Mais j'en ai
fait mon ami, et il est maintenant unique au monde.

Et les roses étaient bien gênées.

—Vous êtes belles, mais vous êtes vides, leur dit-il encore. On ne peut pas mourir
pour vous. Bien sûr, ma rose à moi, un passant ordinaire croirait qu'elle vous ressemble.
130 Mais à elle seule elle est plus importante que vous toutes, puisque c'est elle que j'ai

sheltered arrosée. Puisque c'est elle que j'ai mise sous globe. Puisque c'est elle que j'ai abritée°
screen; par le paravent°. Puisque c'est elle dont j'ai tué les chenilles° (sauf les deux ou trois
caterpillars pour les papillons). Puisque c'est elle que j'ai écoutée se plaindre, ou se vanter°, ou
brag même quelquefois se taire. Puisque c'est ma rose.

135   ET IL REVINT vers le renard:

—Adieu, dit-il...

—Adieu, dit le renard. Voici mon secret. Il est très simple:
on ne voit bien qu'avec le cœur. L'essentiel est invisible pour les
140 yeux.

—L'essentiel est invisible pour les yeux, répéta le petit prince,
afin de se souvenir.

—C'est le temps que tu as perdu pour ta rose qui fait ta rose si
importante.
145 —C'est le temps que j'ai perdu pour ma rose... fit le
petit prince, afin de se souvenir.

—Les hommes ont oublié cette
vérité, dit le renard. Mais tu ne
dois pas l'oublier. Tu deviens
150 responsable pour toujours de
ce que tu as apprivoisé. Tu es
responsable de ta rose...

—Je suis responsable
de ma rose..., répéta le petit
155 prince, afin de se souvenir.

Analyse

1 **Élimination** Choisissez le mot qui ne peut pas être utilisé pour compléter la phrase.

1. Le Petit Prince marche longtemps à travers...
   a. les sables   b. les rocs   c. les rivières

2. Le Petit Prince croyait qu'il était riche parce qu'il possédait...
   a. une rose unique   b. un renard   c. trois volcans

3. Sur la planète du Petit Prince, il n'y a pas de...
   a. chasseurs   b. poules   c. roses

4. Quand il sera apprivoisé, le renard aimera le bruit...
   a. de pas des chasseurs   b. du vent dans le blé   c. de pas du Petit Prince

5. Pour protéger sa rose, le Petit Prince a...
   a. mis la rose sous un globe   b. tué le renard   c. tué les chenilles

6. Le renard explique son secret de l'amitié en trois points importants:
   a. on oublie son ami(e)   b. on est responsable de son ami(e)
   c. on aime avec le cœur

2 **Associations** Indiquez quel personnage ou quel lieu vous associez avec ces caractéristiques.

___ Elle est unique.   a. le désert

___ Ils ont un fusil.   b. le jardin

___ Il est couvert de sable.   c. la rose du Petit Prince

___ Il veut être apprivoisé.   d. les champs de blé

___ Il y a cinq mille roses.   e. les chasseurs

___ Elles ont peur du renard.   f. le Petit Prince

___ Ils sont dorés.   g. le renard

___ Il cherche des amis.   h. les poules

3 **Imaginaire ou réalité?** Lisez chaque phrase et mettez une croix dans la catégorie qui correspond.

Phrases	Catégories	
	Imaginaire	Réalité
1. Les fleurs parlent.		
2. Les volcans sont plus petits qu'un enfant.		
3. Les renards vivent dans des terriers.		
4. Les chenilles mangent les fleurs.		
5. Les renards sont les amis des enfants.		
6. Les roses poussent dans un jardin.		
7. Les chenilles se transforment en papillons.		
8. Les roses toussent.		
9. Un enfant a besoin d'amis.		
10. On fait du pain avec du blé.		

 Practice more at **face-a-face.vhlcentral.com.**

4 **Interprétation** Répondez à ces questions.

1. Qui sont les personnages dans le conte? Est-ce que ce sont des personnages de contes traditionnels?

2. Pourquoi croyez-vous que l'auteur a choisi une rose et un renard comme compagnons du Petit Prince?

3. Où se passe l'action?

4. Comment l'auteur fait-il la différence entre le monde des adultes et celui des enfants?

5. Qu'est-ce que le personnage principal cherche?

6. Quelle leçon le renard veut-il enseigner à l'enfant?

7. Expliquez comment l'enfant montre qu'il a bien compris la leçon.

8. Montrez comment le renard commence à se comporter comme un humain.

9. Qu'est-ce que l'enfant explique aux roses du jardin?

10. Comment est-ce que la rencontre du Petit Prince avec le renard va changer la relation qu'il a avec sa rose?

5 **Conversation** Par petits groupes, organisez une discussion à propos de ces thèmes. Ensuite, comparez vos conclusions avec celles des autres groupes.

- La définition de l'amitié
- Comment conserver une amitié
- Les types d'amitiés qui existent
- Les bases de l'amitié

6 **Un ami pour la vie** Votre meilleur(e) ami(e) est parti(e) vivre dans une autre ville et vous restez en contact en vous écrivant. Écrivez-lui une carte postale à l'aide de cette liste pour lui dire qu'il/elle vous manque. Ensuite, à deux, corrigez vos cartes et puis incorporez les éléments des deux pour rédiger la plus belle carte possible.

> cher/chère
> un e-mail
> manquer à quelqu'un
> penser à quelqu'un
> se souvenir de
> téléphoner à quelqu'un

Préparation Audio: Vocabulary

À propos des auteurs

René Goscinny, né en 1926 à Paris et mort en 1977, est un écrivain français, humoriste et scénariste de bande dessinée. Il commence à dessiner très tôt et devient mondialement connu pour les albums d'Astérix et de Lucky Luke. C'est à lui que l'on doit la reconnaissance du métier de *scénariste de bande dessinée*. L'ensemble des bandes dessinées et livres qu'il a écrits représente environ 500 millions d'ouvrages vendus.

Albert Uderzo est né en France en 1927. En 1951, il rencontre René Goscinny et, ensemble ils créent le personnage d'Astérix pour le premier numéro du magazine *Pilote*. Le succès de la bande dessinée est immédiat. En 1961, Uderzo et Goscinny publient *Astérix le gaulois*, le premier album de la série sur les aventures des habitants d'un village gaulois. Après la mort de Goscinny en 1977, Uderzo continue seul la création des albums.

Vocabulaire de la bande dessinée	
battre *to beat*	**doué(e)** *gifted*

Vocabulaire utile	
la bague *ring*	**se fréquenter** *to date*
le défaut *defect*	
se fiancer *to get engaged*	**se vanter** *to brag*

1 **Faire connaissance** Imaginez que vous allez faire connaissance de la famille de votre fiancé(e). Quels genres de question vous poserait-on?

Analyse

1 **Compréhension** Répondez aux questions sur la bande dessinée.

1. Quels sont les liens de famille entre les deux personnages principaux? Pourquoi l'homme a-t-il l'air énervé?

2. Qui vient rendre visite à la mère d'Astérix? Pourquoi?

3. Qui parle quand tous les personnages sont entrés dans la maison? De quoi ces personnages parlent-ils?

4. Quelle impression avez-vous d'Astérix en apprenant comment l'appelle sa mère? Est-il le seul homme dans l'histoire?

5. Pourquoi Ririx crie-t-il «Assez!» avant de sortir? Pourquoi les trois hommes âgés se moquent-ils de lui? D'après vous, quelle est la réputation d'Astérix?

2 **Le portrait d'un Gaulois** Astérix est un Gaulois typique qui aime manger, se promener dans la forêt et se battre contre les Romains. Par groupes de quatre, imaginez ce qu'il a fait après être parti et présentez vos histoires à la classe.

 Practice more at **face-a-face.vhlcentral.com.**

Astérix et Latraviata
de René Goscinny et Albert Uderzo

www.asterix.com   © 2009 LES ÉDITIONS ALBERT RENÉ / GOSCINNY - UDERZO

Un blog

Avez-vous un blog? De quoi parlez-vous dans votre blog? Pensez-vous que ce soit intéressant de lire le journal en ligne de quelqu'un d'autre? Pourquoi?

Plan de rédaction

Vous allez écrire le premier article d'un blog qui servirait à rencontrer des étudiants francophones et à échanger des informations et des idées avec eux. Le but de ce premier article est donc de vous présenter et de décrire quelques personnes qui vous sont chères.

Planifiez et préparez-vous à écrire

1 **Stratégie: Visionner des médias pour s'en inspirer** Utilisez un moteur de recherche pour trouver des blogs d'étudiants francophones. Vous pouvez utiliser des mots clés tels que **blog étudiant français, blog francophone, blogueur francophone,** etc.

2 **Stratégie: Examiner des modèles d'écriture** Choisissez deux ou trois blogs qui vous paraissent particulièrement intéressants, non seulement du point de vue de leur contenu mais aussi du point de vue de leur format et de leur apparence générale. Imprimez les pages et gardez-les pour plus tard.

3 **Stratégie: Utiliser des listes pour classifier les informations** Réunissez les informations personnelles que vous allez présenter dans votre blog. Vous pouvez utiliser un tableau comme celui-ci pour les organiser de façon logique:

Nom de la personne	moi	Paul	ma mère	le professeur Smith
Âge	21	24		
Relation	–	frère		
Description physique	grand, blond, yeux bleus	grand, blond, yeux verts, mince		
Personnalité	travailleur, sportif	sociable		
Pourquoi cette personne est importante		Il m'aide beaucoup dans mon travail à l'université, il est toujours là quand j'ai besoin de lui.		
Pourquoi nous nous entendons bien		Nous avons beaucoup d'intérêts en commun.		

Écrivez

4 **Introduction** Commencez votre blog par une petite introduction:
- Saluez vos lecteurs potentiels et présentez-vous.
- Donnez les raisons pour lesquelles vous écrivez ce blog.
- Décrivez brièvement ce dont vous allez parler dans votre premier article.

5 **Développement** Dans la partie principale de votre blog, décrivez les personnes que vous avez choisies et expliquez pourquoi chacune joue un rôle important dans votre vie. Utilisez les informations du tableau de l'activité 3.

Il n'est pas nécessaire d'inclure toutes les informations pour chaque personne. Essayez de donner celles qui sont les plus importantes ou les plus intéressantes.

6 **Conclusion** Terminez votre premier article en saluant vos lecteurs potentiels et en expliquant ce que vous espérez tirer de ce blog. (Par exemple, voulez-vous qu'on vous réponde? Pour échanger quels types d'informations?)

Révisez et lisez

7 **Révision** Relisez le texte de votre blog en faisant attention à ces éléments et faites les corrections nécessaires pour l'améliorer.
- Avez-vous bien respecté l'organisation décrite dans la section **Écrivez**?
- Le blog est-il facile à lire et intéressant pour vos lecteurs potentiels? (Souvenez-vous que vous vous adressez à de jeunes étudiants francophones, alors le style doit être simple, concis et approprié pour des étudiants de votre âge.)
- La grammaire et l'orthographe sont-elles correctes? Vérifiez les formes des verbes, les accords (sujet-verbe, nom-adjectif), etc.

8 **Lecture** Lisez le texte de votre blog à vos camarades de classe. Ils prendront des notes et poseront des questions pour mieux vous connaître ainsi que pour en apprendre davantage sur les personnes qui sont importantes dans votre vie.

Les relations personnelles

Qu'est-ce que cela veut dire, réussir sa vie? Pour les Français, le plus important dans la vie, ce sont les relations personnelles. D'après un Sondage CSA fait en 2007:

- Pour 78% des Français, avoir une famille heureuse est ce qui compte le plus.
- Pour 38% d'entre eux, il est également nécessaire d'avoir de vrais amis pour avoir une vie réussie.

Et pour vous, qu'est-ce qui est important dans la vie? Placez-vous les relations personnelles au même rang que les Français ou bien pensez-vous qu'il y a d'autres choses aussi ou même plus importantes? Expliquez.

1 La classe se divise en groupes de cinq. Chaque groupe doit lire ces citations et proverbes et en choisir un(e) avec lequel/laquelle il est en accord ou en désaccord. Les membres du groupe doivent commenter la citation ou le proverbe choisi et en donner leur interprétation personnelle. Utilisez des exemples pour l'illustrer.

Citations

«Au contraire de l'amour, qui peut naître instantanément, la complicité met longtemps à mûrir.» –Jean Amadou

«Le cœur a ses raisons que la raison ne connaît point.» –Blaise Pascal

«La famille sera toujours la base des sociétés.» –Honoré de Balzac

«L'amitié, comme l'amour, demande beaucoup d'efforts, d'attention, de constance, elle exige surtout de savoir offrir ce que l'on a de plus cher dans la vie: du temps!» –Catherine Deneuve

«Toujours présente, jamais pesante, telle devrait être la devise de toute amitié.» –Tahar Ben Jelloun

«Ce ne sont pas les individus qui sont responsables de l'échec du mariage: c'est l'institution elle-même qui est originellement pervertie.» –Simone de Beauvoir

Proverbes français

«Les bons comptes font les bons amis.»

«Qui se ressemble s'assemble.»

«On choisit ses amis, on ne choisit pas sa famille.»

«Loin des yeux, loin du cœur.»

2 Ensuite, les étudiants donnent leur interprétation de la citation ou du proverbe choisi à la classe, qui explique si elle est d'accord avec cette idée et justifie ses opinions avec des exemples ou des anecdotes personnelles.

Dans le cas où les différents membres d'un même groupe ne sont pas d'accord, il faut expliquer les différentes opinions du groupe. La classe prend des notes et pose des questions au groupe qui présente.

3 Une fois les présentations terminées:
- Toute la classe vote pour sélectionner sa citation ou son proverbe préféré parmi ceux que les groupes ont présentés.
- La classe débat pour déterminer si, dans l'ensemble, elle est d'accord avec la citation ou le proverbe.

Utilisez les notes que vous avez prises pendant l'activité 2 et illustrez votre point de vue avec des exemples ou des anecdotes personnelles.

Citation ou proverbe choisi: «Loin des yeux, loin du cœur.»

D'accord	Pas d'accord
1. C'est vrai; on a tendance à oublier les gens petit à petit quand on ne les voit pas assez souvent.	1. Ce n'est pas vrai car, même si on n'a pas la possibilité de voir un(e) ami(e) souvent, on peut quand même rester en contact grâce au téléphone, à Internet, aux portables, etc.
2. Je suis d'accord avec ce proverbe. J'ai déménagé il y a deux ans. Au début, je suis restée en contact avec mes anciens voisins, mais maintenant nous ne nous parlons plus...	2. C'est faux; quand une relation est solide, on n'oublie pas la personne même si on ne la voit pas pendant longtemps. Par exemple, je ne vois mon meilleur ami qu'une ou deux fois par an, mais il reste quand même mon meilleur ami.
3. ...	3. ...

Les médias et la technologie

Nous avons constamment accès aux informations par l'intermédiaire des journaux, de la radio, de la télévision et de l'Internet. Le contrôle des médias sur les infos augmente avec le développement de la technologie. Pourtant, le danger ne vient jamais du progrès lui-même mais de l'usage que l'on en fait.

À votre avis, quelle a été la découverte la plus révolutionnaire de tous les temps? Pourquoi?

Qui est maître de nos opinions? Nous-mêmes ou les médias?

Qu'aimeriez-vous inventer?

68

Préparation  Audio: Vocabulary

Vocabulaire du court métrage	Vocabulaire utile
accro (à) *hooked (on), infatuated (with)*	**s'avérer** *to turn out*
un(e) animateur/animatrice *(TV/radio) host*	**comploter** *to plot*
un(e) attaché(e) de presse *press secretary*	**épanoui(e)** *well-adjusted*
bavarder *to chat*	**extraverti(e)** *extroverted*
un canal *canal*	**introverti(e)** *introverted*
un concours *contest, sweepstakes*	**oser** *to dare*
un cornichon *gherkin*	**des sentiments (m.)** *feelings*
un(e) gamin(e) *kid*	**la timidité** *shyness*
une maison de disques *record label, record producer*	**tomber amoureux/ amoureuse** *to fall in love*
mijoter *to marinate, to simmer*	**une vedette** *star, celebrity*

EXPRESSIONS

déclarer sa flamme *to declare one's love*

faire les choses à moitié *to do a mediocre job*

par l'intermédiaire de quelqu'un *through someone*

prendre son courage à deux mains *to take one's courage in both hands*

Qu'importe? *What does it matter?*

sécher les cours *to cut classes*

---

1 **L'intrus** Indiquez le mot ou l'expression qui n'appartient pas à la liste.

1. une maison de disques
   a. enregistrer b. produire c. étudier

2. un gamin
   a. jouer b. aller à l'école c. mijoter

3. une attachée de presse
   a. chanter b. téléphoner c. prendre des rendez-vous

4. un concours
   a. participer b. bavarder c. gagner

5. un animateur
   a. interviewer b. oser c. parler

2 **Histoire d'amour** À deux, inventez une histoire d'amour entre un jeune homme ou une jeune femme et sa vedette préférée. Utilisez au moins huit mots et expressions du nouveau vocabulaire.

3 **Une idole** Le titre du court métrage que vous allez voir est *Idole*. Qu'est-ce que c'est pour vous, une idole? Définissez ce terme par groupes de trois. Puis, donnez des exemples de personnes que vous considérez comme des idoles et expliquez pourquoi vous pensez qu'elles le sont.

4 **Questions personnelles** Répondez à ces questions.

1. Comment étiez-vous quand vous étiez enfant? Étiez-vous plutôt introverti(e) ou extraverti(e)? Qu'est-ce que vous aimiez faire?

2. Et aujourd'hui, êtes-vous pareil(le) ou avez-vous changé depuis votre enfance? Expliquez.

3. Avez-vous un jour pris une décision importante qui a changé votre vie? Quelles ont été les conséquences de cette décision? Expliquez.

4. Vous êtes-vous déjà trouvé(e) dans une situation ironique? Racontez.

5 **Citations du film** Avec un(e) partenaire, lisez ces deux citations tirées du court métrage *Idole* et donnez-en votre interprétation par rapport à la photo. Ensuite, présentez vos idées à la classe.

> «Je suis très amoureuse d'un homme que je ne connais pas, ou au contraire, de celui que je connais le mieux.»

> «Il est très amoureux de moi, mais ça, il ne le sait pas encore.»

6 **Anticipation** Avec un(e) partenaire, observez ces images du court métrage et répondez aux questions.

Image A

• Que voit-on sur l'image? Décrivez l'apparence de ce jeune homme. A-t-il l'air heureux? Comment le savez-vous?

• Qui est ce jeune homme, à votre avis? Que fait-il peut-être dans la vie?

Image B

• Décrivez la deuxième image. Comment est la jeune femme? Quel âge a-t-elle, d'après vous? A-t-elle l'air heureuse? Comment le savez-vous?

• De qui la jeune femme attend-elle un appel, d'après vous? Est-ce un appel important?

IDOLE

Un film écrit, réalisé et produit par **Benoît Masocco**

Acteurs Gwendoline Rothkegel, Pierre Deladonchamps

Lauréat
National du Film
Universitaire
2003

Meilleure
réalisation
Festival
de Reims

Grand prix
Festival
de Caussade

Prix de l'originalité
et Prix du public
Festival de Parthenay
(Festimages)

FICHE Personnages Elle, Markus **Durée** 7 minutes **Pays** France **Année** 2003

SCÈNES (S) Short Film

Elle J'ai connu Markus par l'intermédiaire de David, l'animateur de *Passion Star*.

Elle Et puis un jour, j'ai pris mon courage à deux mains. J'ai appelé la maison de disques...

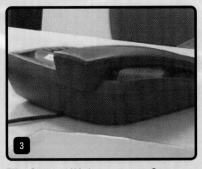

Elle Sonne, téléphone, sonne. Sonne, téléphone, sonne... J'avais 25 ans. J'attendais l'appel d'une attachée de presse qui allait m'autoriser ou non à rencontrer l'homme de ma vie. Sonne, téléphone.

Elle Et puis il a sonné. Et là, ce ne fut pas joie; ce fut angoisse[1]. Que vais-je lui dire?

Elle Et puis, l'interview s'est terminée. Il a conclu par un sourire... «Ça te dirait d'aller...» Et si je n'ai pas fini ma phrase à ce moment, c'est parce que cette attachée de presse qui arrivait apparaissait comme un signe du destin. Alors, je n'ai rien dit.

Elle Et oui, j'ai eu une larme[2] au coin de l'œil lorsque le rideau[3] est tombé.

[1] *fear, anguish* [2] *tear* [3] *curtain*

Note CULTURELLE

Dans le court métrage, on entend la chanson *De temps en temps* par Joséphine Baker. Née en 1906 à Saint-Louis, Baker est une chanteuse et danseuse célèbre d'origine afro-américaine et amérindienne. Elle passe une grande partie de sa vie en France. Pendant la Seconde Guerre mondiale, elle joue un rôle important dans la Résistance contre les forces allemandes. Plus tard, elle participe aussi à la marche sur Washington du docteur Martin Luther King. Elle est décédée à Paris en 1975.

S À L'ÉCRAN

Le bon ordre Numérotez ces événements dans l'ordre chronologique, d'après l'histoire.

___ a. Elle interviewe Markus pour la radio Sourire FM.

___ b. Elle collectionne des articles de magazines sur Markus.

___ c. Elle n'ose pas déclarer sa flamme à Markus.

___ d. Elle cherche un travail dans une station de radio.

___ e. Elle voit Markus dans une émission télévisée.

___ f. Elle fait carrière dans les médias.

Analyse

 À corriger Corrigez les mots et les expressions soulignés.

1. La jeune femme est <u>professeur</u> à l'université.

2. À Sourire FM, Elle organise des <u>concours</u>.

3. Un jour, Elle prend son courage à deux mains et téléphone à <u>la femme</u> de Markus.

4. Markus a une relation amoureuse avec <u>Elle</u>.

5. Un jour, Elle apprend que Markus est <u>malade</u>.

6. Elle finit par faire carrière dans les <u>lettres modernes</u>.

 Oui ou non? Indiquez si ces commentaires sont corrects. Répondez **oui** ou **non** pour chacun, puis corrigez les erreurs.

1. La narratrice a toujours lu tous les magazines qui parlent de la vie des stars.

2. Elle ne participe pas au concours pour rencontrer Markus parce qu'elle a peur qu'il la trouve ridicule.

3. Après avoir vu Markus à la télévision, la jeune femme change de loisir.

4. Elle décide de chercher un travail à la radio parce qu'elle a toujours voulu travailler dans les médias.

5. Quand elle apprend qu'on lui accorde une interview avec Markus, Elle ressent beaucoup de joie.

6. Markus n'a jamais su qu'Elle était amoureuse de lui.

7. Son amour pour Markus a permis à Elle de réussir sa vie professionnelle.

 Associations Quels mots et expressions associez-vous avec les deux personnages principaux? Complétez le tableau. Attention! Il y a des options qui ne s'appliquent ni à l'un ni à l'autre.

un accident de voiture	la cuisine végétarienne	les films d'amour	des parents compréhensifs
une attachée de presse	les disques d'or	une jeunesse passée en Asie	les résultats du bac
les canaux d'Amsterdam	des études de lettres	les jeux en ligne	sécher les cours
les cornichons	une femme jalouse	les livres	un travail à la radio

Elle	Markus

 Practice more at **face-a-face.vhlcentral.com**.

4 **Vrai ou faux?** Indiquez si vous trouvez que chaque phrase est vraie ou fausse.

	Vrai	Faux
1. La jeune femme était une enfant épanouie.	☐	☐
2. Elle préfère vivre dans le rêve que dans la réalité.	☐	☐
3. Markus est introverti.	☐	☐
4. La «relation» entre Elle et Markus s'avère avoir une influence positive sur la vie de la jeune femme.	☐	☐
5. Il y a beaucoup d'ironie dans ce court métrage.	☐	☐

5 **Lettre à l'attachée** Imaginez qu'après la mort tragique de Markus, Elle décide d'écrire une lettre à son attachée de presse. Dans la lettre, elle lui offre ses condoléances et lui avoue ses sentiments pour Markus. À deux, écrivez cette lettre.

6 **L'ironie du sort** À la fin du court métrage, Elle dit: «J'ai fait une carrière très enviée dans le monde des médias, et le plus incroyable, c'est que je la dois uniquement à un homme qui ne me connaît pas.» Expliquez l'ironie de ce commentaire et discutez-en par groupes de trois.

7 **Conversation** Imaginez que la jeune femme ait eu l'occasion, à la fin de son interview avec Markus, de lui avouer ses sentiments. À deux, jouez cette conversation pour la classe. Créez-la d'après ces étapes.

1. Elle déclare sa flamme à Markus et l'invite à sortir.
2. Markus est flatté bien qu'étonné, et il accepte l'invitation.
3. Les deux jeunes gens discutent de leur vie et de leurs aspirations pendant un dîner.
4. À la fin de la soirée, ils décident s'ils s'entendent bien et s'ils ont envie de se revoir.

8 **Rédaction** Imaginez une autre fin pour ce court métrage et écrivez les répliques (*lines*) du dialogue. Suivez ces indications.

- Elle et Markus se revoient et Markus tombe amoureux de la jeune femme.
- Elle et Markus se marient et ils ont tous les deux beaucoup de succès dans leurs carrières respectives.
- L'attachée de presse de Markus, qui est, elle aussi, amoureuse de lui, est jalouse de leur mariage et de leur succès.
- L'attachée de presse complote contre Elle et Markus.
- À vous de décider de la conclusion!

2.1 # Le conditionnel présent et le conditionnel passé

Rappel

On utilise le conditionnel présent pour parler d'un fait simplement possible, éventuel, ou même imaginaire. Quand on veut parler d'un fait passé qui n'a pas eu lieu, on utilise le conditionnel passé.

—*Je suis tellement amoureuse que je **pourrais** en mourir.*

Le conditionnel présent

- Pour former le conditionnel présent d'un verbe, on prend le radical du futur de l'indicatif et on ajoute les terminaisons de l'imparfait de l'indicatif: **-ais, -ais, -ait, -ions, -iez, aient.**

<table>
<tr><td></td><td>**aimer**</td><td>**amener**</td><td>**préférer**</td><td>**finir**</td><td>**rendre**</td></tr>
<tr><td>je/j'</td><td>aimerais</td><td>amènerais</td><td>préférerais</td><td>finirais</td><td>rendrais</td></tr>
<tr><td>tu</td><td>aimerais</td><td>amènerais</td><td>préférerais</td><td>finirais</td><td>rendrais</td></tr>
<tr><td>il/elle/on</td><td>aimerait</td><td>amènerait</td><td>préférerait</td><td>finirait</td><td>rendrait</td></tr>
<tr><td>nous</td><td>aimerions</td><td>amènerions</td><td>préférerions</td><td>finirions</td><td>rendrions</td></tr>
<tr><td>vous</td><td>aimeriez</td><td>amèneriez</td><td>préféreriez</td><td>finiriez</td><td>rendriez</td></tr>
<tr><td>ils/elles</td><td>aimeraient</td><td>amèneraient</td><td>préféreraient</td><td>finiraient</td><td>rendraient</td></tr>
</table>

*Nous **vendrions** notre vieux magnétoscope pour si peu d'argent?*
*Il **aimerait** acheter un nouvel ordinateur mais il n'a pas assez d'argent.*

- On utilise le conditionnel pour exprimer une possibilité, une éventualité.

   —*La télé ne marche pas. **Serait**-elle en panne?*
   *Comment? Elle n'**abandonnerait** jamais ses études pour travailler dans les médias.*

- On utilise le conditionnel dans la proposition subordonnée pour parler d'une action future quand le verbe de la proposition principale est au passé.

   *J'ai cru que cet article t'**intéresserait**.*
   *Nous nous sommes dit que vous **trouveriez** une copie du magazine.*
   *Qui vous a prévenu que les acteurs **viendraient** pour l'interview?*

Attention!

- N'oubliez pas d'omettre le **e** final de l'infinitif des verbes en **-re**.

   éteindre → ***éteindrais***
   rendre → ***rendrais***
   vendre → ***vendrait***

Attention!

- Voici quelques verbes irréguliers qui, au futur, ont un radical différent de l'infinitif.

aller	**ir-**
avoir	**aur-**
devenir	**deviendr-**
devoir	**devr-**
être	**ser-**
faire	**fer-**
pouvoir	**pourr-**
recevoir	**recevr-**
savoir	**saur-**
venir	**viendr-**
voir	**verr-**
vouloir	**voudr-**

- On utilise le conditionnel pour marquer un désir ou une volonté atténuée. C'est ce qu'on appelle le conditionnel de politesse. Les verbes **vouloir, pouvoir, devoir** et **savoir** au conditionnel sont souvent utilisés dans ce contexte.

  __Pourriez__-vous me dire où trouver la revue Comment surfer sur Internet?
  Vous ne __devriez__ pas dépenser tant d'argent pour des jeux vidéo!
  Je __voudrais__ écouter les nouvelles. __Pourrais__-tu allumer la radio?

Le conditionnel passé

- Le conditionnel passé est un temps composé. Pour le former, on prend le conditionnel présent de l'auxiliaire **être** ou **avoir** et on y ajoute le participe passé du verbe.

Les formes du conditionnel passé		
	aimer	**aller**
je/j'	aurais aimé	serais allé(e)
tu	aurais aimé	serais allé(e)
il/elle/on	aurait aimé	serait allé(e)
nous	aurions aimé	serions allé(e)s
vous	auriez aimé	seriez allé(e)(s)
ils/elles	auraient aimé	seraient allé(e)s

- On utilise le conditionnel passé pour parler d'un fait passé qui ne s'est pas réalisé.

  Je t'__aurais suggéré__ ce logiciel, mais il ne marche pas très bien.
  Il __aurait pu__ faire réparer son ordinateur au lieu d'en acheter un nouveau.

- Les règles d'accord du participe passé sont les mêmes au conditionnel passé qu'au passé composé.

  Elle se serait __présentée__ comme étant la fille de nos voisins. Et comme ça nous l'aurions __reconnue__!
  Après l'interview, nous nous serions __parlé__ plus longtemps et vous ne seriez pas __partis__.

Elle __aurait posté__ sa lettre sans aucune hésitation, mais le concours n'était pas ouvert aux plus de 18 ans.

Coup de main

Il faut au conditionnel devient **il faudrait**, **il pleut** devient **il pleuvrait** et **il y a** devient **il y aurait**.

La météo a annoncé qu'__il y aurait__ une tempête demain.

Attention!

- Le participe passé du verbe **devoir** est **dû**, avec un accent circonflexe pour le différencier de l'article **du**.

Nous __aurions dû__ écouter la météo.

Pour son test d'endurance, elle __a dû__ faire __du__ vélo.

Mise en pratique

1

Quelques conseils Votre ami(e) vient d'acheter un nouvel ordinateur et il/elle ne sait pas l'utiliser. Dites-lui ce que vous feriez à sa place. Utilisez le conditionnel présent.

> Modèle commencer par brancher l'ordinateur
> **À ta place, je commencerais par brancher l'ordinateur.**

1. utiliser un clavier AZERTY
2. allumer l'ordinateur
3. ouvrir une session
4. naviguer sur Internet pour trouver un site intéressant
5. sauvegarder le site dans les «Favoris»
6. graver un CD
7. cliquer sur «Aide» pour savoir comment faire
8. suivre un cours d'informatique

2

Quel week-end! Nathalie n'a que des regrets. Mettez les verbes entre parenthèses au conditionnel passé.

Je/J' (1) _____ (devoir) écouter la météo et je/j'(2) _____ (savoir) qu'il allait pleuvoir tout le week-end. Alors, mes copains et moi, nous (3) _____ (ne pas aller) camper et nous (4) _____ (ne pas être) surpris par l'orage sur la route. Le toit de notre voiture (5) _____ (ne pas avoir) de fuite (*leak*) et on (6) _____ (ne pas passer) tout le week-end à se disputer! Je/J'(7) _____ (mieux faire) de rester à la maison et rien de tout cela ne (8) _____ (arriver).

3

Préférences À deux, posez-vous des questions d'après les options suggérées. Quelle serait votre préférence? Ensuite, justifiez votre réponse.

> Modèle aller au cinéma / télécharger des films sur ordinateur
> **—Irais-tu au cinéma ou téléchargerais-tu des films sur ordinateur?**
> **—J'irais au cinéma parce que l'écran de mon ordinateur est petit.**

1. lire les nouvelles dans le journal / regarder les informations à la télé
2. avoir un abonnement / acheter le journal tous les jours
3. faire des études d'informatique / suivre des cours de journalisme
4. acheter le journal / lire le journal en ligne
5. envoyer des e-mails à tes amis / téléphoner à tes amis
6. créer un blog / tenir un journal

Note CULTURELLE

Aux États-Unis, on utilise le clavier QWERTY, mais en France, on utilise le clavier AZERTY. Les noms viennent de la place qu'occupent ces lettres sur le clavier.

Note CULTURELLE

De plus en plus de jeunes créent leur blog, qui est un journal en ligne où ils parlent de leur passion, rapportent et discutent des faits d'actualité et dialoguent avec d'autres blogueurs. Le langage utilisé par les blogueurs est fait d'abréviations de style SMS. Voici quelques exemples.

à plus tard = @+
à demain = @2m1
pourquoi = pk

Communication

4 **Le métier de journaliste** Votre partenaire rêve de devenir journaliste. Posez-lui des questions.

1. Pour quel genre de journal travaillerais-tu?
2. Quelle personnalité aimerais-tu interviewer?
3. Cela t'ennuierait de devoir voyager pour ton métier? Pourquoi?
4. Quels genres d'événements couvrirais-tu dans tes reportages?
5. Dirais-tu toujours toute la vérité à tes lecteurs? Pourquoi?
6. Que ferais-tu pour devenir un grand journaliste et recevoir le prix Pulitzer?

5 **Les faits divers** Vous et votre partenaire travaillez pour une chaîne de télévision. Présentez les dernières informations aux téléspectateurs sous forme d'interview. Les faits n'ayant pas été vérifiés, utilisez le conditionnel.

> Modèle   Vol de bijoux dans un musée parisien... nuit du samedi au dimanche... Valeur
> estimée: plus de deux millions d'euros... La police suspecte deux personnes...
> **—On a volé des bijoux dans un musée parisien.**
> **—Sait-on quand ça a eu lieu?**
> **—Ça se serait passé dans la nuit du samedi au dimanche.**
> **—Connaît-on la valeur des bijoux volés?**
> **—Les bijoux volés auraient une valeur de plus de deux millions d'euros.**

Catastrophe aérienne dans les Alpes... quelques survivants... accident dû au mauvais temps...

Inondation dans le sud de la France... habitants sans électricité... arrivée imminente des secours...

Découverte d'un trésor... ayant appartenu à des pirates... milliers de pièces d'or...

Château suisse hanté... fantôme aperçu... bruits suspects pendant la nuit...

6 **L'an 3000** Avec un(e) partenaire, imaginez comment serait la vie en l'an 3000. L'un(e) de vous est très futuriste et l'autre est plus réaliste. Utilisez le conditionnel présent et le conditionnel passé.

> Modèle   **—On pourrait partir en vacances sur d'autres planètes.**
> **—Mais non, on n'aurait pas encore inventé de fusées pour aller si loin.**

Practice more at **face-a-face.vhlcentral.com.**

2.2 Les propositions introduites par **si**

Rappel

La plupart du temps, la conjonction **si** introduit une proposition conditionnelle. Mais **si** peut aussi servir à faire une suggestion ou exprimer un souhait ou un regret.

*Si l'attachée de presse n'**avait** pas **interrompu**, la jeune femme **aurait fini** de poser sa question.*

Les propositions conditionnelles introduites par **si**

• **Si** introduit une proposition conditionnelle qui exprime une simple hypothèse. La conséquence dans la proposition principale dépend de la réalisation de cette condition.

Proposition introduite par **si**	Proposition principale
présent	présent futur simple futur proche impératif

*Si vous **voulez**, je **peux** vous montrer comment ça marche.*
*S'il **pleut**, il ne **viendra** pas.*
*Il **va acheter** un portable s'il **a** assez d'argent.*
*Si tu ne **comprends** pas comment faire, **clique** sur «Aide».*

• **Si** introduit une proposition conditionnelle qui exprime un fait éventuel, hypothétique ou imaginaire.

Proposition introduite par **si**	Proposition principale
imparfait	conditionnel présent

*Si tu **pouvais** me montrer comment faire, cela m'**aiderait** beaucoup.*
*Si mon ordinateur n'**était** pas en panne, je t'**apprendrais** à graver un CD.*
*Ils ne **perdraient** pas leurs documents s'ils les **sauvegardaient** plus souvent.*

- **Si** introduit une proposition conditionnelle qui exprime un fait passé qui est contraire à la réalité. Le verbe de la proposition principale est au conditionnel présent si on parle d'une situation présente et au conditionnel passé si on parle d'une situation passée.

Proposition introduite par **si**	Proposition principale
plus-que-parfait	conditionnel présent conditionnel passé

Si j'avais suivi un cours d'informatique, je saurais comment utiliser mon ordinateur.
Si j'avais suivi un cours d'informatique, j'aurais pu réparer mon ordinateur moi-même.

Suggestions, souhaits et regrets introduits par si

- On utilise **si** + l'imparfait pour faire une suggestion ou exprimer un souhait.

    Si on allait au cybercafé?
    Et si tu étudiais un peu au lieu de jouer à des jeux vidéo?
    Ah! Si nous pouvions remonter dans le temps...

- On utilise **si** + l'imparfait ou le plus-que-parfait pour exprimer un regret.

    Si je t'avais écoutée!
    Si seulement nous connaissions le logiciel!

Si seulement elle lui avait déclaré sa flamme!

- Dans le discours indirect, on utilise **si** pour introduire une phrase interrogative.

    Je me demande s'il comprend comment ça marche.
    Vous avez demandé si elle avait publié cet article.

Elle se demande si on lui posera des questions sur la programmation.

Mise en pratique

1

Un nouvel ordinateur Trouvez la suite logique de chaque phrase.

A

___ 1. Si tu veux acheter un nouvel ordinateur, ...

___ 2. Si tu voyais une pub pour un ordinateur à 100 euros, ...

___ 3. Si tu avais le choix, ...

___ 4. Si on t'avait dit que l'informatique te passionnerait, ...

___ 5. Si ton vieil ordinateur était tombé en panne, ...

___ 6. Si ton ordinateur peut être réparé, ...

B

a. tu l'aurais gardé?

b. tu pourras encore l'utiliser.

c. demande conseil à Luc.

d. tu l'aurais cru?

e. tu l'achèterais?

f. tu préférerais un portable?

2

Les relations modernes Lors d'une soirée, Simon a rencontré une fille qu'il voudrait bien revoir mais il a oublié de lui demander ses coordonnées.

1. Si j'_____ son adresse, je lui _____ un mail.
   a. avais eu... enverrai   b. avais... enverrais   c. ai... aurais envoyé

2. Si j'y _____, j'_____ son numéro de mobile.
   a. avais pensé... aurais pris   b. pensais... aurais pris   c. pense... prenais

3. Si elle _____ un blog sur Internet, je _____ peut-être reprendre contact avec elle.
   a. a... pourrai   b. avait eu... peux   c. aurait... peux

4. Si tu la _____, _____-lui que je veux la revoir.
   a. verrais... disais   b. verras... dit   c. vois... dis

5. Si elle _____, on _____ se donner rendez-vous dans un cybercafé.
   a. veut... pourra   b. avait voulu... pourrait   c. voudrait... aurait pu

6. Si nous _____ nous revoir, je ne la _____ plus!
   a. pourrions... quitterai   b. pouvions... quitterais   c. avions pu... quitte

3

Les remèdes miracle Complétez la conversation d'Alain et de Martine.

ALAIN   Si seulement on (1) _____ (pouvoir) découvrir une cure contre le cancer, tout (2) _____ (aller) mieux!

MARTINE   Oui bien sûr, ce (3) _____ (être) bien aussi si on (4) _____ (découvrir) des remèdes miracle contre le SIDA et contre le diabète.

ALAIN   Si tu (5) _____ (croire) que c'est si facile, alors (6) _____ (trouver)-les toi-même, ces remèdes miracle!

MARTINE   Et si on (7) _____ (aller) au cinéma au lieu de se disputer? Nous (8) _____ (se calmer) un peu, non?

ALAIN   Oui, je suis d'accord avec toi pour une fois. Tu peux même choisir le film si tu (9) _____ (vouloir).

 Practice more at **face-a-face.vhlcentral.com**.

Communication

4 **Situations hypothétiques** Demandez à votre partenaire ce qu'il/elle ferait dans ces situations.

> Modèle si tu pouvais voyager dans le temps
> **—Qu'est-ce que tu ferais si tu pouvais voyager dans le temps?**
> **—Si je pouvais voyager dans le temps, je retournerais à l'époque de Louis XVI et ferais la connaissance de Marie-Antoinette.**

1. si tu pouvais prévoir l'avenir
2. si tu découvrais une formule qui rend invisible
3. si tu voyais un OVNI atterrir dans ton jardin
4. si tu pouvais voyager dans l'espace
5. si tu pouvais lire dans la pensée des autres
6. si tu inventais un produit qui change tout en or

5 **Si j'avais été toi** Votre partenaire vous dit ce qu'il/elle a fait. Dites ce que vous auriez fait différemment.

> Modèle J'ai laissé mon portable dans le cybercafé.
> **Si j'avais été toi, je n'aurais pas parlé distraitement au serveur pendant un quart d'heure. J'aurais mieux surveillé mes affaires.**

1. J'ai oublié mon mot de passe.
2. J'ai ouvert cet e-mail et j'ai attrapé un virus.
3. J'ai payé trop cher pour ce logiciel.
4. J'ai oublié de sauvegarder mon document.
5. J'ai cliqué sur «Effacer» et j'ai perdu tout mon travail.
6. Je suis resté(e) en ligne pendant des heures.

6 **Remonter le temps** Avec un(e) partenaire, discutez de deux ou trois choses que vous aimeriez changer dans votre passé et donnez les conséquences éventuelles de ces changements dans votre vie actuelle.

> Modèle **—Qu'est-ce que tu aurais fait différemment si tu avais pu?**
> **—J'aurais fait des études d'informaticien et maintenant, j'aurais ma propre compagnie d'informatique et je serais riche. Et toi?**

Préparation  **S** Audio: Vocabulary

Vocabulaire de la lecture	
un carnet d'adresses *address book*	**numérique** *digital*
un clavier *keyboard*	**le pouce** *thumb*
un écran *screen*	**un(e) proche** *loved one*
l'envoi (m.) *sending*	**un réseau** *network*
éteindre *to turn off*	**un SMS** *text message (Short Message Service)*
un mobile *cell phone*	
n'importe quand *anytime*	**un texto** *text message*

Vocabulaire utile	
allumer *to turn on*	**une icône** *icon*
appuyer sur *to press*	**une mobicarte** *prepaid card*
se brancher *to connect*	
la communication *air time*	**recharger** *to recharge*
enregistrer *to record*	**le répertoire** *phonebook*
le fond d'écran *computer wallpaper*	**taper** *to type*
	la touche *key*
	valider *to enter*

1 **Le mot juste** Complétez les phrases avec le mot de vocabulaire qui convient.

1. Quand on prend une photo avec un appareil photo _____, on peut la voir tout de suite.

2. J'ai mis la photo de mon chat en _____ sur mon ordinateur. Comme ça, il ne me manque pas.

3. Il faut appuyer sur la _____ «message» pour lire les textos.

4. Mon grand-père n'envoie jamais de textos parce qu'il ne voit pas bien les lettres sur le _____.

5. Ma fille achète une _____ pour appeler moins cher sur son mobile.

6. Grâce à la technologie, on peut facilement rester en contact avec sa famille et tous ses _____.

2 **Accro du mobile** Par groupes de quatre, faites ce test pour déterminer si vous êtes des accro du téléphone mobile. Comparez vos résultats au bas de la page et puis à ceux du reste de la classe.

Êtes-vous accro au mobile?

1. Vous envoyez des textos à vos amis en mangeant.

2. Vous lisez vos textos en classe.

3. Vous achetez toujours le dernier modèle de mobile.

4. Vous contrôlez bien l'usage de votre mobile et vous ne dépassez (*go over*) jamais votre temps de communication.

5. Vous dormez avec votre mobile et vous l'utilisez aussi dans les toilettes.

6. Vous répondez tout de suite quand votre mobile sonne.

7. Vous n'interrompez pas votre conversation quand votre mobile sonne.

8. Vous gardez votre mobile allumé jour et nuit pour ne pas perdre d'appels.

9. Vous éteignez votre mobile la nuit pour économiser la batterie.

Si vous avez répondu «oui» aux questions: 1, 2 et 5, vous êtes sans aucun doute accro; 3, 6 et 8, vous avez tendance à être accro; 4, 7 et 9, vous n'êtes pas du tout accro.

Louis Asana

SMS textos:
dites «Je t'M» avec le pouce!

1 **En quelques années, les mini-messages ou SMS ont conquis tous les propriétaires de mobile! À tel point que le pouce est devenu un organe de communication à part entière. Qui aujourd'hui envoie encore une lettre d'amour par la poste pour la Saint-Valentin? Un message texte suffit! Mais**
5 **que révèle cette habitude? Découvrez la face cachée des textos...**

Plus de 72% des gens possèdent un téléphone portable en Europe. Et les SMS sont devenus une partie essentielle de cette révolution
billion numérique. En Angleterre, plus d'un milliard° de messages sont envoyés par mois. En France, ce sont 35 millions de vœux électroniques qui ont
10 été échangés le 1ᵉʳ janvier 2006.

Qui sont les «texters»?
Mais qui sont les agités du pouce? Si tout le monde envoie des messages de temps en temps, les véritables adeptes, qui privilégient ce moyen de communication, sont essentiellement
adolescents les plus jeunes. 90% des ados° préféreraient envoyer des
15 messages que de parler de vive voix au téléphone. Et les jeunes
won't be outdone adultes ne sont pas en reste°: 78% des Français de 18–24 ans sont des habitués des SMS. Et 80% des moins de 45 ans jugent que l'envoi de messages textes est la fonction la plus utile de leur téléphone. Les femmes seraient un peu plus textos que les
20 hommes sans qu'on puisse parler de féminisation du pouce. Et il ne faut pas croire que les SMS sont utilisés uniquement pour leur côté pratique ou fonctionnel. Moins d'un tiers les utilisent dans ce but. Les utilisations majoritaires seraient les messages d'amour, l'amitié et autres fonctions plutôt relationnelles et
25 sociales. Le développement des textos est tel que certains spécialistes n'hésitent pas à parler d'addiction, et des cliniques
treatments proposent même des cures° de désintoxication.

Un monde à part

Mais surtout aujourd'hui les messages textes sont devenus un
moyen à part entière de contacter son réseau de proches. Et
cela s'adresse pratiquement exclusivement au cercle d'amis: 30
une étude anglaise a montré que les «texters» n'envoient pas des
SMS indifféremment à tout leur carnet d'adresses. Ils envoient
de manière intensive des textos à un petit groupe d'amis. Les
SMS sont envoyés moins facilement à un membre de la famille.
Ce cercle de proches est d'ailleurs quasiment en permanence 35
relié° par clavier interposé. Et paradoxalement, ce type de   *connected*
liaison virtuelle serait plus forte! Car les communications par
textos seraient plus nombreuses et moins superficielles.

 À noter que de nouvelles fonctionnalités, telles que l'accès
aux logiciels de messagerie instantanée du web sur son mobile, 40
devraient renforcer ce phénomène.

Le pouce des timides

Pour certains spécialistes, les textos seraient, encore plus que les
forums de discussions, la bouée de sauvetage° des grands timides   *life preserver*
et des phobiques sociaux. En clair, tous ceux qui ont du mal
à s'exprimer en face à face. Ces véritables «handicapés sociaux» 45
en sont réduits à même éviter la conversation téléphonique
pour lui préférer le message texte. Des scientifiques ont montré
que les personnes qui ont tendance à nouer° des amitiés plutôt   *establish*
dans le monde virtuel de l'Internet sont aussi plus attirées
par les messages textes. Les SMS seraient même utilisés par 50
certains à la manière d'un «chat». Et les échanges instantanés,
n'importe quand, feraient des SMS de véritables discussions à   *on all kinds of*
bâtons rompus°… sans paroles. Avec l'avantage pour le timide   *subjects*
d'avoir plus de temps pour réfléchir à ses réponses.

Y a klk1?

Si le SMS est devenu un mode de communication à part entière, 55
il a aussi son langage… qui d'ailleurs hérisse le poil° des puristes.   *raises the hackles*
Écriture phonétique, lettres qui remplacent des syllabes… Il
s'agit pratiquement d'un rébus sur petit écran. Celui-ci renforce
encore plus le sentiment d'appartenance à un groupe, avec son
langage et ses codes. Mais ses détracteurs soulignent que cette 60
simplification limite la richesse de la discussion. Difficile en effet
de philosopher en langage SMS… On notera néanmoins des
initiatives intéressantes, telles que les fables de La Fontaine en
SMS publiées par Phil Marso (son site propose un cours de CP°   *cours préparatoire*
du SMS…).   *(first year of*
                                                               65 *primary school)*

 Même si vous êtes un adepte des SMS, n'oubliez pas tout
de même de rencontrer vos amis dans la vraie vie. Et alors
éteignez votre portable! ■

Analyse

1 **Allô?** Répondez à ces questions.

1. SMS veut dire *Short Message Service*. Quel mot français dans le texte est équivalent à SMS?
2. Dans quel pays l'enquête a-t-elle été menée?
3. Quelle catégorie de la population préfère envoyer des SMS?
4. Quelles fonctions constituent les utilisations majoritaires des textos?
5. À qui les «texters» envoient-ils des textos de manière intensive?
6. Qu'est-ce que des scientifiques ont montré à propos des personnes qui ont tendance à nouer des amitiés sur Internet?
7. Quel sentiment le langage et les codes des SMS renforcent-ils?

2 **À interpréter** Par groupes de trois, répondez à ces questions.

1. Quels éléments dans l'article indiquent qu'il s'agit d'une enquête?
2. Pourquoi les adolescents préfèrent-ils envoyer des SMS, à votre avis?
3. Pourquoi ce mode de communication peut-il créer des problèmes d'addiction?
4. Êtes-vous d'accord sur le fait qu'on adresse de préférence des SMS à des amis plutôt qu'à sa famille? Pourquoi croyez-vous que ce soit le cas?
5. Pourquoi est-il difficile de philosopher en langage SMS?

3 **Valeur littéraire** Phil Marso, écrivain français qui a publié le premier livre en langage SMS, a pris l'initiative d'envoyer des fables de La Fontaine en SMS. Par petits groupes, répondez à ces questions et puis comparez vos opinions à celles du reste de la classe.

- D'après vous, pourquoi Phil Marso a-t-il choisi des fables pour ce type de texte?
- Quels autres textes d'un genre littéraire pourraient être envoyés dans des SMS? Donnez des exemples précis.

4 **Textos en images** Imaginez qu'au lieu d'envoyer des messages de textes on envoyait des textes imagés. Chaque dessin signifierait un mot ou une idée comme les hiéroglyphes. Avec un(e) partenaire, préparez six dessins qui vous permettront de communiquer avec vos amis et écrivez la définition de chaque dessin. Ensuite, assemblez ces dessins pour formuler un message. Présentez-le à un autre groupe, qui va le traduire avec des mots. Pour finir, travaillez par groupes de quatre pour répondre à cette question.

> Quelles caractéristiques les symboles graphiques et les textos ont-ils en commun?

5 **Un accident** Vous avez eu un accident grave qui vous empêche d'utiliser vos mains. À deux, rédigez un paragraphe où vous incluez ces thèmes.

- Votre désir de recommencer à envoyer des textos après deux semaines sans le faire
- Comment vos proches peuvent vous aider pendant l'immobilisation de vos bras

Practice more at **face-a-face.vhlcentral.com**.

Préparation Audio: Vocabulary

À propos de l'auteur

André Berthiaume est né à Montréal en 1938. Il a obtenu un doctorat en littérature française de l'Université de Tours en 1969 et a enseigné à l'Université Laval pendant plus de vingt ans. Berthiaume est un romancier, nouvelliste et essayiste qui a contribué à la renaissance de la nouvelle au Québec. Sa nouvelle *Incidents de frontière* (1984) lui a valu le prix Adrienne-Choquette ainsi que le Grand Prix de la science-fiction et du fantastique québécois. Il est membre du comité de rédaction de la revue *XYZ* et son plus récent recueil s'intitule *Presqu'îles dans la ville* (1991).

Vocabulaire de la lecture

à bout de souffle *breathless*
atteindre *to reach*
un bidon *container*
le bois *firewood*
un camion-citerne *tank truck*
un carrefour *intersection*
la chaussée *road surface*
une cible *target*
un coup de feu *gunshot*
un couvercle *lid*

un déca *decaffeinated coffee*
éreinté(e) *exhausted*
une gorgée *sip*
gras(se) *boldface*
un(e) piéton(ne) *pedestrian*
un quotidien *daily newspaper*
les relents (m.) *bad odors*
se répandre *to spill*
un sapeur(-pompier) *firefighter*
un siège *seat*
un tireur *sniper*

Vocabulaire utile

un abonnement *subscription*
annuel(le) *yearly*
bimensuel(le) *semimonthly*
une couverture *front cover*
gratuit(e) *free (of cost)*
hebdomadaire *weekly*
mensuel(le) *monthly*
la une *front page*

1 **Vocabulaire** Complétez les phrases à l'aide des mots des listes de vocabulaire.

1. Les chiens errants (*stray*) sont attirés par les _____ de la cuisine des restaurants.
2. En hiver, les _____ marchent plus vite pour ne pas rester longtemps dehors.
3. J'ai choisi un magazine _____ parce que je préfère lire les nouvelles une fois par semaine.
4. Quand je vais à la plage, j'apporte toujours un _____ parce que je n'aime pas m'asseoir sur le sable.
5. Mon frère joue bien aux fléchettes (*darts*). Il ne rate (*misses*) jamais la _____ .
6. Ce n'est pas parce que la _____ d'un livre est laide qu'on ne devrait pas lire ce livre!

2 **Gros ou petits caractères?** À deux, répondez à ces questions.

1. Qu'est-ce qui vous attire dans un journal, les photos ou les titres des articles?
2. Pourquoi certains titres d'articles sont-ils écrits en gros caractères et d'autres en petits caractères? Lisez-vous les deux types de titres?
3. D'après vous, pourquoi certains mots sont-ils mis en italiques?
4. Comparez un magazine sérieux avec un magazine à sensations. Pouvez-vous parler de la différence de présentation des articles sur la couverture?

 Practice more at **face-a-face.vhlcentral.com**.

3 **Coin lecture** Choisissez un magazine que vous aimez lire. À tour de rôle, décrivez votre choix à votre partenaire à l'aide de cette liste. Ensuite, décrivez votre magazine à la classe et comparez vos choix.

- Ses thèmes: mode, sports, informations, sciences, cuisine, etc.
- Sa fréquence: hebdomadaire, mensuel
- Son degré de difficulté
- Son origine: domestique, étrangère

4 **L'avenir** Par petits groupes, discutez de l'avenir de l'édition (*publishing*). Ensuite, présentez vos idées à la classe. N'oubliez pas de répondre à ces questions.

1. Les journaux et les magazines devraient-ils être toujours imprimés sur papier? Devraient-ils être offerts seulement électroniquement? Expliquez.

2. Quel journal ou quel magazine connaissez-vous qui ne soit plus imprimé? Pourquoi ne l'est-il plus?

3. Quelles solutions possibles existe-t-il au problème des journaux et des magazines menacés d'extinction?

5 **Atelier d'imprimerie** À deux, créez la première page de votre propre journal ou magazine. Donnez ces informations et puis montrez votre travail à la classe, qui va commenter.

- titre de votre journal ou magazine
- sa fréquence
- la date du numéro
- le prix
- quelques titres d'articles
- quelques photos
- le premier paragraphe d'un article
- la mise en page (*layout*)

6 **Les réactions** Par groupes de trois, expliquez en quoi les nouvelles que vous lisez dans les journaux ou sur Internet et les infos que vous regardez à la télévision vous affectent. Donnez un exemple d'une nouvelle...

- qui vous surprend.
- qui vous met en colère.
- que vous trouvez ridicule.
- qui vous fait rire.
- qui vous fait frémir (*shudder*).
- qui vous laisse indifférent(e).

7 **Anticiper** À deux, regardez cette photo et imaginez la réaction de l'homme. Qu'a-t-il appris en lisant cet article? Maintenant, lisez le titre du texte que vous allez lire sur les prochaines pages. Que pouvez-vous en déduire? Pourquoi l'auteur a-t-il choisi ce titre? Présentez vos idées à la classe.

Les Petits Caractères

André Berthiaume

pit

area

Imaginez une espèce de fosse° circulaire au plafond bas, au plancher de céramique pâle. L'aire° est appelée pompeusement «Jardin de la restauration». Beaucoup de plantes, évidemment fausses, et d'ensoleillement, évidemment artificiel. Des comptoirs en

in a line 5 enfilade°, des serveuses au regard quasi implorant. Un café? Dans

smooth une tasse, un verre? Rien qu'un café? Petit, moyen, grand? Velouté°,

full-flavored corsé°, déca?

Nikola atteint le carrefour, à bout de souffle. Éreinté par l'angoisse autant

10 *que par la course. Il s'impose une halte. Le visage de sa mère repasse dans sa*

panting *tête, comme amené par son halètement°. Puis celui de sa sœur. Elles ne parlent pas, mais leurs yeux crient la faim, la*

15 *soif, le froid. Il pense à l'appartement toujours privé de lumière, délabré°,*

dilapidated

oozing *suintant°, envahi par les fantômes. Il*

window-panes/frosted/steam *pense aux carreaux° maintenant givrés° au petit matin. La buée° sort par*

haltingly *saccades° de sa bouche ouverte. Son regard fait le tour. Les rares piétons*

arched 20 *traversent l'espace découvert en courant, l'air hagard, le dos très voûté°, silhouettes cassées. Une auto surgit comme un gros insecte fou, tous pneus*

screeching *crissant°, ignorant les feux qui clignotent pour rien.*

> Un café? Dans une tasse, un verre? Rien qu'un café? Petit, moyen, grand? Velouté, corsé, déca?

Maintenant, le voilà qui cherche une place pour boire son arabica et parcourir en paix le journal mis gracieusement à la disposition de l'aimable

25 clientèle. Une tasse dans une main, le journal dans l'autre, il hésite car il a des exigences. Non, pas ici, trop près de ces dames volubiles qui fument comme des sapeurs. Pas sur ce siège vissé° au plancher, qui vous éloigne

screwed ridiculement de la table. Pas sur cette chaise qui a un dossier inconfortable,

mess up deux barres de métal qui vous amochent° un dos en un rien de temps.

30 *Aujourd'hui, tout en allongeant les ombres au sol, le soleil bas d'automne*

dazzles/clouds/ *éblouit°, brouille° la vue, multiplie les contre-jour°, déchire, déchiquette°. Les*
backlighting/shreds
clear/(gun)sight *cibles ne sont pas nettes° dans l'œil du viseur°. À l'autre extrémité du vaste*

packed/disemboweled *carrefour bondé° d'immeubles éventrés°, Nikola voit le camion-citerne garé à*

plane trees/smoking *l'ombre des platanes°. Le chauffeur fait les cent pas en grillant° nerveusement*

35 *une cigarette. Il a hâte de repartir.*

Pas si près des relents de la Frite fraîche. Non, non, pas ici, trop près du haut-parleur qui déverse un cha-cha-cha aussi endiablé qu'énervant. Exotisme de mes deux°. Non, pas ici, le coin est trop crûment° éclairé, on n'est quand même pas à l'hôpital, merde, ou dans un poste de police.

Le chauffeur ne veut plus franchir° ce carrefour, c'est trop risqué, trop dénudé. Tout le monde sait qu'il peut y avoir des tireurs embusqués° aux alentours, sur les toits des édifices croulants°.

Enfin, ce coin lui paraît convenable. Il s'assoit, commence à boire son café à petites gorgées tout en parcourant le tabloïd étalé° devant lui à plat, quotidien aux dimensions parfaitement adaptées à la petite table. La grille des mots croisés a dûment été complétée, celle du mot mystère aussi.

Nikola sait qu'il risque sa vie tous les jours pour avoir de l'eau, remplir le bidon cabossé° qu'il traîne avec lui. Il n'a pas le choix. On ne peut pas vivre sans eau. L'eau, c'est comme le feu, maintenant qu'il n'y a plus d'électricité, on ne peut pas s'en passer. L'hiver approche comme un ours blanc. Le bois pour le foyer, il l'obtient en abattant° des arbres aux abords° des avenues, en arrachant° des planches dans les arrière-cours°.

Profonde respiration puis, légèrement accroupi°, il s'élance avec son récipient, entreprend de traverser. Il s'arrête quelques secondes derrière chaque lampadaire. Se plaque° contre le métal avant de reprendre sa course. Arrive sain et sauf de l'autre côté. Il salue le chauffeur qui l'a vu venir en fronçant les sourcils°; celui-ci jette son mégot° par terre, traite le garçon d'imprudent, de cinglé°. Fais un détour, qu'il lui dit. Viens par les petites rues, qu'il lui dit. Mais le détour est trop long, interminable. Nikola n'écoute plus, il surveille l'eau qui monte dans le bidon, puis il visse soigneusement le couvercle. Salutations, recommandations, à demain gamin.

Nikola sait qu'il risque sa vie tous les jours pour avoir de l'eau, remplir le bidon cabossé qu'il traîne avec lui. Il n'a pas le choix. On ne peut pas vivre sans eau.

Glossary (margin):
- stupid exoticism/harshly
- cross 40
- positioned
- collapsing
- spread out
- dented 55
- cutting down/around
- pulling out
- backyards 65
- crouched
- flattens himself
- frowning/cigarette butt 70
- crazy

75 Ah! l'instant de répit. Le confort, la félicité. Le moment du quant-à-soi, gâtons-nous un peu, on l'a bien mérité on l'a pas volé la vie nous doit bien ça merde on en demande si peu.

Ah! l'instant de répit. Le confort, la félicité. Le moment du quant-à-soi, gâtons-nous un peu, on l'a bien mérité...

80 *Sur le chemin du retour, il court courbé. Sous ses pas défilent les crevasses dans l'asphalte et les feuilles mortes qui* curl up/skims *s'y blottissent°. Le bidon alourdi frôle°* bumps *le sol, bute° parfois contre une fissure.* laps 85 *L'eau clapote° contre le métal. Le moteur* sputtering *crachotant° du camion s'éloigne. Le bruit empêche d'entendre le coup de feu.*

sip On respire à fond, on apprécie de siroter° en paix le ads liquide brûlant. Titres gras, joyeuses réclames° de Noël 90 déjà, grandes photos, courts textes qu'il ne prend pas la peine de lire. Les sections se succèdent, locale, régionale, les annonces classées, l'horoscope, les numéros de la loto...

Il est tombé face contre terre. Le bidon, à côté de lui, se 95 *répand lentement sur la chaussée. Que de l'eau. Pas de sang. Pas encore.*

swallows Il avale° une autre gorgée, tourne la page et tombe sur la photo d'un garçon allongé dans une rue de la ville en guerre, un bidon renversé à ses côtés. Il marque un temps 100 d'arrêt, projette son corps en avant pour mieux voir, lire la légende en petits caractères. La tasse vacille, se renverse, se répand vite, le café fait tache d'huile brune, odorante et chaude, envahit la photo, la page, multiplie les rigoles° rivulets jusqu'à la bouille° du Père Noël. ■ face

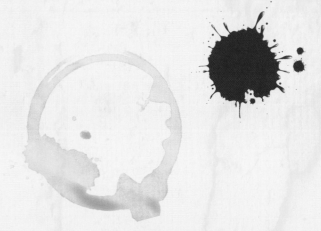

Analyse

1 **Vrai ou faux** Dites si ces phrases sont vraies ou fausses. Corrigez les fausses.

1. La serveuse demande à l'homme s'il veut son café avec du lait.

2. Nikola est éreinté par tous les devoirs qu'il doit faire.

3. Il fait froid, alors les carreaux des fenêtres sont givrés.

4. L'homme dans le café cherche la meilleure place pour lire son journal.

5. Le tireur ne voit pas bien sa cible dans le viseur à cause de la pluie.

6. Nikola est mort de froid et de fatigue.

2 **Guerre et paix** Une des histoires de la nouvelle *Les Petits Caractères* a lieu dans une ville moderne en paix, l'autre dans une ville détruite par la guerre. Mettez une croix dans la colonne qui correspond au contexte de la description donnée. Ensuite, comparez vos réponses avec celles d'un(e) partenaire.

Descriptions	Ville détruite par la guerre	Ville moderne en paix
1. Il n'y a ni eau ni électricité.		
2. L'endroit est illuminé naturellement.		
3. On a recréé un jardin artificiel.		
4. Il faut être courageux pour vivre à cet endroit.		
5. L'endroit est moderne mais inconfortable.		
6. Les gens ont faim et froid.		
7. Ça sent mauvais et il y a du bruit.		
8. On peut passer un bon moment tranquille à cet endroit.		

3 **Ressemblances** Dans les deux récits, les situations ont une certaine ressemblance entre elles. Associez chaque phrase du récit dans le café avec une phrase dans le récit de guerre qui lui correspond, soit par équivalence, soit par opposition.

Au café

____ 1. L'ensoleillement est artificiel.

____ 2. Il demande un café.

____ 3. Le café se renverse sur la table.

____ 4. Elles fument comme des sapeurs.

____ 5. Il cherche la meilleure chaise.

____ 6. La tasse vacille.

Récit de guerre

a. Il grille une cigarette.

b. Il a besoin d'eau.

c. Il tombe par terre.

d. Il s'arrête derrière chaque lampadaire.

e. L'eau se répand par terre.

f. Le soleil éblouit.

 Practice more at **face-a-face.vhlcentral.com.**

4 **Deux maisons** Imaginez la maison de Nikola et celle de l'homme dans le café. Choisissez quelle maison est évoquée par chaque élément de la liste.

a. Maison de Nikola

b. Maison de l'homme

____ 1. une assiette de frites

____ 2. des carreaux cassés

____ 3. des chaises confortables

____ 4. il fait froid

____ 5. des murs dénudés

____ 6. de la musique

____ 7. des plantes vertes

____ 8. des rideaux déchiquetés

5 **Compréhension** Répondez à ces questions.

1. À quels pays pensez-vous en voyant l'orthographe du prénom «Nikola»? Selon votre réponse, le récit de guerre est-il proche de la réalité?

2. Pourquoi l'auteur a-t-il choisi d'alterner les deux récits? Y a-t-il un ou plusieurs indices (*clues*) dans le récit qui justifie cette technique?

3. À quelle époque de l'année se passe le récit de guerre? Quelle est l'importance de ce détail? Comment le lecteur découvre-t-il l'époque de l'année dans le premier récit? Expliquez pourquoi l'auteur a choisi cette technique.

4. Comment Nikola a-t-il été tué? Quel détail a contribué à sa mort?

5. Comment est la vie de l'homme qui boit son café? Pensez-vous qu'il ait aussi une vie difficile? Justifiez votre réponse.

6. Quelle est la réaction de l'homme en voyant la photo du jeune homme mort? D'après vous, pourquoi a-t-il eu cette réaction?

6 **Une autre fin** Imaginez que le tireur n'ait pas tué Nikola. Qu'aurait-il raconté à sa mère en rentrant? Comment aurait-elle réagi? À deux, suivez ces instructions pour créer leur conversation.

• Faites une liste des moments les plus intenses de l'expérience de Nikola.

• Faites une liste des questions les plus pressantes de sa mère.

• Travaillez avec un autre groupe pour incorporer les éléments les plus intéressants des deux conversations dans une seule.

• Jouez le deuxième dialogue devant la classe.

7 **Catastrophes** Par groupes de trois, choisissez un autre type de catastrophe qui pourrait affecter votre vie. Écrivez un paragraphe de 15 lignes décrivant comment votre vie serait changée.

• Commencez votre paragraphe par une phrase hypothétique et utilisez des verbes au conditionnel. **S'il y avait un(e)... dans ma région, ...**

• Décrivez comment serait la situation.

• Terminez en disant ce que vous feriez.

Préparation Audio: Vocabulary

À propos de l'auteur

Jean Roba, né le 28 juillet 1930, à Bruxelles, est un auteur belge de bandes dessinées. Il pratique d'autres arts avant de se consacrer à la bande dessinée. En 1957 commence sa collaboration avec le journal pour enfants *Spirou* et plus tard, en 1959, il crée la bande dessinée *Boule et Bill*. Jean Roba s'inspire de son propre chien pour dessiner Bill et de son propre fils pour Boule. Roba a écrit et illustré plus de 1000 pages de *Boule et Bill*, sans compter ses autres séries de bandes dessinées, notamment *La Ribambelle*. Chevalier de l'ordre de Léopold, la plus prestigieuse décoration décernée (*awarded*) par la Belgique, Jean Roba est décédé à Bruxelles, en 2006.

Vocabulaire de la bande dessinée	Vocabulaire utile
un aliment *food*	**aboyer** *to bark*
c'est bien les humains *that's typical of humans*	**une affiche** *poster*
se laisser faire *to let oneself be taken advantage of*	**une annonce publicitaire** *commercial*
mon vieux *buddy*	**un collier** *collar*
sain(e) *sane, healthy*	**un coup de pied** *kick*
un veau *calf*	**une patte** *paw*

1 **Slogan publicitaire** À deux, examinez la structure des slogans publicitaires. Quelles catégories de mots sont utilisées? Des noms, des adjectifs, des verbes? Y a-t-il des répétitions de mots ou de sons? Écrivez votre propre slogan en suivant ces instructions.

- Choisissez un produit (une boisson, une friandise (*candy*), un aliment).
- Inventez le nom de ce produit.
- Écrivez la première ligne du slogan avec le nom du produit en italiques.
- Écrivez la deuxième ligne du slogan.

Analyse

1 **Compréhension** Répondez aux questions sur la bande dessinée *Boule et Bill*.

1. Où se trouve le chien dans la première image? Qu'entend-il à la radio?
2. Où voit-il le mot *Wouffy* écrit partout? À quoi ce mot se réfère-t-il? Est-il bien choisi? Est-ce que ce mot rend Bill heureux?
3. Que pense Bill des humains? Pourquoi déclare-t-il que les animaux ne sont pas des veaux?
4. Qu'est-ce que Boule apporte à son chien? Comment l'auteur montre-t-il que Boule est fier de ce qu'il lui apporte?
5. Pourquoi Bill donne-t-il un coup de pied dans le plat que lui apporte Boule?

 Practice more at **face-a-face.vhlcentral.com.**

BOULE ET BILL de Jean Roba

PuBillcité

Boule et Bill - 16: Souvenirs de famille, © DUPUIS, © SPRL JEAN ROBA 1979 by Roba.

Un article à sensation

Lisez-vous parfois des journaux à sensation (*tabloids*)? Regardez-vous des émissions de télévision sur des sujets à sensation? Pouvez-vous citer et résumer un article que vous avez lu ou une émission que vous avez vue récemment? À votre avis, pourquoi ce genre d'histoires intéresse les gens?

Plan de rédaction

Vous allez écrire un article dans lequel vous décrivez un événement remarquable dans la vie d'une célébrité à la façon d'un article de journal à sensation.

Planifiez et préparez-vous à écrire

1 **Stratégie: Réfléchir** Choisissez une de ces deux options.

A. Votre star préférée est accusée d'un crime Réfléchissez aux points faibles de votre star préférée et inspirez-vous-en pour créer une histoire «sensationnelle». Prenez des notes pour mieux décrire son crime: quand, où, quoi, etc. Ajoutez des détails que vous inventez pour rendre votre histoire plus «sensationnelle».

B. Votre star préférée va recevoir un prix prestigieux Réfléchissez aux atouts (*assets*) de votre star préférée et expliquez ce qu'elle a fait pour qu'on lui décerne (*award*) un prix si important. Prenez des notes: qui, quand, où, quoi, etc. Ajoutez des détails que vous inventez pour rendre l'histoire plus «sensationnelle».

2 **Stratégie: Évaluer les lecteurs** Pensez à vos lecteurs et posez-vous ces questions.

- Qui lit la presse à sensation?
- Pourquoi les gens lisent-ils ce genre de presse?
- Quels types d'informations les lecteurs de la presse à sensation s'attendent-ils à trouver dans les articles qu'ils lisent?
- Quel style d'écriture et quel ton sont appropriés pour ces articles?

En considérant le sujet de votre article, faites une liste de mots ou d'expressions que vous pourriez utiliser pour captiver vos lecteurs. Utilisez vos notes de l'activité 1.

Sujet de l'article: Chanteur célèbre accusé de vol		
Adjectifs	**Verbes**	**Autres mots ou expressions**
incroyable	cambrioler (*to burglarize*)	un scandale

Écrivez

3 **Introduction** Commencez votre article avec une introduction qui va brièvement décrire ce dont vous allez parler. Attention! Votre introduction ne doit pas révéler toute l'histoire aux lecteurs; elle doit capter leur attention et leur donner envie de lire le reste de l'article.

4 **Développement** Dans la partie principale de votre article, racontez l'histoire en détail. Utilisez vos notes de l'activité 1 et les mots et expressions du tableau de l'activité 2. Faites bien attention à raconter l'histoire de façon logique et soyez convaincant(e).

5 **Conclusion** Terminez votre article en expliquant l'importance de cet événement. Faites aussi des hypothèses sur ce qui aurait pu arriver d'autre si les choses s'étaient passées différemment. Utilisez des phrases avec **si** et le conditionnel: **Si la police était arrivée plus tôt, peut-être que le chanteur n'aurait pas eu assez de temps,** etc.

Révisez et lisez

6 **Révision** Demandez à un(e) partenaire de lire votre article et de vous faire des suggestions pour l'améliorer. Révisez votre article en incorporant les suggestions de votre partenaire et en faisant attention aux éléments ci-dessous. Puis, trouvez un titre captivant pour votre article.

- Avez-vous bien respecté l'organisation décrite dans la section **Écrivez**?
- L'article est-il captivant et contient-il assez d'éléments «sensationnels»?
- La grammaire et l'orthographe sont-elles correctes? Vérifiez le choix des temps et les formes des verbes au passé (utilisation de l'imparfait et du passé composé), l'emploi des mots de transition, la structure des phrases avec **si** et les formes du conditionnel.

7 **Lecture** Par petits groupes, lisez votre article à vos camarades de classe. Ils vous poseront des questions pour en apprendre davantage et ils vous donneront leurs réactions.

Les nouvelles technologies

D'après vous, quelles sont les technologies récentes qui ont eu, ou ont toujours, le plus grand impact sur notre vie? Quel aspect de notre vie a été le plus transformé par ces nouvelles technologies? Pensez-vous que les nouvelles technologies sont toutes de bonnes choses?

1 La classe va d'abord faire une liste de technologies apparues ces 20 dernières années qui ont eu, ou ont toujours, un impact important sur notre vie. Un(e) volontaire écrit cette liste au tableau. Ensuite, toute la classe discute et vote pour choisir les cinq technologies qui paraissent les plus importantes.

2 La classe se divise en deux groupes.

- Le premier groupe va réfléchir aux aspects positifs de chacune des cinq technologies choisies.
- Le deuxième groupe va réfléchir aux aspects négatifs.

Les groupes doivent trouver au moins trois arguments pour ou contre chaque technologie. Les groupes utilisent des tableaux pour organiser leurs arguments. Ils doivent prendre des notes et donner des exemples qui illustrent leur opinion au sujet de chaque technologie.

1. les téléphones portables	
Positif	**Négatif**
1. peut sauver la vie (urgence, accident, etc.)	1. manque de respect (les gens qui utilisent leurs portables dans des lieux publics)
2. pratique (pour rester en contact à tout moment)	2. dangereux (conduire en parlant au téléphone et ne pas faire attention à la route)
3. ...	3. ...

3 Les deux groupes se font face et chacun présente ses idées et ses arguments en utilisant les notes et les exemples de l'activité 2. Les membres de chaque groupe posent des questions pour mieux comprendre la position de l'autre groupe et ils réagissent aux arguments de leurs camarades.

Ensuite, la classe débat ensemble pour décider si chaque technologie choisie a plus d'aspects positifs ou plus d'aspects négatifs.

4 Enfin, la classe entière doit considérer cette question:

> Si chacune de ces technologies n'existait pas, en quoi notre vite serait-elle différente?

Les étudiants discutent de cette idée en utilisant des phrases avec **si** et le conditionnel présent ou passé. Ils peuvent également raconter des anecdotes personnelles en rapport avec la question. Voici quelques exemples:

- Si les téléphones portables n'existaient pas, on devrait utiliser des téléphones publics et ce ne serait pas pratique.
- Si ma cousine n'avait pas parlé au téléphone en conduisant, elle n'aurait pas eu son accident de voiture.

3

Les générations

Le concept de famille varie selon les cultures. Dans certains pays, la famille comprend juste le père, la mère et les enfants. Ailleurs, les grands-parents et les enfants mariés vivent parfois sous le même toit. De plus, les relations familiales peuvent être bonnes ou difficiles, mais une vérité ne varie jamais: elles sont intenses.

Quels avantages y a-t-il à être membre d'une famille?

Quels conflits peuvent connaître différentes générations qui vivent ensemble?

Comment les membres d'une famille se soutiennent-ils?

Préparation  Audio: Vocabulary

Vocabulaire du court métrage	Vocabulaire utile
un âne *donkey*	**désapprouver** *to disapprove*
avouer *to confess*	**un drapeau** *flag*
des bâtons (m.) *ski poles*	**faire l'innocent(e)** *to play dumb*
une caméra cachée *hidden camera*	**faire plaisir à quelqu'un** *to*
croiser *to cross*	*make someone happy*
une croix *cross*	**ne pas être dupe** *not to be*
un chasse-neige *snow plow*	*fooled*
contrarié(e) *upset*	**réaliser un rêve** *to realize a*
faire semblant *to pretend*	*dream*
une frontière *border*	**se faire prendre à son propre**
un mensonge *lie*	**jeu** *to get caught in one's*
Salam Aleikum (arabe) *hello*	*own lies*
septante-neuf (Suisse) *seventy-nine*	**une station de ski** *ski resort*
un singe *monkey*	**vouloir bien faire** *to mean well*
des somnifères (m.) *sleeping pills*	

EXPRESSIONS

Ça ne risque rien. *It's no problem.*

Ça vaut tous les mensonges du monde! *It's worth all the lies in the world!*

C'est du n'importe quoi, ton truc! *Your idea is totally crazy!*

De toutes façons, c'est grillé. *Anyway it's a miss.*

Encore heureux déjà qu'il ait toute sa tête *Lucky his head is still intact*

Tu ne vas pas me laisser tomber! *Don't let me down!*

---

1 **Définitions** Associez chaque mot ou expression avec sa définition.

A	B
___ 1. On en utilise deux quand on fait du ski.	a. âne
___ 2. Médicaments qui aident à dormir	b. bâtons
___ 3. Qui n'est pas coupable	c. croiser
___ 4. Ligne qui sépare un pays d'un autre	d. frontière
___ 5. Animal qui ressemble au cheval	e. innocent
___ 6. Soixante-dix-neuf pour les Suisses	f. septante-neuf
	g. singe
	h. somnifères

2 **Dialogue rapide** À deux, créez en cinq minutes un dialogue avec le maximum de mots et d'expressions des listes de vocabulaire. Ensuite, jouez la scène devant la classe.

 Practice more at **face-a-face.vhlcentral.com.**

3   **Le Maroc et la Suisse** Par groupes de trois, indiquez avec quel pays, le Maroc ou la Suisse, vous associez ces caractéristiques. Justifiez vos réponses et puis discutez-en avec la classe.

	Le Maroc	La Suisse
1. l'Afrique		
2. les banques		
3. Casablanca		
4. le chocolat		
5. le désert		
6. Genève		
7. la Méditerranée		
8. les montagnes		
9. le roi		
10. le ski		

4   **Le titre** Le titre du court métrage que vous allez voir est *Il neige à Marrakech*. Quelle est votre réaction à ce titre? À votre avis, neige-t-il à Marrakech? Pourquoi le cinéaste a-t-il choisi ce titre, d'après vous? À deux, faites des hypothèses et discutez-en avec la classe.

5   **Anticipation** Avec un(e) camarade, observez ces images du court métrage. Répondez aux questions pour faire des prédictions sur ce qui va se passer dans l'histoire.

Image A
- Qui sont les personnages? Quels rapports ont-ils entre eux?
- De quoi parlent-ils, d'après vous? Ont-ils l'air contents? Expliquez.

Image B
- Que voit-on sur la deuxième image? Où se passe la scène, d'après vous?
- Que font les personnages? De quoi parlent-ils?
- Et après, que va-t-il se passer, à votre avis?

AMIR Productions et Bord Cadre Films
Présentent

Il neige à Marrakech

Un film de Hicham Alhayat

Nominé au
Prix du Cinéma
Suisse 2008

Scénario et réalisation: Hicham Alhayat **Script:** Diego Pizarro
Producteur exécutif et directeur de production: Dan Wechsler
Musique originale: Abdessamad Miftah Elkheir, Julien Sulser
Acteurs: Atmen Kelif, Abdeljabbar Louzir, Abdessamad Miftah Elkheir,
Majdoline Drissi, Aaron Henry, Madeleine Piguet, Hicham Alhayat

FICHE **Personnages** Karim, M. Bazzi, Samir, Aïsha **Durée** 15 minutes **Pays** Suisse **Année** 2006

SCÈNES  Short Film

Samir Alors?
Karim À ton avis? ...
Samir Qu'ils me refusent, à moi, le visa, je peux comprendre, mais pour ton père!

Le vendeur S'il veut vraiment faire du ski, il n'a qu'à aller à Oukaïmeden. C'est à deux heures d'ici et pas besoin de visa.

Karim On part demain matin. On a trois jours de visa.
M. Bazzi C'est ça, le visa?
Karim Oui. VI-SA.

Karim Bien dormi, papa?
M. Bazzi On est où?
Karim Comment ça, on est où? Mais on est arrivé! On est à Splügen!
M. Bazzi À Splü... À Splü...?
Karim Splügen, en Suisse!

M. Bazzi Une fondue au fromage, s'il vous plaît.
Karim Une fondue?!
M. Bazzi Oui.

Karim Bonjour, excusez-moi. Est-ce que je peux vous prendre en photo avec mon père? C'est votre plus grand fan.
M. Bazzi Merci, merci beaucoup, mademoiselle.
Marina Heiniz Tout le plaisir est pour moi. ... *Salam Aleikum.*

Note CULTURELLE

Située à environ 70 kilomètres de Marrakech, Oukaïmeden est la principale station de ski du Maroc. La neige y est abondante de novembre à avril. Son sommet, l'Oukaïmeden, est à 3 200 mètres d'altitude et fait partie de la chaîne du Haut Atlas. De ses pistes de ski, on peut admirer l'Atlas, le Sahara et l'Afrique. Splügen, en Suisse, est un lieu très apprécié pour les sports d'hiver et pour les randonnées pédestres en été. Zermatt, dans la vallée du Mattertal, est à une altitude de 1 620 mètres. C'est une des stations de ski les plus importantes des Alpes suisses. On y fait aussi de l'alpinisme et de l'escalade.

À L'ÉCRAN

Dans le bon ordre Numérotez ces événements dans l'ordre chronologique.

___ a. Karim et son père font du ski.

___ b. Karim donne des somnifères à son père.

___ c. Le père de Karim se réveille.

___ d. Karim et son père mangent de la fondue.

___ e. Le père de Karim veut aller à Paris.

___ f. Marina Heiniz entre dans le restaurant.

Analyse

1 **Compréhension** Répondez aux questions.

1. Pourquoi Karim est-il à l'ambassade suisse?
2. Que dit Karim à son père quand il arrive chez lui?
3. Où Karim, Samir et Aïsha emmènent-ils M. Bazzi?
4. Quand M. Bazzi se réveille, où Karim lui dit-il qu'ils sont?
5. Que font Samir et Aïsha pendant que Karim et son père font du ski?
6. Qui est la personne que M. Bazzi reconnaît dans le restaurant?

2 **Le bon choix** Choisissez la bonne réponse.

1. Pourquoi Karim veut-il emmener son père skier?
   a. Il pense que son père devrait perdre quelques kilos.
   b. Il veut aider son père à réaliser son rêve.
2. Au début du film, pourquoi Aïsha n'approuve-t-elle pas l'idée de Karim?
   a. Elle a peur que le voyage leur coûte trop cher.
   b. Elle pense que les somnifères sont dangereux.
3. Pourquoi Karim ne veut-il pas que M. Bazzi voie les animaux sur la montagne?
   a. Il ne veut pas que son père découvre le stratagème.
   b. Les animaux pourraient lui faire peur.
4. Pourquoi voyons-nous Marina Heiniz d'abord en tenue (*outfit*) de ski et après en tenue de soirée?
   a. M. Bazzi la voit comme dans ses rêves.
   b. Marina Heiniz se change pour la photo avec M. Bazzi.
5. Que pense M. Bazzi de son voyage à la fin du film?
   a. Il est déçu de ne pas avoir beaucoup skié.
   b. Le voyage lui a fait très plaisir.

3 **Vrai ou faux?** Dites si les phrases sont vraies ou fausses, d'après ces images du film. Corrigez les fausses.

1. Chez Bob est un restaurant à Splügen, en Suisse.
2. M. Bazzi est un grand fan de Marina Heiniz.
3. Karim décide de ne rien avouer à son père après l'arrivée de Marina Heiniz.
4. Karim mange la fondue au fromage parce qu'il n'en a jamais goûté.

4 **Des prédictions** Par groupes de trois, discutez de ce qui va arriver à chaque personnage du film par rapport aux thèmes donnés pour chacun. Ensuite, présentez vos prédictions à la classe.

Personnages	Thème	Prédictions
M. Bazzi	Sa santé, son intérêt pour la culture suisse	
Karim	Son retour en Suisse, sa relation avec son père	
Aïsha	Sa vie professionnelle, sa relation avec Karim	
Samir	Ses voyages à l'étranger, son amitié avec Karim	

5 **Conversation** Lisez ce proverbe français et puis, à deux, suivez ces trois étapes pour organiser une discussion.

> **«Tel est pris qui croyait prendre.»** Jean de La Fontaine

1. Expliquez d'abord le proverbe dans le contexte du court métrage. Discutez avec votre partenaire.
2. Réfléchissez à un événement de votre vie qui illustre aussi le message de ce proverbe.
3. Racontez brièvement cet événement à votre partenaire et expliquez-lui pourquoi vous pensez que votre anecdote illustre le proverbe. Il/Elle va poser des questions et demander plus de détails.

6 **La vérité** Dites-vous toujours la vérité ou bien avez-vous parfois recours à (*do you sometimes use*) des mensonges innocents quand vous voulez bien faire? Écrivez une brève rédaction dans laquelle vous décrivez une situation où vous avez menti. Vous pouvez aussi inventer une situation où le mensonge serait peut-être approprié! Organisez votre texte de cette façon:

- **Introduction** Écrivez deux ou trois phrases pour introduire la situation.
- **Développement** a. Décrivez la situation en détail: Quand? Où? Qui? Quoi? Pourquoi? Comment?

  b. Dites pourquoi vous avez décidé de mentir.

  c. Expliquez et analysez les conséquences de vos actions.
- **Conclusion** Dites si vous pensez que votre décision de mentir était la bonne décision. Si cette situation se représentait aujourd'hui, feriez-vous la même chose? Expliquez pourquoi.

3.1 Les pronoms

Rappel

On emploie les pronoms pour remplacer quelque chose ou quelqu'un dont on a déjà parlé. Cela évite les répétitions.

Les pronoms compléments d'objet direct et indirect

- Le complément d'objet direct est la personne ou la chose qui reçoit l'action du verbe. On peut remplacer les compléments d'objet direct par ces pronoms: **me/m'**; **te/t'**; **le/la/l'**; **nous**; **vous**; **les**.

- Aux temps composés, le participe passé conjugué avec **avoir** s'accorde avec le complément d'objet direct quand celui-ci le précède.

  *—Tu as lu **les cartes** que mémé nous a envoyé**es**? Moi, je ne **les** ai pas lues.*

- Le complément d'objet indirect est la personne qui bénéficie de l'action du verbe. On peut remplacer les compléments d'objet indirect par ces pronoms: **me/m'**; **te/t'**; **lui**; **nous**; **vous**; **leur**.

  *J'ai parlé **à ma cousine**. → Je **lui** ai parlé.*

*—Il n'y avait pas moyen de **te** réveiller.*

Les pronoms y et en

- Le pronom **y** remplace un nom de lieu précédé d'une de ces prépositions: **à**, **sur**, **dans**, **en** et **chez**.

  *Ma grand-mère va **en Provence**. Elle **y** va au mois de juin.*

- Le pronom **y** remplace un nom précédé de la préposition **à**, en parlant d'une chose ou d'un événement.

  *Ils ont participé **au concours de dessin**. Ils **y** ont participé aussi l'année dernière.*

- Le pronom **en** remplace un nom précédé de la préposition **de** ou d'un article partitif.

  *Hassan t'a parlé **de sa nouvelle voiture**? Il **en** a parlé à tout le monde!*

  *Ma belle-sœur boit **du café** le matin. Elle **en** boit aussi le soir.*

- Le pronom **en** remplace un nom précédé d'une expression de quantité + **de**, des articles **un** et **une** ou d'un nombre.

  *—**Combien d'enfants** ont-ils?*   *—J'ai **un chat**. Et toi?*
  *—Ils **en** ont **cinq**!*   *—Moi, je n'**en** ai pas.*

Coup de main

Ces verbes ont en général un complément d'objet indirect:

dire à, écrire à, parler à, donner à, téléphoner à, demander à.

Attention!

- Il ne faut pas confondre le pronom **leur** avec l'adjectif possessif **leur** qui prend un **s** lorsqu'il accompagne un nom pluriel.

  *Ahmed et Élodie adorent **leurs** cousins. Ils **leur** téléphonent tous les jours.*

- Il ne faut pas non plus confondre le pronom complément d'objet indirect **leur** avec le pronom possessif **leur(s)**.

  *Je ne téléphone jamais à mes cousins, mais ils téléphonent souvent aux **leurs**.*

La place des pronoms dans la phrase

- Les pronoms se placent avant le verbe conjugué.

  *Nous voyons régulièrement **nos cousins.** → Nous **les** voyons régulièrement.*

- Quand il y a un verbe à l'infinitif, les pronoms se placent devant l'infinitif.

  *Mon frère et sa femme voudraient rendre visite **à ma tante.** Ils voudraient **lui** rendre visite bientôt.*

- Aux temps composés, les pronoms se placent devant l'auxiliaire.

  *Ma sœur a vu **Farida** au centre commercial. Elle **l'**avait vue aussi au marché.*

- Quand il y a plusieurs pronoms dans la phrase, ils suivent cet ordre:

me/m'		le						
te/t'	(avant)	la	(avant)	lui	(avant)	y	(avant)	en
nous		l'		leur				
vous		les						

  *—Est-ce que tu prêtes **ta voiture à ta sœur?***
  *—Non, je ne **la lui** prête jamais.*
  *Khalid a demandé **de l'argent à ses parents.** → Khalid **leur en** a demandé.*

- Dans les phrases impératives à la forme *négative*, les pronoms suivent le même ordre énoncé plus haut. Dans les phrases impératives à la forme *affirmative*, les pronoms se placent après le verbe selon cet ordre:

  Tu n'as pas encore parlé à Salima de la fête?
  ***Parle-lui-en** maintenant!*

  *Papa et maman rêvent de visiter la Guadeloupe. **Emmenons-les-y** cet été.*

- Dans les phrases impératives à la forme affirmative, les pronoms sont rattachés au verbe par un tiret et les pronoms **me** et **te** deviennent **moi** et **toi**, sauf devant **y** et **en**.

Forme négative	Forme affirmative: après le verbe
Ne me **regarde pas!**	**Regarde**-moi**!**
N'en **mange pas!**	**Mange**s-en**!**
N'y **va pas!**	**Va**s-y**!**
Ne nous le **dites pas!**	**Dites**-le-nous**!**
Ne m'en **donnez pas!**	**Donnez**-m'en**!**

Mise en pratique

1 **La génération de papi** Complétez cette conversation avec le bon pronom de la liste.

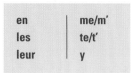

en	me/m'
les	te/t'
leur	y

JULIEN Dis papi, est-ce que tu avais un ordinateur quand tu avais mon âge?

PAPI Non, je n'(1) _____ avais pas. Il n' (2) _____ (3) _____ avait pas à cette époque.

JULIEN À quoi tu jouais alors?

PAPI Je jouais au foot avec mes copains.

JULIEN Tu (4) _____ jouais souvent?

PAPI Bien sûr, on (5) _____ jouait tous les jours après les cours.

JULIEN Ah bon? Tu n'avais pas de devoirs à faire?

PAPI Si, mais je (6) _____ faisais d'abord. Mes copains (7) _____ attendaient pour commencer la partie. Parfois, quand ça durait trop longtemps, ils venaient (8) _____ chercher à la maison.

JULIEN Et tes parents (9) _____ permettaient d'aller jouer?

PAPI Je devais d'abord (10) _____ demander la permission. Ça, c'est sûr!

Note
CULTURELLE

En France, les enfants appellent souvent leurs grands-parents **mamie** et **papi**. Les oncles et les tantes deviennent **tonton** et **tantine**, **tatie** ou **tata**.

2 **Une bonne éducation** Les Michaux sont des parents exemplaires. Remplacez les mots soulignés par les bons pronoms.

1. Madame Michaux donne <u>beaucoup de bonbons à ses enfants?</u>
   Non, elle ne _____ donne pas beaucoup.
2. Les Michaux enseignent <u>le français à leurs enfants?</u>
   Oui, ils _____ enseignent.
3. Il y a <u>trop de jouets dans la chambre de leur petite fille?</u>
   Non, il n'_____ a pas trop.
4. Monsieur Michaux a emmené <u>les enfants à la piscine</u> l'été dernier?
   Oui, il _____ a emmenés.
5. Madame Michaux peut offrir <u>les cours de piano à son fils aîné?</u>
   Oui, elle peut _____ offrir.

3 **Des ordres** Vous gardez votre nièce de huit ans et elle est insupportable. Utilisez l'impératif et des pronoms pour lui dire de faire ou de ne pas faire ces choses.

Modèle ne pas manger trop de chocolat
N'en mange pas trop!

1. ne pas aller dans le jardin
2. finir ses devoirs
3. manger un fruit
4. vous donner la télécommande
5. ne pas ennuyer le chien
6. ne pas donner de la pizza au chat
7. aller immédiatement au lit

Communication

4 **Conversation** À deux, posez-vous à tour de rôle ces questions sur les fêtes et les anniversaires. Utilisez des pronoms dans vos réponses.

1. Est-ce que tu as invité tes parents au restaurant pour leur anniversaire?
2. Est-ce que tu offres des cadeaux à tes frères et sœurs pour leur anniversaire?
3. Est-ce que ton père envoie une carte à ta grand-mère pour la fête des Mères?
4. Est-ce que tu es allé(e) chez tes parents à Thanksgiving, l'année dernière?
5. Est-ce que tes grands-parents t'ont donné de l'argent pour ton anniversaire?
6. Est-ce que vous faites beaucoup de photos quand vous êtes en famille?
7. Est-ce que tu préfères fêter ton anniversaire en famille ou avec tes copains?
8. Est-ce que tu aimes voir tes cousins et tes cousines pendant les fêtes?

5 **Des conseils** Malik a rencontré Estelle, une fille très sympa, et il aimerait la revoir. Il demande conseil à son frère. Jouez cette scène à deux.

> Modèle   téléphoner à Estelle
> —**Est-ce que je devrais lui téléphoner?**
> —**Téléphone-lui!/Ne lui téléphone pas!**

1. inviter Estelle à aller au cinéma
2. emmener Estelle au restaurant
3. offrir des fleurs à Estelle
4. écrire des e-mails à Estelle
5. présenter Estelle aux parents
6. aller attendre Estelle après les cours

6 **Quelle aventure!** Le grand-père de Lucas et d'Isabelle revient du Sénégal et les enfants lui posent des questions. Par groupes de trois, présentez leur conversation à la classe. Utilisez des pronoms avec les expressions de la liste.

> Modèle   —**Tu es resté longtemps à Dakar?**
> —**Non, j'y suis resté quelques jours et après…**

acheter des souvenirs	manger des spécialités sénégalaises	rendre visite à ses copains d'université
aller au marché	perdre ses valises	visiter l'île de Gorée
aller dans une réserve naturelle	prendre des photos	voir beaucoup d'animaux
avoir envie de retourner au Sénégal		

Note CULTURELLE

Le Sénégal, en Afrique occidentale, a longtemps été une colonie française. En 1960, le Sénégal devient un État indépendant et Léopold Senghor, poète et homme politique (1906–2001), est élu président. Le français en est toujours la langue officielle.

Practice more at **face-a-face.vhlcentral.com.**

3.2 Le subjonctif dans les propositions substantives

Rappel

On emploie l'indicatif pour parler d'un fait objectif. On emploie le subjonctif pour exprimer un fait envisagé dans la pensée, comme le souhait, la volonté ou la crainte.

- Pour former le présent du subjonctif des personnes du singulier (**je**, **tu**, **il/elle/ on**) et de la troisième personne du pluriel (**ils/elles**), remplacez la terminaison **-ent** de la troisième personne du pluriel du présent de l'indicatif par **-e**, **-es**, **-e** et **-ent**.

    *Je veux que tu **finisses** tes devoirs avant la fin du week-end.*

- Pour les deux premières personnes du pluriel (**nous et vous**), remplacez la terminaison **-ons** de la première personne du pluriel du présent de l'indicatif par les terminaisons **-ions** et **-iez**.

    *La pharmacienne suggère que vous **téléphoniez** à votre médecin.*

- Employez le subjonctif après des verbes ou des expressions impersonnelles qui expriment la volonté, l'ordre, l'interdiction ou le désir.

aimer mieux que *to prefer that*	**il vaudrait mieux que** *it would be better that*
avoir envie que *to want that*	**préférer que** *to prefer that*
désirer que *to wish that*	**vouloir que** *to want that*

Mamie **souhaite**	qu'on **aille** la voir plus souvent.
Proposition principale	Proposition subordonnée

Il faut	que tu **obéisses** à tes parents.
Proposition principale	Proposition subordonnée

- Employez le subjonctif après les verbes qui expriment des sentiments tels que:

LA JOIE
être content(e) que *to be glad that*
être heureux/heureuse que *to be happy that*
être ravi(e) que *to be thrilled that*

LA TRISTESSE
être désolé(e) que *to be sorry that*
regretter que *to regret that*

LA CRAINTE
avoir peur que *to be afraid that*
craindre que *to fear that*

LA COLÈRE
être fâché(e) que *to be angry that*
être furieux/furieuse que *to be furious that*

L'ÉTONNEMENT
être étonné(e) que *to be astonished that*
être surpris(e) que *to be surprised that*

Mon frère **est triste**	que sa petite amie **doive** retourner en Suisse.
Proposition principale	Proposition subordonnée

Ils **craignent**	que leurs enfants **soient** malades.
Proposition principale	Proposition subordonnée

Coup de main

Le subjonctif de ces verbes est irrégulier: **aller** (que j'aille), **avoir** (que j'aie), **être** (que je sois), **faire** (que je fasse), **pouvoir** (que je puisse), **savoir** (que je sache) et **vouloir** (que je veuille). See the Verb Tables at the end of the book for more subjunctive forms.

Attention!

- N'employez pas le subjonctif après **espérer que.**

*Nous espérons qu'il **viendra**.*

*J'espère qu'il le **sait**.*

*—Je veux que tu **saches** que moi,
j'ai fait tout ça pour toi.*

- Quand le sujet de la proposition principale est le même que celui de
la proposition subordonnée, employez l'infinitif dans la proposition
subordonnée. Avec **regretter que** ou des expressions avec **être** et **avoir**,
ajoutez **de** devant l'infinitif.

Infinitif	Subjonctif
Je veux partir.	**Je veux** que tu partes.
Ma sœur est ravie d'attendre un bébé.	**Ma sœur est ravie** que tu attendes un bébé.

- Employez *le subjonctif* après ces verbes quand ils expriment l'incertitude ou
le doute. Employez *l'indicatif* quand ils expriment une certitude.

douter que *to doubt that*
(ne pas) penser que *(not) to think that*
(ne pas) croire que *(not) to believe that*
(ne pas) être certain(e) que *(not) to be certain that*

(ne pas) être sûr(e) que *(not) to be sure that*
(ne pas) être persuadé(e) que *(not) to be convinced that*

*On n'est pas certain qu'il **fasse** froid.*	*Vous ne doutez pas qu'il **fait** froid.*
Subjonctif: incertitude	Indicatif: certitude

- On emploie *le subjonctif* après les expressions impersonnelles qui expriment
une nécessité, une possibilité ou un doute. On emploie *l'indicatif* quand elles
expriment une certitude.

ça m'étonnerait que *it would astonish me that*
il est / n'est pas certain que *it is (not) certain that*
il est clair que *it is clear that*
il est douteux que *it is doubtful that*
il est évident que *it is obvious that*

il est impossible que *it is impossible that*
il est possible que *it is possible that*
il est / n'est pas sûr que *it is (not) sure that*
il est / n'est pas vrai que *it is (not) true that*
il se peut que *it is possible that*

*Il se peut qu'il **sache** tout.*	*Il est clair qu'il **sait** tout.*
Subjonctif: incertitude	Indicatif: certitude

- On peut parfois avoir un subjonctif dans une proposition indépendante, par
exemple pour exprimer un souhait.

> *Karim a crié: «Et que tout **soit** prêt en bas!»*
>
> *Que Dieu vous **entende**!*

Mise en pratique

1 **Fête d'anniversaire** Madame Lemercier organise une fête pour son mari. Mettez les verbes entre parenthèses au présent du subjonctif pour compléter son e-mail.

De:	amlemercier@monmail.fr
À:	pchapenard@monmail.fr; jmatignoul@monmail.fr; mtlemercier@monmail.fr
Sujet:	Les 50 ans de papa

Ma chère famille,

Il va y avoir beaucoup à faire pour cette surprise, alors il faut qu'on (1) _____ (s'organiser)! J'aimerais que Pierrot et Julie (2) _____ (faire) les courses et que Martin (3) _____ (choisir) la musique. Louis et Rachel, je voudrais que vous (4) _____ (aller) chercher le gâteau.

Il faudrait aussi que quelqu'un (5) _____ (pouvoir) venir m'aider à décorer le salon. Croyez-vous que cela (6) _____ (être) possible? Sinon, il faudrait que je le (7) _____ (savoir) au plus vite pour m'organiser autrement.

Il est important que vous (8) _____ (être) tous là à 8 heures précises. Je voudrais vraiment qu'il (9) _____ (avoir) la surprise de sa vie!

À samedi,

Anne-Marie

2 **À choisir** Complétez cette conversation à l'aide de la liste. Pour chaque verbe, employez l'infinitif ou donnez la bonne forme du présent de l'indicatif ou du subjonctif.

aller	finir
avoir	laisser
dire	mettre

ALI Fatima, laisse-moi tranquille. Il faut que je/j' (1) _____ mes devoirs.

FATIMA Mais maman veut que tu (2) _____ la table.

ALI Bon, mais j'ai peur de/d' (3) _____ une mauvaise note si je ne finis pas mes devoirs!

FATIMA Au fait, elle voudrait aussi que tu (4) _____ chercher mamie. Elle vient dîner à la maison ce soir et sa voiture est en panne.

ALI Et moi, j'aimerais qu'on me/m' (5) _____ étudier!

FATIMA Écoute, je doute que tu (6) _____ tellement envie d'étudier. Je crois plutôt que tu ne/n' (7) _____ aucune envie d'obéir à maman!

ALI Bon, bon, j'y vais! J'espère que tu (8) _____ me laisser tranquille après ça!

Communication

3 **Qu'en pensent-ils?** Alain et Alex sont des jumeaux avec des opinions très différentes. Ils comparent la vie d'aujourd'hui à celle de leurs grands-parents. À deux, jouez les rôles des jumeaux. Variez les expressions de doute et de certitude.

> Modèle la vie / être plus facile aujourd'hui
> **Alain: Je pense que la vie est plus facile aujourd'hui.**
> **Alex: Je doute que la vie soit plus facile aujourd'hui.**

1. les jeunes d'aujourd'hui / avoir un idéal
2. la génération actuelle / être plus heureuse
3. les parents / passer plus de temps avec leurs enfants
4. les enfants / être plus gâtés (*spoiled*)
5. les enfants / faire plus de sport
6. les jeunes / se marier plus tard qu'avant
7. les couples / divorcer plus qu'avant
8. les jeunes / en savoir plus maintenant qu'avant
9. les gens du troisième âge / être plus actifs

4 **Vive la mariée!** Marc et Isabelle ont décidé de se marier. À deux, créez une conversation dans laquelle chacun dit à l'autre ce qu'il faut faire.

> Modèle annoncer la nouvelle
> **—J'aimerais que tu annonces la nouvelle à tes parents.**
> **—Oui et il faut absolument que nous…**

décider d'une date	commander la pièce montée
choisir les témoins	réserver la salle
faire la liste des invités	choisir la musique
envoyer les invitations	déposer une liste de
décider du menu	mariage (*bridal registry*)

Note CULTURELLE

En France, le mariage civil est le seul qui compte aux yeux de la loi. Il est célébré à la mairie, devant le maire et en présence de deux témoins, un pour le marié et l'autre pour la mariée. Si les mariés le souhaitent, ils peuvent aussi avoir une cérémonie religieuse.

5 **Les nouvelles de la famille** Tes parents et toi, vous venez d'apprendre les dernières nouvelles familiales et vous réagissez chacun selon son caractère. Par groupes de trois, utilisez le présent du subjonctif pour jouer ces situations devant la classe. Justifiez vos réactions.

> Modèle Ton neveu a une nouvelle voiture de sport.
> **la mère: Je suis heureuse qu'il ait une nouvelle voiture. Je sais qu'il en avait envie depuis longtemps!**
> **le père: Je crains qu'il ait un accident. Je doute qu'il soit prudent!**
> **toi: Je suis surpris(e) qu'il ait une voiture de sport. Je pense que ça doit coûter très cher!**

1. Ton cousin va s'installer en Suisse.
2. Ton oncle et ta tante veulent adopter un enfant.
3. Tes grands-parents partent faire le tour du monde.
4. Ta nièce fait des études pour devenir astronaute.
5. Les enfants de ta cousine savent parler russe.

Préparation **Audio: Vocabulary**

À propos de l'auteur

David Foenkinos est né à Paris, en 1974. Il étudie les lettres à la Sorbonne tout en se formant au jazz et devient professeur de guitare. Il publie plusieurs romans dont *En cas de bonheur* (2005), *Qui se souvient de David Foenkinos?* (2007) et *Nos séparations* (2008). David Foenkinos avoue une admiration pour le roman *Belle du Seigneur* d'Albert Cohen, ce qui explique la récurrence du thème de l'amour dans ses œuvres. Ses romans sont pleins d'humour et il travaille aussi sur des scénarios de cinéma ou de bande dessinée. C'est un écrivain éclectique qui puise dans son vécu (*draws from experience*) pour nourrir ses écrits.

Vocabulaire de la lecture

la bassesse *baseness*
constater *to notice*
le coude *elbow*
un échantillon *sample*
une empreinte *stamp, mark*
un éveil *awakening*

la haine *hatred*
nul(le) *dumb*
un(e) patron(ne) *boss*
rien à faire *it's no use*
venir chercher *to pick up*

Vocabulaire utile

le chômage *unemployment*
un(e) chômeur/chômeuse *unemployed person*
le fossé des générations *generation gap*
la maturité *maturity*
un papa poule *a stay-at-home father*
un(e) pigiste *freelancer*
un(e) travailleur/travailleuse indépendant(e) *self-employed worker*
vieux jeu *old-fashioned*

1 **Dialogues à trous** Complétez ces dialogues à l'aide des listes de vocabulaire.

1. —Tu peux venir me _____ à l'aéroport?
   —Je peux essayer de me libérer pour arriver à l'heure.

2. —Je n'aime pas ce qui se passe dans le monde. Il y a trop de violence et de _____ entre les peuples.
   —Oui, je suis d'accord. Les gens sont vraiment _____ de se disputer pour tout.

3. —Maman! Je suis tombé et je me suis fait mal au _____. Aide-moi, s'il te plaît.
   —Tout de suite! Justement j'ai un nouveau désinfectant. C'est un _____ gratuit que le pharmacien m'a donné.

2 **Le conflit des générations** À deux, répondez à ces questions. Ensuite échangez vos opinions avec la classe.

1. Suivez-vous la mode de vos amis ou celle de vos parents? Expliquez.

2. Qu'est-ce qui est important pour vous dans la mode? Voulez-vous simplement faire comme tout le monde? Pourquoi?

3. Vos goûts diffèrent-ils beaucoup de ceux de vos parents? Donnez des exemples.

4. Quand vos parents et vous n'êtes pas d'accord sur quelque chose, essayez-vous de leur expliquer vos différences? Vous disputez-vous? Expliquez.

 Practice more at **face-a-face.vhlcentral.com.**

La chronique de David Foenkinos:

Les autres, la haine...
et l'amour

look Je suis entré dans l'école, et j'ai vu le regard° de mon fils. Il s'est approché de moi pour me demander: «Pourquoi maman ne vient jamais me chercher?
—Parce qu'elle travaille.
—Ça veut dire que toi, tu ne travailles pas?»
Logique implacable des enfants.

1   Depuis des semaines, je lui explique le concept de free-lance. «Je travaille quand je veux et, surtout, je n'ai pas de patron. J'ai beaucoup de chance,
5 et je peux venir te chercher tous les jours.» Voilà ce que je lui ai dit.

Il m'a répondu: «Oui, mais j'aimerais avoir une baby-sitter. Comme Hugo.» Hugo, c'est son meilleur copain. D'une
10 manière générale, mon fils passe son temps à me parler des autres enfants, à me raconter ce qu'ils font et à constater qu' «ils ont trop de chance». C'est une obsession pour lui. J'ai beau inverser
15 la situation en lui disant qu'Hugo ou Mathis adoreraient faire ce que l'on fait. Et, avec bassesse, je nous flatte: «Eux, ils n'ont pas la Wii!» Mais rien à faire, il y a toujours quelque chose de mieux chez les
20 autres. Je crois que c'est surtout un âge où l'on découvre le monde extérieur. Et cet éveil débute par la volonté de ne pas être différent.

J'ai un cousin qui est en plein cœur de
25 l'adolescence. Et là, je constate que c'est radicalement différent. La plupart des adolescents veulent surtout ne ressembler à personne, tout faire pour

marquer l'univers de leur empreinte personnelle. L'échantillon que j'observe 30 dans ma famille a choisi d'être gothique. Et même là, il m'explique qu'il y a des variations. De la même façon que° l'on *Just as* pourrait dire qu'il y a des dégradés° de *shades* noir. «Tu vois, ce faux piercing dans le 35 coude, eh bien, personne ne l'a!» Bravo, et paix à son coude. Bien sûr, tout ce que font les autres, «c'est trop nul». Tout le monde est con°, et personne ne l'aime. *stupid (colloquial)*

J'essaye de me souvenir de mon 40 adolescence, et moi, il me semble qu'à son âge je n'avais qu'une envie: ne surtout pas être moi. Il faut sûrement passer du temps dans cette condition pour devenir écrivain.

Quand on est enfant, les autres ont 45 «trop de chance», puis à l'adolescence, ils deviennent «trop nuls». Et à l'âge adulte, alors? Qu'est-ce qu'on pense? Je réfléchis une seconde, et je me dis: on ne veut surtout pas ressembler à nos 50 parents! Mon père, c'est une synthèse de tous les âges: il n'envie rien à personne et il critique tout le monde. Moi, quand je serai vieux, j'aimerais surtout que mon fils soit heureux le jour où j'irai le 55 chercher à la sortie de son bureau. ■

Juin 2008

Analyse

1 **Compréhension** Indiquez si les phrases sont **vraies** ou **fausses.** Corrigez les fausses.

1. Le petit garçon pense que les autres enfants ont plus de chance que lui.

   _____

2. L'enfance est l'âge où on veut ressembler à ses parents.

   _____

3. D'après le petit garçon, c'est mieux de demander à une baby-sitter d'aller chercher les enfants à l'école. _____

4. La plupart des adolescents veulent ressembler à leurs acteurs préférés.

   _____

5. Le cousin adolescent se sent bien dans sa peau. _____

6. Pendant sa propre adolescence, le papa voulait être quelqu'un d'autre.

   _____

7. Les adultes ne prennent pas modèle sur leurs parents.

   _____

2 **Différences et ressemblances** À deux, indiquez si ces paires ont des ressemblances ou des différences, d'après l'article. Ensuite, travaillez avec deux autres camarades pour expliquer ces différences et ressemblances.

	Différences	Ressemblances
1. les petits-enfants et leurs amis		
2. les adolescents et leurs parents		
3. les adultes et leurs parents		
4. l'auteur et d'autres adultes de sa génération		
5. l'auteur et son cousin gothique		
6. un gothique et un autre gothique		

3 **Qu'est-ce qui est important?** À deux, décidez de ce qui est le plus important pour les adolescents d'aujourd'hui. Classez vos réponses par ordre d'importance et préparez des arguments pour les justifier. Puis, échangez vos idées avec la classe.

- les vêtements
- la coiffure
- les gadgets électroniques
- la musique
- les films
- le sport

4 **Conversation** Par groupes de trois, pensez à l'attitude d'un(e) adolescent(e) difficile face à un problème. Décidez le genre du problème et imaginez une conversation entre l'adolescent(e) et ses parents, qui essaient de le/la comprendre. Discutez des réactions possibles de tous les trois. Ensuite, jouez la scène devant la classe.

Préparation (S) Audio: Vocabulary

À propos de l'auteur

Andrée Chedid est née en Égypte, en 1920, de parents libanais. À la fin de la Seconde Guerre mondiale, à l'âge de vingt-six ans, elle s'installe à Paris. Elle commence par écrire des poèmes puis des romans, des récits et des nouvelles. Elle se fait connaître du grand public en 1960 avec son troisième roman, *Le Sixième Jour*, adapté au cinéma par Youssef Chahine. Son œuvre évoque l'Orient, sa musique et ses parfums, dans une langue simple; mais aussi la guerre civile du Liban qu'elle dénonce dans *Cérémonial de la violence* ou *La Maison sans racines*. Elle a également écrit quelques essais, des pièces de théâtre, des comptines (*nursery rhymes*) et des contes pour enfants.

Vocabulaire de la lecture

à pas de loup *stealthily (lit. with a wolf's steps)*
un claquement *slam*
clos(e) *closed*
la hotte *Santa's bag*
un interrupteur *light switch*
le mensonge *lie*

rempli(e) à ras bord *filled to the brim*
un sanglot *sob*
suivre (je suis) *to follow*
tandis que *while*
tromper *to deceive*
la veille *day before*

Vocabulaire utile

cacher *to hide*
un cadeau *gift*
une cheminée *chimney*
croire au Père Noël *to believe in Santa Claus*
faire obéir *make obey*
une fée *fairy*
un renne *reindeer*
un traîneau *sleigh*

---

1 **Vocabulaire** Complétez les phrases à l'aide des listes de vocabulaire.

1. Mes amis disent que le Père Noël n'existe pas. Ce sont les parents qui ont inventé le _____!
2. Rodolphe, le _____ dont le nez rouge brille, n'existe pas non plus.
3. Furieuse d'apprendre cette nouvelle, je m'enferme (*lock myself*) dans ma chambre avec un _____ de porte.
4. Je m'affale (*collapse*) sur mon lit en _____ et je pleure.
5. Quand j'étais petite, je croyais que le Père Noël venait avec une hotte remplie _____ de jouets.
6. C'est ma mère qui place les cadeaux sous le sapin _____ mon frère et moi dormons.

2 **Autour des fêtes** À deux, posez-vous ces questions à tour de rôle.

1. Est-ce que tu penses que l'enfance est plus heureuse quand on croit à un personnage mythique comme le Père Noël?
2. À quel personnage croyais-tu quand tu étais petit(e)?
3. Comment est-ce que tu as réagi quand on t'a dit que ce personnage n'existait pas?
4. Est-ce que tu parleras d'un personnage mythique à tes enfants? Qu'est-ce que tu leur diras?
5. Est-ce que tu te souviens d'une anecdote familiale à propos de Noël ou d'une autre fête? Raconte-la-moi.

 Practice more at **face-a-face.vhlcentral.com**.

3 **Ma fête préférée** Quelle est votre fête préférée? À tour de rôle, décrivez-la à votre partenaire à l'aide de cette liste. Vous devez parler de tous les points. Ensuite, échangez vos idées avec la classe.

- la fête préférée
- les membres de la famille
- le(s) repas
- les activités
- les émotions
- les traditions familiales

4 **Qu'est-ce que Noël?** À deux, créez un dialogue entre deux ami(e)s. Un(e) ami(e) célèbre Noël et l'autre vient d'une culture qui célèbre une fête différente mais aussi importante. À tour de rôle, expliquez-vous vos fêtes respectives. Ensuite, jouez le dialogue devant la classe.

5 **Genres littéraires** Marcel Pagnol a fait le récit de son enfance dans son livre *La Gloire de mon père.* Par groupes de trois, lisez cet extrait et répondez aux questions. Justifiez vos réponses.

> «De plus, je découvris ce jour-là que les grandes personnes savaient mentir aussi bien que moi, et il me sembla que je n'étais plus en sécurité parmi elles.» (Marcel Pagnol, *La Gloire de mon père*)

- Qu'est-ce que le petit Marcel a découvert?
- Pourquoi ne fait-il plus confiance à ses parents?
- En quoi sa réaction est-elle ironique?
- À quel genre littéraire appartient cette œuvre? Comment le savez-vous?
- Quels autres exemples de ce genre littéraire connaissez-vous?

6 **Anticiper** À deux, observez cette photo et imaginez ce qui va se passer dans ce texte. Quels rapports y a-t-il entre la mère et sa fille? Entre la sœur et son frère? D'après la photo, quel type de récit va-t-on lire? Présentez vos idées à la classe.

LA VÉRITÉ

Andrée Chedid

1   Liza me saisit la main, m'attire hors de la pièce où la famille, réunie quelques jours avant Noël, discute des prochaines festivités.

—Viens, maman, il faut que je te parle. Viens!

5   Je la suis, perplexe. Elle claque la porte derrière nous, m'entraîne vers l'obscur boyau° du couloir. Là, elle m'immobilise, dos au mur, lâche° ma main.

—Attends-moi, ne bouge pas... j'allume!

10   Elle court jusqu'à l'interrupteur situé près de la seconde porte, close elle aussi.

—J'allume, répète-t-elle d'une voix décidée.

Au plafond, une lumière au néon—crue°, inflexible—éclabousse° les murs et m'inonde
15 des pieds à la tête.

—Tu me diras la vérité?

—De quoi parles-tu, Liza?

—Promets de me dire toute la vérité.

Captive de cette froide lumière, plongée dans la droiture de son regard, tout m'incite   20
à répondre:

—C'est promis.

—Toute la vérité, promis?

—Promis.

Où donc m'entraîne-t-elle? L'instant est   25
grave. Le serment solennel. Je ne reculerai pas°.

Liza s'agrippe à mes deux poignets. Elle ne me quitte plus du regard.

—Maman, est-ce qu'il existe, le Père Noël?

Abrupte, inattendue, la question me   30

passageway

releases

raw

splashes

I won't back out

démonte. Liza m'encercle la taille de ses bras. Rejetant le buste en arrière, elle me livre tout son visage ouvert, confiant.

—Ce n'est pas difficile, tu me réponds: oui 35 ou non.

hammers J'hésite. Elle martèle° la question une deuxième, une troisième, une quatrième fois. J'hésite encore. Ai-je le droit de détruire ce rêve, de démanteler le plaisir de la famille qui a établi 40 tout un rituel autour du fabuleux personnage, de démolir les espoirs de Tim, son petit frère?

—Réponds, maman: est-ce qu'il existe, le Père Noël?

Torn Tiraillée° entre le désir de répliquer sans 45 équivoque à son brûlant appel, et celui de sauvegarder une plaisante et chaleureuse *lean* légende, je me penche° et l'attire dans mes bras. *forward*

—À l'école, mes amis m'ont juré que c'étaient les parents qui avaient inventé ça... Avant de 50 les croire, j'ai dit que je te demanderais d'abord.

Elle fit une pause, avant d'insister:

—Oui ou non, maman: est-ce qu'il existe, ce Père Noël?

Je me sentais inconfortable, stupidement 55 engluée dans le mensonge, tributaire d'une comédie sociale à laquelle Liza ne voulait plus *defied* participer. Son regard me bravait°, me scrutait; *slip away* je n'avais pas le droit de me dérober°. Je me *squeezed* penchai et la serrai° contre moi, comme si nous 60 étions sur le point de traverser, ensemble, un périlleux obstacle avant d'affronter l'évidence.

Elle se dégagea, recula de quelques pas et, m'affrontant de nouveau:

—Alors, il existe?

blade 65 Ma réponse s'abattit comme un couperet°:

—Non.

Au même moment, il me sembla entendre, au fond d'un silence opaque, la chute d'un oiseau.

Je repris mon souffle. Toujours de face, 70 Liza s'éloigna encore. Une brume grisâtre enveloppait ses traits. Elle me fixait d'un air étrange, elle avait pris de l'âge en quelques secondes. Y avait-il de la gratitude ou un reproche dans ses yeux?

75 —Je le savais! ... Je le savais, dit-elle en me tournant le dos.

Parvenue au bout du couloir, elle se retourna et me lança:

—Je savais que c'était un mensonge!

Puis elle disparut derrière un claquement 80 de porte.

L'après-midi, je retrouvai Liza en sanglots, à plat ventre, affalée° sur son lit. Je voulus *collapsed* m'approcher. Elle me repoussa:

—Laisse-moi. Je pleure seule. Je n'ai besoin 85 de personne.

L'agitation qui précède les fêtes s'empare° *seizes* des rues, remue° les esprits, étoile arbres et *stirs* vitrines. De ce côté du monde, les images frétillent°. Une gaieté, parfois contrainte, 90 *wriggle* anime les visages. Noël est proche. De plus en plus proche.

J'ai averti la famille:

—Liza ne croit plus au Père Noël.

—Déjà? À son âge? Mais tu aurais dû 95 la persuader du contraire...

—Je ne pouvais pas la tromper. Elle a exigé la vérité. Ils ricanent°, s'étonnent de ma naïveté. *snicker*

—La vérité!!!

La veille du grand jour, peu avant minuit, 100 je m'approche à pas de loup de la chambre des enfants.

Assise au bord du lit de son petit frère qui a trois ans, Liza murmure:

—Il faut que tu dormes, Tim, sinon le Père 105 Noël ne viendra pas.

—Tu l'as vu?

—Il ne se montre jamais. Mais il existe!

Elle se mit ensuite à le décrire: robe et capuche écarlates, larges bottes noires, barbe 110 blanche, hotte remplie à ras bord. Rien ne manquait au personnage. Liza savourait ses propres paroles. Tim la fixait, émerveillé.

La fable s'était remise en marche, le conte reprenait souffle°. Liza inventait des images, 115 *breath* des parcours, des pays.

Jusqu'au vertige, ses mots amorçaient° *generated* d'autres mots. Liza racontait les enfants de l'Univers, comme eux en attente, en cette unique nuit. 120

Le ciel se constellait. La chambre s'élevait, lentement, dans l'espace.

Je reculai sur la pointe des pieds tandis que Tim et Liza s'endormaient, souriants, dans les bras l'un de l'autre. ■ 125

Analyse

1

Sélection Choisissez la meilleure réponse pour compléter chaque phrase.

1. Liza emmène sa mère dans le couloir pour...

   a. voir le Père Noël   b. parler du Père Noël   c. téléphoner au Père Noël

2. Liza demande à sa mère si...

   a. le Père Noël existe   b. elle a déjà vu le Père Noël

   c. le Père Noël va arriver

3. Liza a un doute parce que ses amis lui ont dit que les parents...

   a. n'aimaient pas le Père Noël   b. cachaient le Père Noël
   c. mentaient à leurs enfants

4. La mère ne répond pas tout de suite à la question parce qu'elle...

   a. ne la comprend pas   b. est surprise   c. ne connaît pas la réponse

5. La maman se sent accusée...

   a. d'avoir caché les cadeaux   b. d'avoir menti
   c. d'avoir refusé de voir le Père Noël

6. La maman pense qu'il est temps de/d'...

   a. arrêter la légende du Père Noël   b. raconter la légende du Père Noël

   c. changer la légende du Père Noël

2

À corriger L'information soulignée est fausse. Corrigez-la.

Phrases fausses	Corrections
1. Les enfants sont tristes quand ils apprennent que le Père Noël <u>ne passe pas par la cheminée</u>.	
2. C'est à cause de ses <u>parents</u> que Liza veut connaître la vérité.	
3. Le Père Noël est une légende que les parents racontent à leurs enfants pour <u>ne pas leur acheter de cadeaux</u>.	
4. Apprendre la vérité sur le Père Noël est une des premières leçons pour <u>une fille</u> sur le rôle du mensonge.	
5. La maman hésite à répondre à sa fille parce qu'elle cherche <u>à gagner du temps</u>.	
6. Liza est <u>fière de</u> sa mère et raconte la légende du Père Noël à son petit frère.	
7. Liza s'amuse à raconter <u>la vraie histoire</u> du Père Noël.	
8. La maman se rend compte à la fin que la fable <u>plaît moins à son fils</u>.	

Practice more at **face-a-face.vhlcentral.com**.

3 **Interprétation** Répondez à ces questions.

1. Qui est la narratrice?

2. Pourquoi Liza martèle-t-elle sa question à sa mère quatre fois?

3. Que pensent les autres membres de la famille du fait que Liza ne croit plus au Père Noël?

4. Pendant qu'elle pleure sur son lit, que dit Liza à sa mère pour montrer qu'elle est plus mûre (*mature*) qu'avant?

5. Que représente la chute d'un oiseau?

4 **La vérité** À deux, imaginez qu'un an après, le petit Tim demande à sa grande sœur Liza de lui dire la vérité sur le Père Noël. Comment répondra-t-elle? Jouez la scène devant la classe.

5 **Débat** Des parents qui ont des problèmes d'argent doivent-ils mentir à leurs enfants pour leur donner l'illusion d'une vie facile et heureuse? Formez deux équipes dans la classe. Une équipe répond **oui** et défend son point de vue, l'autre répond **non** et défend le sien. N'oubliez pas de mentionner toutes les sortes de problèmes financiers possibles. Servez-vous de ces expressions et utilisez le présent de l'indicatif, le présent du subjonctif et l'infinitif.

Il n'est pas nécessaire de...	Je crains que...
Il n'est pas vrai que...	Je ne crois pas que...
Il se peut que...	Je ne pense pas que...
Il vaudrait mieux que...?	Je ne suis pas sûr(e) que...?
	Je suis étonné(e) que...

6 **Rédaction** En France, quand les petits enfants perdent une dent de lait, leurs parents leur conseillent de la mettre sous l'oreiller. Pendant la nuit, la petite souris, la fée des dents, viendra la prendre et mettre du chocolat à la place. Écrivez un paragraphe de douze phrases minimum pour répondre à l'une de ces deux questions:

1. Vos parents vous ont-ils conseillé quelque chose de semblable quand vous étiez petit(e)?

2. Vos parents vous ont-ils promis un cadeau pour vous faire obéir quand vous n'étiez pas sage (*well-behaved*)?

Suivez ces consignes (*instructions*):

• Dites si vous avez fait ce que vos parents vous ont conseillé.

• Précisez votre récompense.

• Utilisez des pronoms d'objet direct et indirect.

• Mettez votre paragraphe de côté, et puis relisez-le le lendemain.

Préparation Audio: Vocabulary

À propos de l'auteur

L'artiste belge **Philippe Geluck** est né à Bruxelles, en 1954. Il étudie le théâtre à l'Institut National Supérieur des Arts du Spectacle. Geluck est connu non seulement pour sa bande dessinée *Le Chat*, mais aussi pour ses émissions humoristiques à la radio et à la télévision belge et française. En 1983, le quotidien belge *Le Soir* lui demande de créer une bande dessinée pour leur journal, et c'est ainsi que naît *Le Chat*. L'humour de cette bande dessinée est basé sur les interprétations trop littérales des métaphores et sur des jeux de mots.

Vocabulaire de la bande dessinée		
à fond *to the max*		
au lieu de *instead of*		
mettre le son *to turn the sound*		

Vocabulaire utile	
baisser le son *to turn down the sound*	**fort(e)** *loud*
le bruit *noise*	**insolent(e)** *rude*
déranger *to disturb*	**obéir (à)** *to obey*
	un jeu vidéo *video game*

1 **L'insolence** À deux, répondez aux questions.

1. Vous disputiez-vous souvent avec vos parents quand vous étiez plus jeune? Dans quelles circonstances?

2. Pensez-vous que le bruit soit une nuisance? Quels problèmes de santé le bruit peut-il causer?

3. D'après vous, le bruit est-il un facteur de la vie moderne? Y avait-il moins de bruit autrefois (*in the past*)? Faites une liste d'appareils ou de machines qui font beaucoup de bruit.

Analyse

1 **La morale** Par groupes de trois, parlez d'une situation que vous avez observée qui confirme chaque loi. Puis, décidez laquelle est la morale de la bande dessinée.

1. La loi de l'égalité: On a souvent besoin d'un plus petit que soi.

2. La loi du talion: Œil pour œil, dent pour dent; ne faites pas à autrui (*others*) ce que vous ne voudriez pas qu'il vous fasse.

3. La loi de l'honnêteté: La vérité sort de la bouche des enfants.

2 **Suite** À deux, inventez l'épisode suivant de la bande dessinée. Le père va-t-il décider de jouer avec son fils ou de le punir? Va-t-il lui donner une réponse logique? La morale de votre histoire doit présenter une perspective différente sur le thème du conflit des générations. Ensuite, présentez vos idées à la classe.

3 **Pour se faire accepter** Par groupes de trois, choisissez une de ces options et écrivez une liste de conseils que vous donneriez à cette personne pour s'intégrer dans votre quartier. Ensuite, échangez vos conseils avec la classe.

- Un musicien rock qui emménage dans votre quartier

- Un voisin qui tond sa pelouse (*mows the lawn*) tous les dimanches matin à six heures

 Practice more at **face-a-face.vhlcentral.com.**

LE CHAT de Philippe Geluck

Extrait de l'ouvrage *La Marque du Chat*, Philippe Geluck © Casterman,
avec l'aimable autorisation des auteurs et des Éditions Casterman

Une évaluation de séjours

Les jeunes sont parmi ceux qui voyagent le plus, notamment à l'étranger. Mais les voyages intéressent les gens de tous âges. On leur propose toutes sortes de séjours: du séjour linguistique au séjour «détente», au séjour «aventure». À vous de trouver le voyage idéal dans un endroit francophone pour chacune des trois générations!

Plan de rédaction

Dans cette rédaction, vous allez évaluer trois options de voyages dans différents pays ou régions francophones qui pourraient intéresser des personnes de votre âge, ainsi que des personnes de deux autres générations.

Planifiez et préparez-vous à écrire

1 **Stratégie: Considérer l'audience à laquelle on s'adresse** Votre évaluation va avoir pour but d'informer trois publics avec des intérêts différents sur plusieurs options de voyages. Commencez par faire une liste des choses qui vont probablement être importantes pour chaque audience dans le choix d'un voyage.

2 **Stratégie: Faire des recherches et prendre des notes**

- Utilisez un moteur de recherche pour trouver des tours-opérateurs qui proposent des séjours qui plairaient à tout type de voyageurs.

- Choisissez des options de voyages dans trois régions francophones différentes. Ex: séjour linguistique à Paris, séjour relax tout compris en Tunisie, safari-photo aventure au Congo, etc.

- Utilisez un tableau pour organiser les informations importantes. Sur la dernière ligne, écrivez des commentaires personnels sur chaque option et donnez-lui des étoiles (de une à quatre).

Type de voyageurs	Étudiants	Familles avec enfants en bas âge	Retraités
Lieu proposé	Martinique		
Type de séjour	village de vacances		
Durée du séjour	7 nuits		
Prix	750 euros		
Animation	spectacles tous les soirs, cours de cuisine locale, concours de pétanque		
Excursions offertes	visite guidée de Fort-de-France		
Compris dans le tarif	repas et boissons		
Mon évaluation	bon rapport qualité-prix, joli village de vacances, bon confort, mais pas assez d'excursions ou d'activités pour les jeunes		

Écrivez

3 **Introduction** Commencez votre évaluation par quelques phrases où vous présentez les trois types de séjour et les pays ou les régions choisis.

4 **Développement** Dans la partie principale de votre évaluation, décrivez en détail les trois options de séjours que vous avez choisies, puis comparez-les. Référez-vous aux informations du tableau de l'activité 2. Utilisez ces structures:

- des comparatifs (**plus... que**, **moins... que**, **aussi... que**)
- des superlatifs (**le/la/les plus... de**, **le/la/les moins... de**)
- des pronoms d'objet direct et indirect
- le présent du subjonctif
- les mots et les expressions de transition (**cependant**, **mais**, **par contraste**, **de plus**, etc.)

Pour finir, donnez votre évaluation personnelle de chaque séjour en justifiant vos opinions (**à mon avis...**; **d'après moi**; **personnellement**, **je pense que...**).

5 **Conclusion** Terminez votre évaluation en résumant brièvement l'avantage et l'inconvénient principal de chaque option, puis donnez votre recommandation finale pour chaque type de voyageur.

Révisez et lisez

6 **Révision** Relisez votre évaluation en faisant attention à ces éléments et faites les corrections nécessaires pour l'améliorer.

- Avez-vous bien respecté l'organisation décrite dans la section Écrivez?
- L'évaluation est-elle facile à lire et intéressante pour vos lecteurs potentiels? Souvenez-vous que vous vous adressez à des personnes avec des intérêts et des demandes différents.
- La grammaire et l'orthographe sont-elles correctes? Vérifiez les formes des verbes, les accords (sujet-verbe, nom-adjectif), l'utilisation des comparatifs et des superlatifs, les expressions de transition, etc.

7 **Lecture** Lisez le texte de votre évaluation à vos camarades de classe. Ils prendront des notes et poseront des questions pour en apprendre plus sur les trois options que vous proposez.

Québec

Tahiti

Générations

Quand vous entendez le mot **famille**, quelle est la première chose qui vous vient à l'esprit? Quels avantages y a-t-il à être membre d'une famille? Y a-t-il des conflits et des problèmes qu'on retrouve dans toutes les familles? Quels conflits différentes générations qui vivent ensemble peuvent-elles connaître? Dans cette activité, vous allez travailler par groupes pour mettre en scène une histoire qui met en valeur un aspect particulier des relations familiales.

1 La classe se divise en plusieurs groupes. Chaque groupe doit:

• inventer une famille francophone avec au moins trois générations (une personne pour chaque membre du groupe).

• trouver une «photo» de chaque personne.

• lui donner un nom et un âge, et lui attribuer quelques traits de caractère.

• préparer l'arbre généalogique de cette famille.

Modèle:

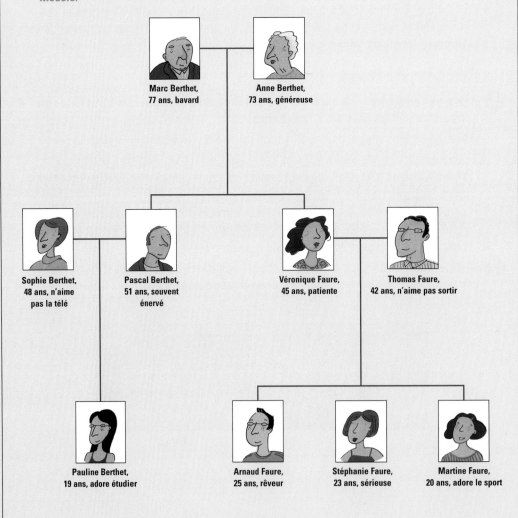

Marc Berthet,
77 ans, bavard

Anne Berthet,
73 ans, généreuse

Sophie Berthet,
48 ans, n'aime
pas la télé

Pascal Berthet,
51 ans, souvent
énervé

Véronique Faure,
45 ans, patiente

Thomas Faure,
42 ans, n'aime pas sortir

Pauline Berthet,
19 ans, adore étudier

Arnaud Faure,
25 ans, rêveur

Stéphanie Faure,
23 ans, sérieuse

Martine Faure,
20 ans, adore le sport

2 Chaque groupe invente le squelette d'une histoire qui met en scène leur «famille». L'histoire peut être réaliste ou invraisemblable, mais elle doit mettre en avant un aspect particulier des relations entre différents membres de la famille. Vous pouvez utiliser le court métrage de cette leçon, *Il neige à Marrakech,* comme modèle.

3 Chaque groupe présente ensuite son squelette d'histoire à la classe en utilisant l'arbre généalogique créé dans l'activité 1. Le groupe ne doit pas dire quel aspect relationnel de la famille il va essayer de mettre en valeur.

4 Les autres étudiants posent des questions, puis ils proposent d'autres idées pour rendre l'histoire plus intéressante et originale.

5 Chaque groupe révise alors son squelette d'histoire. Ensuite, ...

- les étudiants préparent une scène qui va mettre en valeur l'aspect relationnel que le groupe a choisi d'explorer;

- le groupe joue cette scène pour la classe;

- la classe doit réagir à la scène et deviner quel aspect relationnel le groupe a essayé de mettre en valeur.

6 Quand les groupes auront terminé de jouer leurs scènes, toute la classe votera pour sélectionner la meilleure. Ensemble, la classe travaille alors pour améliorer l'histoire et elle prépare une nouvelle scène un peu plus longue et plus détaillée.

Les voyages et les transports

Pour connaître le monde, il faut aller le découvrir en personne. Et le complément naturel de l'enseignement, c'est le voyage. Aujourd'hui, le monde devient de plus en plus petit, ce qui permet, plus que jamais, de l'explorer facilement. Mais les conséquences sont-elles toujours positives?

1. **Quel moyen de transport préférez-vous? Pourquoi?**

2. **Avez-vous passé des vacances à l'étranger? Où? Comment était-ce?**

3. **Quel voyage vous en a appris le plus sur le monde? sur vous-même? Pourquoi?**

104

122

134

Préparation  Audio: Vocabulary

Vocabulaire du court métrage

capter (fam.) *to understand*

être au courant (de) *to know, to be aware (of)*

être de mauvais poil *to be in a bad mood*

geler *to freeze*

louper (fam.) *to miss*

un mec (fam.) *guy*

la Nouvelle-Calédonie *New Caledonia*

pardonner *to forgive*

poinçonner *to punch (a ticket)*

soutenir *to support*

un titre de transport *train ticket*

Vocabulaire utile

un beau-père *stepfather*

un(e) contrôleur/ contrôleuse *conductor*

déménager *to move*

l'éloignement (m.) *distance, estrangement*

être muté(e) *to be transfered (for a job)*

une ex-femme *ex-wife*

une famille recomposée *reconstituted family*

manquer à quelqu'un *to be missed (by someone)*

se remarier *to remarry*

un wagon *train car*

EXPRESSIONS

Ce n'est pas la porte à côté. *It's not exactly next door.*

C'est ton truc... (fam.) *It's your thing...*

Hé, l'asticot! *Hey, kid!*

Tu joues avec ta vie, là! *You're asking for it!*

---

1 **Vrai ou faux?** Indiquez si ces affirmations sont vraies ou fausses.

1. Dans une famille recomposée, le beau-père est le nouveau mari de la mère.

2. En été, il gèle souvent au Texas.

3. Quand on est muté, on doit parfois déménager.

4. Dans un train, le contrôleur poinçonne les titres de transport.

5. Si on arrive à la gare à 8h15 pour prendre un train qui part à 9h00, on risque de le louper.

6. Tu habites à Lyon et tu travailles à Paris?! C'est pas la porte à côté!

7. Je lis le journal tous les jours, alors je ne suis jamais au courant des nouvelles.

8. Mon mari et moi, nous ne nous entendons plus du tout, alors nous allons divorcer.

2 **À compléter** Complétez ce paragraphe sur l'évolution des familles françaises avec des mots et des expressions du vocabulaire. Faites les changements nécessaires.

La famille française a beaucoup changé ces dernières années. D'abord, les parents divorcés (1) _____ fréquemment, créant ainsi des (2) _____. Il est souvent difficile pour les enfants d'accepter leur nouvelle situation et le parent avec qui ils ne vivent pas leur (3) _____ souvent beaucoup. La situation peut même s'aggraver lorsque (4) _____ géographique est important. En effet, il n'est pas rare que le père ou la mère soit (5) _____ pour son travail; en pareil cas, la nouvelle famille doit alors (6) _____ , parfois assez loin, de l'autre parent. Il est donc important que les parents (7) _____ leurs enfants émotionnellement et qu'ils les tiennent (8) _____ de leurs projets. Si les enfants se sentent exclus, ils auront probablement du mal à (9) _____ à leurs parents d'avoir divorcé.

3 **Attention au départ!** Vous voyagez en train dans un pays francophone. Écrivez une carte postale à votre famille dans laquelle vous décrivez votre voyage. Utilisez au moins six de ces mots et expressions.

capter	louper
c'est pas la porte à côté	manquer
contrôleur	poinçonner
être au courant	titre de transport
être de mauvais poil	wagon

4 **Questions personnelles** Répondez aux questions.

1. Vous êtes-vous déjà trouvé(e) dans une situation où vous avez dû déménager et quitter votre famille, votre ville ou vos amis? Expliquez les circonstances.

2. Vous habituez-vous vite à un nouvel environnement ou à une nouvelle vie? Expliquez.

3. Qu'est-ce qui vous manque le plus quand vous changez d'environnement? Pourquoi?

4. Restez-vous en contact avec vos amis? Retournez-vous parfois dans la ville ou la région que vous avez quittée? Pourquoi?

5. Si vous deviez un jour déménager très loin pour un emploi ou pour des raisons personnelles, seriez-vous content(e) ou triste? Expliquez.

5 **Anticipation** Avec un(e) partenaire, observez ces images du court métrage et répondez aux questions.

Image A

• Que voit-on sur l'image? Décrivez la scène. Y a-t-il beaucoup de passagers? Que font-ils? Où vont-ils peut-être? Au travail? Chez eux? En vacances?

• Qui est l'homme à la veste grise, à votre avis? Que fait-il?

Image B

• Comment est la fille? Où est-elle? Pourquoi? A-t-elle l'air heureuse?

• À votre avis, qui est cette fille? À qui parle-t-elle? De quoi?

Sélection officielle
Festival du film
indépendant
d'Osnabrück 2006

Pas de bagage

Un film écrit et réalisé par Ismaël DJEBBARI
Produit par Philippe PLANELLS
Acteurs Léa GIBERT, Jacques GALLO,
Christophe DUBOIS

FICHE **Personnages** Marion, la fille du contrôleur; Alban, le contrôleur; le collègue du contrôleur
Durée 12 minutes **Pays** France **Année** 2005

SCÈNES Short Film

Alban [...] ça pourrait te servir[1] à l'étranger. Ça serait plus facile.
Marion Là où maman et Richard nous emmènent, le français me suffirait[2] largement. [...] Je ne veux pas partir, papa.

Alban On se retrouve demain?
Marion Non, je n'ai pas classe. [...] Maman a dit qu'on peut louper une journée pour préparer le départ. [...]
Alban Bon, ben, samedi?
Marion Je ne sais pas, papa.

Alban Et moi, dans tout ça? Il n'y a que ta mère qui compte[3]? [...] Eh ben justement, tu prends le temps de me dire au revoir. [...]
Marion Oui, sur un quai[4] de gare!
Alban Il n'y a pas de bon endroit pour dire au revoir.

Marion On ne va plus se voir. Qu'est-ce qui va se passer?
Alban Moi, je te garantis qu'on va se voir.
Marion Tu dis ça, mais...
Alban Tu verras. Fais-moi confiance! [...] On va s'écrire, on va se téléphoner... J'irai en vacances. On va se voir.

Alban Un an déjà...

Le collègue Il y a deux gamins[5] qui sont montés sans titres de transport. Tu peux t'en occuper, s'il te plaît? Tiens, j'ai pris leurs passeports. Je te les laisse là. Merci.

Note CULTURELLE

À L'ÉCRAN

Qui dit quoi? Qui dirait probablement chaque phrase, Marion ou son père, Alban?

_____ 1. Je dois déménager.
_____ 2. Je passe beaucoup de temps dans les trains pour mon travail.
_____ 3. Mes enfants me manquent depuis mon divorce.
_____ 4. Mon ex-femme s'est remariée.
_____ 5. Je n'aurai pas besoin de savoir parler anglais là-bas.
_____ 6. J'ai l'impression qu'on ne m'écoute pas dans ma nouvelle famille.

[1]*could be useful* [2]*would be enough* [3]*matters* [4]*platform* [5]*kids*

Analyse

1 **Oui ou non?** Indiquez si chaque événement est probablement arrivé *avant* la scène où Marion parle avec son père dans le train.

	Oui	Non
1. Richard est devenu le beau-père de Marion.	☐	☐
2. Les parents de Marion ont divorcé.	☐	☐
3. La mère de Marion a demandé à son ex-mari de venir avec eux en Nouvelle-Calédonie.	☐	☐
4. La mère de Marion a rencontré un autre homme.	☐	☐
5. Le père de Marion s'est remarié.	☐	☐
6. Marion et son frère sont allés vivre avec leur mère.	☐	☐
7. Richard a accepté de déménager parce que les enfants seraient contents.	☐	☐
8. Marion est allée dire au revoir à la famille de Richard.	☐	☐
9. Le petit frère de Marion a dit qu'il voulait rester en France avec son père.	☐	☐
10. Le père de Marion a trouvé du travail en Nouvelle-Calédonie.	☐	☐

2 **Questions** Répondez aux questions d'après le court métrage.

1. Pourquoi Alban et sa fille se voient-ils dans le train?

2. Pourquoi Marion dit-elle qu'elle n'a plus besoin de savoir parler anglais?

3. Pourquoi Marion dit-elle qu'elle ne sait pas si elle va revoir son père avant son départ?

4. Pourquoi Marion est-elle triste?

5. Comment Marion et son père vont-ils pouvoir rester en contact, d'après Alban?

6. Pour Alban, quelle est l'importance de la lettre qu'il a reçue de ses enfants?

7. Comment les enfants ont-ils fait une surprise à leur père?

3 **Chronologie** Numérotez ces événements de la vie des personnages du court métrage dans l'ordre chronologique. Ensuite, imaginez leur avenir et faites deux prédictions.

Numéro	Événement
	Deux enfants sont montés dans le train sans billets.
	Alban a appris que ses enfants allaient déménager.
	Les parents de Marion se sont mariés.
	Alban a reçu une lettre de ses enfants.
	Marion est née.
	Le père et la mère de Marion ont divorcé.
	Marion a dit au revoir à son père sur le quai de la gare.
	Marion a eu un petit frère.
	Le beau-père de Marion a annoncé à sa femme qu'il était muté.
	La mère de Marion s'est remariée.
	La famille recomposée de Marion est partie en Nouvelle-Calédonie.

4 **Les gamins du train** À la fin du court métrage, Alban apprend qu'il y a deux gamins dans le train sans titres de transport. On suppose que ce sont Marion et son frère. Par petits groupes, donnez trois possibilités différentes pour expliquer la présence dans le train de ces enfants.

5 **Pas de bagage** Par groupes de trois, expliquez le titre du court métrage. Pourquoi pensez-vous qu'il s'appelle ainsi? Faites une liste de vos idées et présentez-les à la classe.

6 **Jeu de rôles** Imaginez la conversation entre la mère des enfants et son ex-mari quand elle lui a annoncé qu'ils allaient partir. Avec un(e) partenaire, préparez un dialogue, puis jouez-le devant la classe. Suivez ces étapes dans votre dialogue.

- La mère de Marion annonce la nouvelle à Alban.
- Alban réagit à la nouvelle.
- Son ex-femme lui donne plusieurs raisons pour le déménagement.
- Alban explique à son ex-femme que cette idée ne lui fait pas du tout plaisir.
- Les parents essaient de trouver la meilleure solution possible pour le partage de la garde des enfants.

7 **Une lettre** Imaginez que vous êtes le père de Marion et que vous recevez une lettre de votre fille. Cela fait un mois qu'elle habite en Nouvelle-Calédonie et elle ne s'y plaît pas du tout. Elle voudrait habiter en France avec vous. Écrivez-lui une réponse en suivant ces indications et en employant des expressions avec le subjonctif.

à moins que	dont	pourvu que
avant que	en attendant que	que
bien que	jusqu'à ce que	qui
de peur que	pour que	sans que

- Commencez votre lettre en donnant de vos nouvelles à Marion.
- Demandez-lui de vous parler de sa vie et de la vie de son petit frère. Demandez-lui ce qui la rend malheureuse.
- Expliquez-lui que vous pensez souvent à elle et à son frère et qu'ils vous manquent beaucoup.
- Proposez-lui des projets de vacances ensemble.
- Terminez votre lettre avec des encouragements.

 Practice more at **face-a-face.vhlcentral.com**.

4.1 Le subjonctif dans les propositions relatives

Rappel

La proposition relative est une proposition introduite par un pronom relatif. Cette proposition précise le sens d'un antécédent comme le ferait un adjectif. Le verbe de la relative se met le plus souvent à l'indicatif. Cependant, on met le verbe de cette proposition au subjonctif quand la proposition principale exprime une opinion, un doute, un désir ou un but.

Révision des pronoms relatifs

- Le pronom relatif **qui** est le sujet de la proposition relative et est suivi d'un verbe.

  *C'est le seul hôtel **qui soit** près de la plage.*

- Quand le pronom relatif **qui** est complément, ils est toujours précédé d'une préposition.

  *C'est la seule personne **à qui** vous **puissiez** parler.*

- Le pronom relatif **que** est complément d'objet direct et est suivi d'un sujet et d'un verbe.

  *C'est la seule personne **que** je **connaisse** dans cette ville.*

- Le pronom relatif **dont** remplace un pronom relatif introduit par **de**.

  *Le départ est la seule chose **dont** Marion **ait** envie de parler.*

- La proposition relative peut être introduite par le pronom et adverbe relatif **où**. **Où** ne s'applique qu'à des choses et pas à des personnes.

  *Je cherche un hôtel **où** nous puissions être au calme et nous reposer.*
  *Nous voulons aller dans un endroit **où** les enfants aient l'occasion de s'amuser.*

- La proposition relative peut être introduite par une forme du pronom relatif **lequel**. **Lequel** peut remplacer des personnes et des choses.

  *Tu as besoin d'amis sur **lesquels** tu puisses compter.*

L'emploi du subjonctif

- Le verbe de la proposition relative est au subjonctif quand cette proposition suit un superlatif.

  *C'est **le meilleur** hôtel que nous **connaissions** dans cette ville.*
  *Ici on **a la plus belle** vue qu'il y **ait** de toute la région.*

- Le verbe de la proposition relative est au subjonctif quand cette proposition suit une expression qui fonctionne comme un superlatif. Ces expressions sont souvent formées avec des adjectifs tels que *premier*, *dernier, seul* et *unique*.

  *C'est **le seul** travail qu'elles **sachent** faire.*
  *C'est **le premier** guide touristique qui **soit** vraiment valable.*
  *C'est **l'unique** personne de cette assemblée qui **comprenne** l'anglais.*

- Le verbe de la proposition relative est au subjonctif quand cette proposition suit une proposition principale négative (de sens ou de forme) ou interrogative dans laquelle l'antécédent est indéfini ou inconnu.

  *Je **ne** connais **pas** de mécanicien qui **finisse** la réparation avant midi.*
  ***Y a-t-il** une étudiante ici que vous **connaissiez**?*

*Alban n'a pas un emploi **qui** lui **permette** de travailler ailleurs.*

- Le verbe de la proposition relative peut être au subjonctif quand cette proposition suit une proposition principale qui exprime un désir, une intention ou un but.

  *Je **cherche** quelqu'un qui **écrive** bien l'allemand.*
  *Elle **préfère** une chambre où elle n'**entende** pas le bruit des voitures.*

- Le verbe de la proposition relative peut être au subjonctif quand cette proposition dépend d'une autre qui est déjà au subjonctif. C'est ce qu'on appelle l'attraction modale.

  *Je ne crois pas qu'il **connaisse** quelqu'un qui **puisse** t'aider.*
  *Je ne crois pas qu'il **connaisse** la personne qui **peut** t'aider.*

- On utilise l'indicatif si la proposition relative exprime un fait réel et objectif.

  *Je cherche une voiture qui **fasse** du 150 km/h.*
    (Il est possible qu'une telle voiture n'existe pas.)
  *J'ai acheté une voiture qui **fait** du 150 km/h.*
    (Cette voiture existe; je l'ai achetée. C'est un fait réel.)

*C'est le premier anniversaire **qu'**Alban **doit** passer sans ses enfants.*

Mise en pratique

1 La voiture idéale Sylvie veut acheter une nouvelle voiture. Elle sait exactement ce qu'elle veut, mais une voiture pareille existe-t-elle vraiment? Complétez ces phrases.

1. Sylvie cherche une voiture qui ne _____ (coûter) pas trop cher.
2. Mais elle cherche une voiture qui _____ (être) quand même jolie!
3. Elle a surtout besoin d'une voiture qui _____ (tenir) le coup (*will last*)!
4. Et elle a envie d'une voiture qui _____ (faire) du 150 km/h.
5. Elle doit absolument avoir une voiture qui _____ (avoir) un grand coffre.
6. Connais-tu une personne qui _____ (savoir) si une telle voiture existe?

2 Vacances en famille Ali envoie un e-mail à son amie Farida, qui travaille dans une agence de voyages. Complétez son e-mail avec le subjonctif ou l'indicatif des verbes entre parenthèses.

De:	Ali@monmail.com
À:	Farida53@monmail.ft
Sujet:	Vacances en famille

Chère Farida,

Cette année nous partons en vacances avec mes parents et je cherche une destination qui (1) _____ (plaire) à tout le monde. Ce n'est pas facile parce que toute la famille a des goûts différents! Pour mon père, la seule chose qui compte c'est qu'il (2) _____ (pouvoir) jouer au golf. Pour ma mère, qui (3) _____ (être) une vraie gastronome, il faudrait un endroit qui (4) _____ (être) réputé pour sa gastronomie et où il y (5) _____ (avoir) beaucoup de restaurants qui ne (6) _____ (être) pas trop chers... Ma femme Leïla veut surtout un endroit qui (7) _____ (être) tranquille, comme le chalet où nous (8) _____ (passer) toutes nos vacances d'hiver. Finalement, pour les enfants, le plus important c'est qu'ils se (9) _____ (faire) des amis. Autrement, je crois qu'ils (10) _____ (aller) s'ennuyer. Quant à moi, mon plus grand souhait, c'est que tu (11) _____ (vouloir) bien nous dénicher (*unearth*) ce paradis! Pour ma part, je doute qu'il (12) _____ (exister)!

Ali

3 Voyage en France Votre ami français, qui est un peu chauvin, vous fait visiter la France. Faites des phrases avec les éléments donnés et remplacez les points d'interrogation par les pronoms relatifs **qui**, **que** ou **dont**.

> Modèle le musée du Louvre / posséder / *La Joconde* / le plus célèbre tableau / ? / être / monde
> **Le musée du Louvre possède *La Joconde*, le plus célèbre tableau qui soit au monde.**

1. le Mont-Blanc / être / la plus haute montagne / ? / on / faire l'ascension / en France
2. le TGV / être / le train le plus rapide / ? / nous / pouvoir / prendre / pour / aller de Paris à Lyon.
3. le château de Chenonceau / être / le premier des châteaux de la Loire / ? / les touristes / vouloir / faire la visite
4. Paris / être / vraiment la plus belle ville / ? / je / connaître
5. à Toulouse / on / construire / le plus gros avion / ? / être / en service

Note CULTURELLE

Le TGV ou «train à grande vitesse» est un train électrique qui atteint des vitesses de plus de 300 km/h sur des voies spéciales. Il a été inauguré en 1981. Le dernier-né du constructeur aéronautique européen Airbus, l'A380, est le plus gros avion civil qui existe. Il a une autonomie de plus de 15.000 kilomètres, ce qui lui permet de voler de New York jusqu'à Hong Kong sans escale, et peut transporter 853 passagers.

Communication

4 **Une voiture de rêve** Vous cherchez la voiture de vos rêves et vous en discutez avec votre partenaire, qui vient d'acheter une nouvelle voiture. Créez cette conversation en utilisant les indices donnés.

> Modèle —**Je cherche une voiture qui ait un intérieur en cuir jaune.**
> —**Moi, j'ai une voiture qui a un intérieur en cuir beige.**

La voiture de vos rêves	La voiture de votre partenaire
avoir un intérieur en cuir jaune	avoir un intérieur en cuir beige
ne pas être polluante	ne pas être polluante
pouvoir transporter 14 personnes	pouvoir transporter 8 personnes
avertir quand la police est sur la route	avoir un détecteur de radar
ne rien consommer	être hybride
ne pas avoir besoin d'entretien (*maintenance*)	être facile d'entretien

5 **L'hôtel** À deux, vous discutez de ce que vous voudriez trouver à l'hôtel où vous irez cet été. L'un(e) de vous est plutôt sportif/sportive et l'autre ne veut que se reposer. Dites au moins trois choses que vous recherchez. Jouez cette scène devant la classe.

accès Internet	location de vélos
ascenseur	pension complète/demi-pension
boutique	piscine
chambre avec vue	restaurant gastronomique
chambre non-fumeur	salle de gym
climatisation	salle de jeux vidéo
discothèque	sauna
excursions	tennis

> Modèle —**Je cherche un hôtel où l'on puisse s'amuser le soir et aller danser.**
> —**Moi, je cherche un hôtel qui se trouve sur une plage déserte.**

6 **Chez le concessionnaire** Vous allez chez le concessionnaire (*car dealer*) Renault pour acheter une voiture. Vous décrivez au moins trois qualités que vous désirez dans votre voiture et votre partenaire fera l'éloge (*will praise*) d'une voiture qu'il/elle essaie de vous vendre. Utilisez des superlatifs et le subjonctif.

> Modèle —**Je cherche une petite voiture qui ne soit pas trop chère.**
> —**Ce modèle-ci est le moins cher que nous ayons.**

 Practice more at **face-a-face.vhlcentral.com.**

4.2 Le subjonctif dans les propositions adverbiales

Rappel

On utilise le subjonctif après des expressions de doute, de crainte, de désir et après certains verbes impersonnels. Mais on l'emploie aussi après certaines conjonctions.

*Alban pensera à Marion tous les jours **en attendant qu**'elle lui **écrive**.*

- Le subjonctif est utilisé après ces conjonctions.

Les conjonctions suivies du subjonctif	
à condition que *provided that*	**en attendant que** *while, until*
à moins que *unless*	**jusqu'à ce que** *until*
afin que *so that*	**malgré que** *in spite of*
avant que *before*	**pour que** *in order that*
bien que *although*	**pourvu que** *provided that*
de peur/crainte que *for fear that*	**quoique** *although*
de sorte que *so that*	**sans que** *without*

*Nous vous rejoindrons **à condition qu'**ils nous **laissent** partir.*
*Il viendra en septembre **à moins que** son passeport ne **soit** pas prêt.*
*Nous vous attendrons **jusqu'à ce que** vous **arriviez**.*
*Je partirai demain **malgré que** ça me **fasse** de la peine de vous quitter.*
*Ils seront partis **avant que** vous ne **soyez** de retour.*
*Je te donnerai le plan de la ville **de sorte que** tu **saches** où aller.*

- Quand on parle ou écrit dans un style plus élevé, on emploie souvent un *ne* **explétif** avant le subjonctif après les conjonctions **avant que, de peur que, de crainte que, sans que** et **à moins que**. Ce **ne** explétif ne porte aucune valeur négative et est souvent omis dans le français courant.

*Je dis toujours à mes parents où je vais **de peur qu'**ils **ne** s'inquiètent.*
*Vous prenez l'avion à 14h00 **à moins que** le vol **ne** soit annulé.*
*Peuvent-ils nous déposer à la gare **avant que** vous **n'**arriviez?*
*La période de vacances commence **sans que** les autoroutes **ne** soient embouteillées.*

- Quand le sujet des deux propositions est le même, on remplace la conjonction par la préposition correspondante et on utilise alors l'infinitif au lieu du subjonctif.

Conjonction	Préposition
à moins que + subjonctif	**à moins de** + infinitif
afin que + subjonctif	**afin de** + infinitif
avant que + subjontif	**avant de** + infinitif
pour que + subjonctif	**pour** + infinitif
sans que + subjonctif	**sans** + infinitif

> *Nous achèterons une voiture **avant de partir** en vacances.*
> *(Nous achèterons une voiture et nous partirons en vacances.)*

> *Nous achèterons une voiture **avant qu'Hélène** ne **parte** en vacances.*
> *(Nous achèterons une voiture, mais c'est Hélène qui partira en vacances.)*

> *Michel va prendre le train **pour profiter** d'un tarif réduit.*
> *(Michel va prendre le train et Michel va profiter d'un tarif réduit.)*

> *Michel va prendre le train **pour que ses parents profitent** d'un tarif réduit.*
> *(Michel va prendre le train, mais ce sont ses parents qui vont profiter d'un tarif réduit.)*

- On utilise l'indicatif après les conjonctions **après que, depuis que, dès que, parce que, pendant que, quand** et **lorsque**.

> *Je préfère voyager en avion **parce que** c'**est** plus rapide.*
> *Je fais toujours des réservations **quand** je **pars** en voyage.*

- On emploie le subjonctif après les relatifs indéfinis.

> **qui que** *whomever*
> **quel(le)(s) que** *whichever*
> **quoi que** *whatever*
> **où que** *wherever*
> *Où qu'on **aille** en France, on mange bien.*
> *Quoi que les compagnies aériennes **fassent**, elles m'énervent.*

> *Où qu'ils **soient**, ils pourront*
> *toujours rester en contact.*

Mise en pratique

1

Une journée à Paris Vous êtes en vacances à Paris avec votre partenaire et vous lui suggérez des idées d'activités pour le lendemain.

> **Modèle** On demandera à la réception de nous réveiller de bonne heure. (afin que / nous avons le temps de faire beaucoup de choses)
> **On demandera à la réception de nous réveiller de bonne heure afin que nous ayons le temps de faire beaucoup de choses.**

1. Nous pourrions visiter le musée du Louvre. (à condition que / il n'est pas fermé)
2. On déjeunera dans un bon petit restaurant. (à moins que / il est trop cher)
3. Après, on pourrait faire un tour en bateau-mouche. (pour que / je prends des photos des monuments)
4. Ensuite, on se promènera sur les Champs-Élysées. (jusqu'à ce que / nous sommes fatigués)
5. J'aimerais acheter quelques souvenirs. (pourvu que / on a assez d'euros)

2

Les vacances d'Aïcha Mettez les verbes entre parenthèses au subjonctif, à l'infinitif ou à l'indicatif, selon le cas.

Généralement, quand je (1) _____ (partir) seule en vacances, je prépare tout à l'avance afin de ne pas (2) _____ (avoir) de surprises. Je réserve ma chambre sur Internet à moins que cela ne (3) _____ (être) pas possible. De nos jours, il est rare que les hôtels n'aient pas de site, bien que parfois, les photos que l'on voit sur ces sites (4) _____ (être) trompeuses. Pourtant, je me demande comment les gens faisaient avant que l'Internet n' (5) _____ (exister)! Par contre, quand je (6) _____ (voyager) avec Corinne, ma meilleure amie, c'est une autre histoire. Nous roulons jusqu'à ce que nous (7) _____ (trouver) un endroit qui nous plaise, où nous visitons tout!

3

Projets de vacances Vos amis vous parlent de ce qu'ils ont l'intention de faire pendant leurs prochaines vacances.

> **Modèle** Nous partirons en juin _____ il n'y _____ (avoir) trop de touristes.
> a. jusqu'à ce qu'   b. avant qu'   c. sans qu'
> **Nous partirons en juin avant qu'il n'y ait trop de touristes.**

1. Nous irons en France cet été _____ nous _____ (avoir) assez d'argent.
   a. à moins que   b. bien que   c. à condition que
2. Là, nous prendrons le TGV _____ ce ne _____ (être) pas trop cher.
   a. pourvu que   b. bien que   c. avant que
3. Nous ferons beaucoup d'excursions _____ nous ne _____ (être) pas trop fatigués.
   a. sans que   b. afin que   c. pourvu que
4. Nous prendrons beaucoup de photos _____ nos amis _____ (pouvoir) se rendre compte de la beauté de l'endroit.
   a. pour que   b. pourvu que   c. avant que
5. On fera peut-être le même voyage l'année prochaine _____ vous _____ (venir) avec nous.
   a. à condition que   b. avant que   c. malgré que

Note CULTURELLE

La France est la première destination touristique au monde. Plus de 80 millions de touristes vont en France chaque année et à ceux-là s'ajoutent les Français qui choisissent de rester en France pendant leurs vacances. La majorité des Français préfèrent aller à la mer et 6 Français sur 10 retournent au même endroit chaque année.

Communication

4 **Bientôt les vacances** À deux, discutez de vos prochaines vacances. Posez-vous ces questions pour en savoir plus. Utilisez des conjonctions dans vos réponses.

Modèle —Partiras-tu en vacances en voiture?
—Oui, pourvu que l'essence ne soit pas trop chère.

à condition que	jusqu'à ce que
à moins que	malgré que
avant que	pourvu que
de peur que	quoique
en attendant que	sans que

1. Quand pars-tu?
2. Où vas-tu aller?
3. Avec qui pars-tu en vacances?
4. Vas-tu faire un voyage organisé?
5. Iras-tu camper?
6. Combien de temps resteras-tu là-bas?

5 **À l'agence de voyages** Vous devez assister au mariage d'une amie française et vous allez dans une agence de voyages. À deux, créez une conversation entre le/la client(e) et son agent(e) pour régler tous les détails. Inspirez-vous des ces indices pour répondre aux questions de l'agent. Utilisez des conjonctions.

Modèle le départ (dimanche / la semaine)
—Il y a un vol qui part le dimanche, à moins que vous ne préfériez voyager pendant la semaine.
—Cela me convient pourvu que je sois en France à temps pour le mariage.

y avoir un ascenseur	ne pas être possible
être là à temps pour le mariage	être trop cher
	être le plus facile
avoir une belle vue	
être trop fatigant	

1. le vol (avec / sans escale)
2. les billets (première classe / classe touriste)
3. l'hébergement (auberge de jeunesse / hôtel de luxe)
4. les repas (pension complète / demi-pension)
5. la chambre (au rez-de-chaussée / à l'étage)
6. le paiement (carte de crédit / chèques)

6 **Où aller?** Vous allez partir en vacances avec un(e) partenaire. Créez une conversation dans laquelle vous envisagez plusieurs possibilités d'hébergement: l'hôtel, le gîte rural, le camping, etc. Utilisez des conjonctions.

Modèle —**On pourrait aller camper, à moins que tu ne veuilles aller dans un gîte.**
—C'est une bonne idée, à condition que le terrain de camping ne soit pas trop isolé.

Note
CULTURELLE

Les gîtes ruraux sont des lieux d'hébergement indépendants situés à la campagne, à la mer ou à la montagne. Ce sont en général des maisons traditionnelles confortablement meublées qu'on peut louer pour un week-end, une semaine ou même pour des séjours de plus longue durée. «Gîtes de France» est un label de qualité qui correspond à des normes de confort précises.

Préparation Audio: Vocabulary

À propos de l'auteur

Claude Lévi-Strauss est issu (*descended*) d'une famille juive d'origine alsacienne. Il est né en 1908, à Bruxelles, mais il a fait ses études à Paris. Il a obtenu une licence de droit à la Faculté de droit de Paris et un doctorat ès lettres à la Sorbonne, en 1948. Il est également membre de l'Académie française dont il est devenu le premier centenaire en novembre 2008. Il est surtout connu pour son livre *Tristes tropiques*, qui a été publié en 1955. L'auteur y raconte son expérience parmi les Indiens du Brésil, mais ce n'est pas un récit de voyage. C'est plutôt une tentative de saisir une réalité humaine et de s'interroger sur la civilisation. Claude Lévi-Strauss est décédé en 2009.

Vocabulaire de la lecture		Vocabulaire utile
abrité(e) *sheltered*	**la fraîcheur** *freshness*	**atterrir** *to land*
accablant(e) *overwhelming*	**jouir de** *to enjoy*	**corrompre** *to corrupt*
le béton *concrete*	**maladif/maladive** *sickly*	**déprécier** *to cheapen*
une betterave *beet*	**menaçant(e)** *threatening*	**une foule** *crowd*
un bidonville *slum*	**noyé(e)** *drowned*	**enfoui(e)** *buried*
corrompu(e) *corrupted*	**une ordure** *filth, piece of trash*	**une piste d'atterrissage** *runway*
un coffret *treasure box*	**un semis** *seedbed*	**le sable** *sand*
cueillir *to pick*	**un terroir** *land*	**salir** *to dirty*
la duperie *deception*	**vicié(e)** *tainted, contaminated*	
une évasion *escape*	**vouer à** *to doom to*	

1 **À compléter** Complétez chaque phrase avec un mot du nouveau vocabulaire. Faites les changements nécessaires.

1. Les pirates mettent les objets volés dans un _____.
2. La _____ des politiciens corrompus les a envoyés en prison.
3. Le bruit et les _____ m'énervent, alors pourquoi irais-je au match de foot?
4. Si tu n'ouvres pas les fenêtres de ta chambre, l'air sera _____.
5. Demain la ville va commémorer les pêcheurs _____ en mer.
6. Les bateaux sont _____ du vent dans la baie.
7. La nature disparaît sous les constructions en _____ des villes modernes.

2 **Les voyages** Par groupes de trois, posez-vous ces questions puis échangez vos idées avec la classe.

1. Partez-vous souvent en vacances? Où allez-vous? à la mer? à la montagne?
2. Préférez-vous voyager en avion? en train? en voiture? Expliquez.
3. Comment préparez-vous votre voyage? Cherchez-vous des brochures sur les endroits que vous voulez visiter ou naviguez-vous sur Internet?
4. Par quel autre moyen obtenez-vous des informations sur un lieu de vacances?
5. Que faites-vous pour garder un souvenir de vos voyages? Prenez-vous des photos ou écrivez-vous un journal? Mettez-vous vos photos ou votre journal sur un blog? Pourquoi?
6. Comment vous comportez-vous (*behave*) en voyage? Laissez-vous vos ordures sur la plage ou bien les jetez-vous dans les poubelles?

 Practice more at **face-a-face.vhlcentral.com**.

La Quête du pouvoir

extrait de *Tristes tropiques*
Claude Lévi-Strauss

will deliver 1 Voyages, coffrets magiques aux promesses rêveuses, vous ne livrerez° plus vos trésors intacts. Une civilisation proliférante et surexcitée trouble à jamais le silence des mers. Les parfums des tropiques et la fraîcheur des êtres sont viciés par une fermentation aux relents suspects, qui 5 mortifie nos désirs et nous voue à cueillir des souvenirs à demi corrompus.

Aujourd'hui où des îles polynésiennes noyées de béton sont transformées en porte-avions° pesamment ancrés° au fond des mers du Sud, où l'Asie tout entière prend le visage d'une zone maladive, où les bidonvilles rongent° l'Afrique, où l'aviation commerciale et

10 militaire flétrit° la candeur de la forêt américaine ou mélanésienne avant même d'en pouvoir détruire la virginité, comment la prétendue° évasion du voyage pourrait-elle réussir autre chose que nous

15 confronter aux formes les plus malheureuses de notre existence historique? Cette grande civilisation occidentale, créatrice des merveilles dont nous jouissons, elle n'a certes

20 pas réussi à les produire sans contrepartie°. Comme son œuvre la plus fameuse, pile° où s'élaborent des architectures d'une complexité inconnue, l'ordre et l'harmonie de

25 l'Occident exigent l'élimination d'une masse prodigieuse de sous-produits maléfiques dont la terre est aujourd'hui infectée. Ce que d'abord vous nous montrez, voyages, c'est notre ordure lancée au visage de l'humanité.

30 Je comprends alors la passion, la folie, la duperie des récits de voyage. Ils apportent l'illusion de ce qui n'existe plus et qui devrait être encore, pour que nous échappions à l'accablante évidence que 20.000 ans d'histoire sont joués. Il n'y a plus rien à faire: la civilisation n'est plus cette fleur fragile qu'on préservait, qu'on développait

35 à grand-peine dans quelques coins abrités d'un terroir riche en espèces rustiques, menaçantes sans doute par leur vivacité, mais qui permettaient aussi de varier et de revigorer les semis. L'humanité s'installe dans la monoculture; elle s'apprête à produire la civilisation en masse, comme la betterave. Son ordinaire ne comportera plus

40 que ce plat. ∎

aircraft carriers heavily anchored

gnaw at

withers

so-called

price

side

> **Ce que d'abord vous nous montrez, voyages, c'est notre ordure lancée au visage de l'humanité.**

Analyse

1 **Vérifiez les faits** Entourez le mot ou l'expression qui ne complète pas correctement chaque phrase d'après le texte.

1. Les îles polynésiennes disparaissent sous...

    a. l'eau   b. le béton   c. les relents

2. L'aviation commerciale et militaire détruit...

    a. la beauté du paysage   b. les bidonvilles   c. le silence des mers

3. Les rêves d'évasion que proposent les récits de voyage sont...

    a. une nécessité   b. une duperie   c. corrompus

4. Les parfums des tropiques ne sont plus...

    a. intacts   b. à vendre   c. les mêmes

5. Les mers du Sud sont une zone...

    a. très visitée   b. en danger   c. oubliée

2 **Le progrès** À deux, répondez à ces questions.

1. Qu'est-ce qui a motivé l'auteur à écrire cet essai?

2. Qu'est-ce que les touristes recherchent quand ils font des voyages? Qu'est-ce qui a changé dans cette recherche? Quelle est la cause de ce changement?

3. Quelle description l'auteur fait-il des régions que les touristes aiment visiter? Cette description vous donne-t-elle envie de les visiter? Pourquoi?

4. La civilisation moderne a produit des architectures étonnantes et de grandes découvertes technologiques. Quelles en sont les conséquences néfastes (*harmful*)?

5. Quel est le but des récits de voyage? Quel est le rôle de l'humanité dans la civilisation moderne? Êtes-vous d'accord avec ce rôle?

3 **Les effets des voyages** Par groupes de trois, classez de 1 à 6 ces aspects des voyages en allant du plus tolérable (1) au plus intolérable (6). Puis, justifiez votre classement à la classe.

Effet	Classement
a. Les brochures font des promesses rêveuses.	
b. Un voyage peut offrir un trésor intact.	
c. Les récits de voyage créent des souvenirs corrompus.	
d. Les voyages flétrissent la candeur des forêts.	
e. Voyager c'est une duperie.	
f. Les voyages créent des illusions.	

4 **Brochure mensongère** Une brochure touristique vante les beautés d'une île paradisiaque que vous voulez visiter. Quand vous arrivez, l'endroit n'est pas ce que la brochure avait promis. Vous envoyez à votre famille un long e-mail où vous comparez la réalité aux promesses de la brochure. À deux, écrivez cet e-mail.

 Practice more at **face-a-face.vhlcentral.com.**

Préparation Audio: Vocabulary

À propos de l'auteur

Denis Diderot est un philosophe français du 18e siècle, né en 1713 et mort en 1784. Il est le directeur de l'*Encyclopédie*, aussi appelée *Dictionnaire raisonné des sciences, des arts et des métiers*, qui comporte 17 volumes. Le premier volume, publié en 1751, fait scandale car il remet en cause (*questions*) l'autorité royale. Le but de l'*Encyclopédie* est de transmettre aux hommes et aux femmes les connaissances du monde entier et de les éclairer (*enlighten*), d'où l'expression «siècle des Lumières». Diderot a aussi écrit deux romans, *La Religieuse* (1760) et *Jacques le fataliste* (1765), des essais, des articles pour l'*Encyclopédie* et des dialogues philosophiques dont le *Supplément au voyage de Bougainville* (1772).

Vocabulaire de la lecture

aborder *to approach*
accourir *to come running*
assujettir *to subject*
une ceinture *belt*
(in)digne *(un)worthy*
s'éloigner *to move away*
l'esclavage (m.) *slavery*
un(e) esclave *slave*
funeste *unfortunate, dire*

labourer *to plow*
lâche *cowardly*
un meurtre *murder*
meurtrier/meurtrière *murderous*
poursuivre *to pursue*
un rivage *shore*
une rive *river bank*
serrer dans ses bras *to embrace*
un vaisseau *vessel*
un vieillard *old man*

Vocabulaire utile

les bijoux (m.) *jewelry*
les biens (m.) *possessions*
une boussole *compass (magnetic)*
une carte *map*
un colon *settler, colonist*
un compas *compass (geometry)*
dédaigneux/dédaigneuse *disdainful*
une longue-vue *field glass*
en or *made of gold*
précieux/précieuse *precious*

1 **À choisir** Choisissez la réponse qui convient le mieux dans la phrase.

1. Un navigateur explore le monde avec...
   a. une rive   b. un vaisseau   c. un vieillard

2. Quand un bateau arrive, les gens du village...
   a. accourent   b. labourent   c. assujettissent

3. Une personne qui s'attaque à un enfant sans défense est...
   a. un héros   b. lâche   c. précieuse

4. Certains critiques considèrent que le contact entre les Européens et les populations indigènes était...
   a. une boussole   b. une ceinture   c. funeste

5. La tempête violente a détruit les bateaux qui se trouvaient le long du...
   a. rivage   b. bien   c. bijou

6. Les esclaves avaient peur des Européens qui voulaient les...
   a. serrer   b. aborder   c. assujettir

2 **Les grands explorateurs** À deux, répondez à ces questions. Puis échangez vos idées avec la classe.

1. Dans quels siècles les grandes explorations européennes ont-elles eu lieu? Y a-t-il toujours de grands explorateurs aujourd'hui?
2. Quelle partie de la planète n'a pas encore été explorée? Pensez-vous qu'elle le sera bientôt? Expliquez.
3. Comment les explorateurs étaient-ils accueillis par la population indigène? Comment les explorateurs réagissaient-ils?
4. Qu'est-ce que les explorateurs ont apporté aux pays qu'ils visitaient? Qu'ont-ils rapporté de ces pays? L'échange était-il équitable? Pourquoi?
5. Quelles sont les qualités nécessaires pour être un explorateur? Aimeriez-vous partir à la conquête d'une terre inconnue? Justifiez votre réponse.

3 **Chasse au trésor** Une société privée offre 100 millions d'euros à qui retrouvera un trésor perdu sur une île lointaine. Elle vous donne seulement une carte sur laquelle est écrit un message énigmatique. Par petits groupes, suivez ces instructions pour établir les détails de l'énigme.

- Rédigez le message énigmatique.
- Identifiez les personnes qui l'ont écrit.
- Justifiez son style mystérieux.
- Décrivez le contenu du trésor.

4 **Dialogue** Un habitant de l'île vous demande ce que vous faites avec un trésor qui appartient à son peuple. Que lui répondez-vous? À deux, jouez les rôles en faisant des phrases au subjonctif avec ces expressions.

je voudrais que	croyez-vous que
j'aimerais que	je doute que
il faudrait que	il faut que

5 **La récompense** L'habitant de l'île accepte de vous laisser le trésor en échange de quelque chose de précieux qui appartient à votre culture. Alors vous revenez dans votre pays pour réclamer votre récompense à la société et pour exiger qu'elle donne à l'habitant de l'île ce qu'il demande. À deux, répondez à ces questions.

- Qu'est-ce que la société offrira à l'habitant de l'île? Pourquoi?
- Appréciera-t-il ce que vous lui offrirez? Pourquoi?

6 **Bougainville** Regardez cette photo de Louis Antoine de Bougainville. Par petits groupes, expliquez ce que vous pouvez déduire à propos de ces aspects de sa vie.

- son caractère
- sa carrière
- son époque

LES ADIEUX

Audio: Dramatic Recording

DU VIEILLARD

extrait du Supplément au voyage de Bougainville

Denis Diderot

1 C'est un vieillard qui parle. Il était
père d'une famille nombreuse. À
l'arrivée des Européens, il laissa
tomber des regards de dédain sur
5 eux, sans marquer ni étonnement, ni frayeur°, *fright*
ni curiosité. Ils l'abordèrent; il leur tourna le
dos et se retira dans sa cabane. Son silence et
son souci ne décelaient° que trop sa pensée: il *revealed*
gémissait° en lui-même sur les beaux jours de *moaned*
10 son pays éclipsés. Au départ de Bougainville,
lorsque les habitants accouraient en foule sur le
rivage, s'attachaient à ses vêtements, serraient
ses camarades entre leurs bras, et pleuraient, ce
vieillard s'avança d'un air sévère, et dit:
15 «Pleurez, malheureux Tahitiens! pleurez;
mais que ce soit de l'arrivée, et non du départ
de ces hommes ambitieux et méchants: un
jour, vous les connaîtrez mieux. Un jour,
ils reviendront, le morceau de bois que
20 vous voyez attaché à la ceinture de celui-ci,
dans une main, et le fer° qui pend° au côté *iron/hangs*
de celui-là, dans l'autre, vous enchaîner,
vous égorger°, ou vous assujettir à leurs *cut your throats*
extravagances et à leurs vices; un jour vous
25 servirez sous eux, aussi corrompus, aussi
vils, aussi malheureux qu'eux. Mais je me
console; je touche à la fin de ma carrière;
et la calamité que je vous annonce, je ne la
verrai point. Ô Tahitiens! ô mes amis! vous
30 auriez un moyen d'échapper à un funeste
avenir; mais j'aimerais mieux mourir que de
vous en donner le conseil. Qu'ils s'éloignent,
et qu'ils vivent.»

Puis s'adressant à Bougainville, il ajouta:
35 «Et toi, chef des brigands qui t'obéissent,
écarte° promptement ton vaisseau de notre *push back*
rive: nous sommes innocents, nous sommes
heureux; et tu ne peux que nuire à° notre *harm*
bonheur. Nous suivons le pur instinct de la
nature; et tu as tenté° d'effacer de nos âmes 40 *tried*
son caractère. Ici tout est à tous; et tu nous
as prêché je ne sais quelle distinction du *tien*
et du *mien*... Nous sommes libres; et voilà
que tu as enfoui° dans notre terre le titre de *buried*
notre futur esclavage. Tu n'es ni un dieu, 45
ni un démon: qui es-tu donc, pour faire des
esclaves? Orou! toi qui entends la langue de
ces hommes-là, dis-nous à tous, comme tu
me l'as dit à moi-même, ce qu'ils ont écrit
sur cette lame° de métal: *Ce pays est à nous*. 50 *blade*
Ce pays est à toi! et pourquoi? parce que tu
y as mis le pied? Si un Tahitien débarquait
un jour sur vos côtes, et qu'il gravât° sur *engraved*
une de vos pierres ou sur l'écorce° d'un de *bark*
vos arbres: *Ce pays est aux habitants de* 55
Tahiti, qu'en penserais-tu? Tu es le plus fort!
Et qu'est-ce que cela fait? Lorsqu'on t'a
enlevé une des méprisables bagatelles° dont *contemptible trifles*
ton bâtiment est rempli, tu t'es récrié, tu t'es
vengé; et dans le même instant tu as projeté 60
au fond de ton cœur le vol° de toute une *theft*
contrée°! Tu n'es pas esclave: tu souffrirais *region*
plutôt la mort que de l'être, et tu veux nous
asservir°! Tu crois donc que le Tahitien ne *subjugate*
sait pas défendre sa liberté et mourir? Celui 65
dont tu veux t'emparer° comme de la brute°, *seize/wild animal*
le Tahitien est ton frère. Vous êtes deux
enfants de la nature; quel droit as-tu sur
lui qu'il n'ait pas sur toi? Tu es venu; nous
sommes-nous jetés sur ta personne? avons- 70
nous pillé ton vaisseau? t'avons-nous saisi
et exposé aux flèches° de nos ennemis? *arrows*
t'avons-nous associé dans nos champs

au travail de nos animaux? Nous avons
respecté notre image en toi. Laisse-nous
nos mœurs°; elles sont plus sages et plus
honnêtes que les tiennes; nous ne voulons
point troquer° ce que tu appelles notre
ignorance, contre tes inutiles lumières. Tout
ce qui nous est nécessaire et bon, nous le
possédons. Sommes-nous dignes de mépris°,
parce que nous n'avons pas su nous faire
des besoins superflus? Lorsque nous avons
faim, nous avons de quoi manger; lorsque
nous avons froid, nous avons de quoi nous
vêtir. Tu es entré dans nos cabanes, qu'y
manque-t-il, à ton avis? Poursuis jusqu'où
tu voudras ce que tu appelles commodités
de la vie; mais permets à des êtres sensés de
s'arrêter, lorsqu'ils n'auraient à obtenir, de
la continuité de leurs pénibles efforts, que
des biens imaginaires. Si tu nous persuades
de franchir° l'étroite limite du besoin,
quand finirons-nous de travailler? Quand
jouirons-nous? Nous avons rendu la somme
de nos fatigues annuelles et journalières la
moindre qu'il était possible, parce que rien
ne nous paraît préférable au repos. Va dans
ta contrée t'agiter, te tourmenter tant que
tu voudras; laisse-nous reposer: ne nous
entête ni de tes besoins factices°, ni de tes
vertus chimériques. Regarde ces hommes;
vois comme ils sont droits, sains et robustes.
Regarde ces femmes; vois comme elles sont
droites, saines, fraîches et belles. Prends
cet arc, c'est le mien; appelle à ton aide
un, deux, trois, quatre de tes camarades, et
tâchez° de le tendre°. Je le tends moi seul.
Je laboure la terre; je grimpe° la montagne;
je perce la forêt; je parcours une lieue° de
la plaine en moins d'une heure. Tes jeunes
compagnons ont eu peine à me suivre; et
j'ai quatre-vingt-dix ans passés. Malheur
à cette île! malheur aux Tahitiens présents,

customs (75)
trade
contempt (80)
to cross
(95)
artificial (100)
try/bend climb
league (110)

Si tu nous persuades de franchir l'étroite limite du besoin, quand finirons-nous de travailler?

et à tous les Tahitiens à venir, du jour où
tu nous as visités! Nous ne connaissions
qu'une maladie; celle à laquelle l'homme,
l'animal et la plante ont été condamnés,
la vieillesse; et tu nous en as apporté une
autre: tu as infecté notre sang. Il nous faudra
peut-être exterminer de nos propres mains
nos filles, nos femmes, nos enfants; ceux
qui ont approché tes femmes; celles qui ont
approché tes hommes. Nos champs seront
trempés° du sang impur qui a passé de
tes veines dans les nôtres; ou nos enfants,
condamnés à nourrir et à perpétuer le mal
que tu as donné aux pères et aux mères,
et qu'ils transmettront à jamais à leurs
descendants. Malheureux! tu seras coupable,
ou des ravages qui suivront les funestes
caresses des tiens, ou des meurtres que nous
commettrons pour en arrêter le poison. Tu
parles de crimes! as-tu l'idée d'un plus
grand crime que le tien? Quel est chez toi
le châtiment° de celui qui tue son voisin? la
mort par le fer. Quel est chez toi le châtiment
du lâche qui l'empoisonne? la mort par le
feu. Compare ton forfait° à ce dernier; et dis-
nous, empoisonneur de nations, le supplice°
que tu mérites? ... Écoute la suite de tes
forfaits... À peine es-tu descendu dans notre
terre, qu'elle a fumé de sang. Ce Tahitien qui
courut à ta rencontre, qui t'accueillit, qui te

(115)
(120)
soaked (125)
(130)
punishment (135)
crime
torture (140)

145 reçut en criant: *Taïo ami, ami*; vous l'avez
tué. Et pourquoi l'avez-vous tué? parce qu'il
avait été séduit par l'éclat de tes petits œufs
de serpents. Il te donnait ses fruits; il t'offrait
sa femme et sa fille; il te cédait sa cabane: et
handful 150 tu l'as tué pour une poignée° de ces grains,
qu'il avait pris sans te les demander. [Et ce
peuple?] Au bruit de ton arme meurtrière, la
terreur s'est emparée de lui; et il s'est enfui°
fled dans la montagne. Mais crois qu'il n'aurait
155 pas tardé d'en descendre; crois qu'en un
instant, sans moi, vous périssiez tous. Eh!
pourquoi les ai-je apaisés? pourquoi les ai-je
contenus? pourquoi les contiens-je encore
dans ce moment? Je l'ignore; car tu ne
160 mérites aucun sentiment de pitié; car tu as
felt une âme féroce qui ne l'éprouva° jamais. Tu
t'es promené, toi et les tiens, dans notre île;
tu as été respecté; tu as joui de tout; tu n'as
trouvé sur ton chemin ni barrière, ni refus: on
spread 165 t'invitait, tu t'asseyais; on étalait° devant
toi l'abondance du pays... éloigne-toi; va, et
puissent les mers coupables qui t'ont épargné
absolve dans ton voyage, s'absoudre°, et nous venger
swallowing you up en t'engloutissant° avant ton retour! Et
170 vous, Tahitiens, rentrez dans vos cabanes,
rentrez tous; et que ces indignes étrangers
n'entendent à leur départ que le flot qui
roaring waves/ mugit°, et ne voient que l'écume° dont sa
sea foam fureur blanchit une rive déserte!»

had he finished 175 À peine eut-il achevé°, que la foule
des habitants disparut: un vaste silence
régna dans toute l'étendue de l'île; et l'on
whistling n'entendit que le sifflement° aigu des
vents et le bruit sourd des eaux sur toute la
might have said 180 longueur de la côte: on eût dit° que l'air et
la mer, sensibles à la voix du vieillard, se
disposaient à lui obéir. ■

Analyse

1 À identifier Mettez une croix dans la colonne sous le nom du personnage désigné.

Actions	Bougainville	Le vieillard
1. Il pense que son pays a changé.		
2. Il porte des armes attachées à la ceinture.		
3. Il va bientôt mourir.		
4. Il fait la différence entre ses biens et ceux des autres.		
5. Il veut assujettir les autres hommes.		
6. Il prend le temps de se reposer.		
7. Il est fort et en bonne santé.		

2 Inexactitudes Corrigez le mot ou l'expression soulignée.

1. Le vieillard fait une déclaration le jour du départ <u>des Tahitiens</u>.
2. Les Européens reviendront pour enchaîner <u>le vieillard</u>.
3. Bougainville est le chef <u>des Tahitiens</u>.
4. Les mœurs des Tahitiens sont <u>moins</u> sages que celles des Européens.
5. <u>Les animaux</u> ont transmis des maladies aux Tahitiens.
6. Un jeune Tahitien a été tué parce qu'il <u>a offert sa femme à Bougainville</u>.

3 Caractéristiques Associez chaque personnage, lieu ou objet de la colonne A avec l'adjectif de la colonne B qui le décrit le mieux.

A	B
___ 1. le vieillard	a. lâche
___ 2. Bougainville	b. meurtrière
___ 3. les Tahitiens	c. belles
___ 4. les Européens	d. dédaigneux
___ 5. les femmes	e. généreux
___ 6. un jeune Tahitien	f. robustes
___ 7. une arme	g. fertile
	h. indignes

4 Compréhension Par groupes de trois, répondez à ces questions.

1. Quelle est la forme de ce récit? une lettre? une narration? Pourquoi Diderot a-t-il choisi cette forme?
2. Quel est le ton du récit? Relevez quelques exemples qui appuient votre réponse.
3. De quoi traite le récit? Quels dangers menacent les habitants de cette région?
4. Quelle est la solution proposée en conclusion? Comment définiriez-vous cette solution?

 Practice more at **face-a-face.vhlcentral.com**.

5 **Jeu de rôles** Imaginez que vous soyez le jeune Tahitien Orou. Vous êtes allé(e) en France avec Bougainville et vous avez été présenté(e) au roi Louis XV. De retour à Tahiti, vous racontez au village ce que vous avez remarqué. À deux, préparez le discours d'Orou et prononcez-le devant la classe, qui jouera le rôle des gens du village. Servez-vous des mots de cette liste.

l'architecture	les meubles
l'argenterie (*silverware*)	les pratiques sociales
les bals	la vaisselle
le comportement	les vêtements

6 **La propriété** Lisez cette citation du philosophe Jean-Jacques Rousseau. Imaginez qu'il explique la notion de propriété au vieillard tahitien, qui essaie de convaincre Rousseau qu'il faut changer cette coutume. Par groupes de trois, écrivez un paragraphe de 15 lignes où vous élaborez le point de vue du vieillard. Faites des phrases avec **si** et des phrases qui utilisent le subjonctif.

«... et quant à ceux qui avaient déjà des cabanes, aucun d'eux ne dut peu chercher à s'approprier celle de son voisin, moins parce qu'elle ne lui appartenait pas, que parce qu'elle lui était inutile, et qu'il ne pouvait s'en emparer sans s'exposer à un combat très vif avec la famille qui l'occupait.» *Jean-Jacques Rousseau, seconde partie du* Discours sur l'origine et les fondements de l'inégalité parmi les hommes

7 **Récit de voyage** Vous êtes allé(e)s dans un pays où vous avez rencontré des gens très différents de vous. Écrivez dans votre journal les différences que vous avez remarquées le premier jour. Suivez ces instructions.

- Écrivez le lieu et la date.
- Écrivez une introduction où vous présentez le lieu visité.
- Divisez votre journée en trois moments. Indiquez l'heure pour chaque moment et décrivez ce qui s'est passé.
- En conclusion, dites ce que vous pensez des coutumes de ce pays.

Préparation Audio: Vocabulary

À propos de l'auteur

Marguerite Abouet est née à Abidjan, en Côte d'Ivoire, en 1971. Elle a d'abord travaillé comme assistante légale à Paris puis s'est consacrée à la carrière d'écrivaine. Après quelques essais infructueux dans la littérature traditionnelle, elle a publié en quatre volumes sa première bande dessinée *Aya de Yopougon*, qui a aussi été traduite en anglais. Cette bande dessinée raconte l'histoire de la vie quotidienne d'une jeune Ivoirienne. **Clément Oubrerie** est l'illustrateur et le mari de Marguerite Abouet. Dans l'extrait qui suit, nous observons les premières impressions d'un jeune Ivoirien qui découvre le métro parisien.

Vocabulaire de la bande dessinée	Vocabulaire utile	
un terminus *end of the line*	**un couloir** *passage*	**rater** *to miss*
	un escalator *escalator*	**un(e) routard(e)** *backpacker*
	un quai *platform*	
	une rame *subway train*	**un sac de couchage** *sleeping bag*

1 **Le routard** À deux, répondez aux questions.

1. Quelle sorte de bagage un routard prend-il pour voyager? Pourquoi?

2. Comment un routard se déplace-t-il? en métro? en taxi?

3. Que doit-on faire pour s'orienter dans une ville inconnue?

4. Quels avantages le métro offre-t-il aux citadins (*city-dwellers*)?

5. Qu'est-ce qui peut surprendre la première fois qu'on prend le métro?

Analyse

1 **Choc culturel** Associez les sentiments que le jeune homme ressent avec chaque situation nouvelle. Justifiez vos réponses.

Situations	Sentiments
___ 1. dans la rame pleine de voyageurs	a. fatigué
___ 2. dans le couloir du métro	b. curieux
___ 3. au terminus	c. perdu
___ 4. dans l'escalator	d. pressé
___ 5. sur le quai	e. surpris

2 **Récit de voyage** À deux, rédigez la lettre que le jeune homme écrit à sa famille en Côte d'Ivoire au sujet de son arrivée à Paris. Reprenez les éléments de l'activité précédente.

• Expliquez pourquoi vous avez décidé d'aller en France.

• Décrivez ce qui s'est passé depuis votre arrivée à Paris.

• Expliquez à votre famille ce que vous voulez faire maintenant.

 Practice more at **face-a-face.vhlcentral.com.**

AYA DE YOPOUGON

de Marguerite Abouet; illustrée par Clément Oubrerie

Marguerite Abouet and Clément Oubrerie, *Aya de Yopougon*, volume 4, © Éditions Gallimard.

Analyse d'un poème

Vous allez écrire une analyse de texte sur un poème qui a pour thème le voyage.

Plan de rédaction

Lisez ce poème de Stéphane Mallarmé. Attention! Il n'est pas nécessaire de comprendre tous les mots. Concentrez-vous sur le thème, les mots clé et le rythme.

Brise marine

flesh	La chair° est triste, hélas! et j'ai lu tous les livres.
intoxicated	Fuir! là-bas fuir! Je sens que des oiseaux sont ivres°
foam/ skies	D'être parmi l'écume° inconnue et les cieux°!
	Rien, ni les vieux jardins reflétés par les yeux
goes for a dip	Ne retiendra ce cœur qui dans la mer se trempe°
	Ô nuits! ni la clarté déserte de ma lampe
	Sur le vide papier que la blancheur défend
nursing	Et ni la jeune femme allaitant° son enfant.
masts	Je partirai! Steamer balançant ta mâture°,
	Lève l'ancre pour une exotique nature!
	Un Ennui, désolé par les cruels espoirs,
	Croit encore à l'adieu suprême des mouchoirs!
masts	Et, peut-être, les mâts°, invitant les orages,
bends/ shipwrecks	Sont-ils de ceux qu'un vent penche° sur les naufrages°
small islands	Perdus, sans mâts, sans mâts, ni fertiles îlots°...
sailors	Mais, ô mon coeur, entends le chant des matelots°!

Planifiez et préparez-vous à écrire

1 **Stratégie: Réagir à une œuvre littéraire** Que pensez-vous du poème? Faites une liste des mots du poème associés au voyage. De quels types de voyages s'agit-il, d'après vous? Ce poème vous donne-t-il envie de «voyager»? Expliquez.

2 **Stratégie: Examiner des modèles d'écriture** Regardez ce tableau qui résume les éléments principaux du symbolisme en poésie.

Résumé des éléments principaux du symbolisme en poésie	
Valeurs	• met l'accent sur les états psychiques (le rêve, l'imagination, le fantastique) • refuse la banalité de la vie • tente de stimuler l'imagination et la sensibilité du lecteur • laisse le lecteur interpréter les images utilisées
Style	• langage fluide et musical • vers libres • abondance de mots, d'images et de symboles liés à la musique, à la nature, à l'imaginaire et aux sentiments • utilisation d'oppositions et de contrastes

3 **Stratégie: Analyser un texte**

  A. Relisez le poème en considérant ces questions et en prenant des notes.

- Comment le poème est-il organisé (nombre de strophes, de vers, etc.)?
- Comment sont le rythme (régulier, fluide, musical, etc.) et le ton (lyrique, dramatique, etc.)? Comment contribuent-ils au message de l'œuvre?
- Comment qualifieriez-vous le langage que le poète utilise? Met-il l'accent sur l'imagination?
- Quelles images, symboles ou contrastes Mallarmé utilise-t-il pour évoquer l'idée de voyage et d'évasion?
- Quels éléments poétiques symbolistes pouvez-vous identifier dans ce poème?

  B. Référez-vous au tableau de l'activité 2 et essayez de trouver des exemples des divers éléments dans le poème. Expliquez en quoi ils illustrent le symbolisme.

Écrivez

4 **Votre essai** Rédigez un essai en trois parties dans lequel vous analysez et commentez le poème. Suivez ce plan de rédaction.

- **Introduction:** Écrivez quelques courtes phrases dans lesquelles vous donnez le titre du poème et le nom de l'auteur. Décrivez aussi brièvement le style poétique et les thèmes principaux.

- **Analyse de texte:** Décrivez en détails les principales caractérisques de ce poème d'après vos notes de l'activité 3. Utilisez des exemples tirés du poème pour illustrer votre analyse.

- **Conclusion:** Rappelez brièvement les thèmes principaux du poème, puis dites quel était, à votre avis, le but de l'auteur quand il l'a écrit. Pour finir, donnez votre interprétation personnelle du poème et dites si vous pensez qu'il invite au voyage ou non en justifiant votre opinion.

Révisez et lisez

5 **Révision**   Demandez à un(e) partenaire de lire votre essai et de vous faire des suggestions pour l'améliorer. Révisez votre essai en incorporant les suggestions de votre partenaire et en faisant attention à ces éléments.

- Avez-vous respecté le plan de rédaction?
- Avez-vous bien décrit les caractérisques principales et les thèmes du poème en utilisant des exemples tirés du texte pour illustrer votre analyse?
- Avez-vous considéré tous les éléments du tableau sur le symbolisme?
- La grammaire et l'orthographe sont-elles correctes? Vérifiez bien l'emploi et les formes du subjonctif dans les propositions relatives et adverbiales.

6 **Lecture** Lisez votre essai à la classe. Vos camarades vous diront ce qu'ils pensent de votre analyse du poème.

Les voyages et les transports

«Les voyages forment la jeunesse», écrivait Michel de Montaigne (1533–1592), philosophe, moraliste et homme politique français. Par cela, il voulait dire que les voyages sont le complément naturel de l'enseignement: il ne suffit pas d'apprendre dans des livres; il faut aussi aller voir «sur place».

1 Que pensez-vous de cette idée? Répondez à ces questions.

- Pensez-vous qu'on puisse apprendre et s'épanouir en restant chez soi?
- La mondialisation et les technologies rendent-elles les voyages et la découverte du monde plus nécessaires?
- Permettent-elles de découvrir le monde et les autres sans se déplacer?

La classe va se diviser en petits groupes pour en discuter.

2 Répondez aux questions.

- Que voyez-vous sur les photos?
- Savez-vous où se trouvent ces pays? Expliquez.
- Lequel aimeriez-vous visiter? Pourquoi?
- Y a-t-il d'autres endroits dans le monde francophone que vous aimeriez voir un jour? Lesquels? Expliquez.

La France

La Belgique

La Côte d'Ivoire

3 Les groupes vont (1) réfléchir à l'influence positive des voyages sur le développement personnel et (2) réfléchir aux raisons pour lesquelles les voyages ne sont pas forcément importants dans la vie. Les étudiants utilisent des tableaux pour organiser leurs arguments. Ils doivent donner des exemples pour illustrer les différents points de vue.

Argument: Les voyages forment la jeunesse	
D'accord	**Pas d'accord**
1. découvrir le monde en personne	1. coût élevé des voyages
2.	2.
3.	3.
4.	4.
5.	5.

4 Les membres de chaque groupe discutent de leurs idées et de leurs arguments en utilisant les éléments du tableau de l'activité 3. Chaque étudiant peut aussi poser des questions supplémentaires pour mieux comprendre la position de ses camarades.

5 Après les discussions, chaque groupe doit décider si, dans l'ensemble, le groupe est d'accord avec la citation de Montaigne. Les groupes doivent aussi répondre à ces questions, en incorporant dans leurs discussions des phrases au subjonctif avec des propositions relatives et adverbiales.

> Il n'y a pas de tchat en ligne qui puisse remplacer le contact humain.

> Bien qu'il y ait des dangers imprévisibles, voyager restera toujours une activité intéressante.

> À l'avenir, on recherchera peut-être des voyages qui nous fassent découvrir d'autres planètes.

> La nouvelle façon de voyager, c'est de chercher à protéger la Terre et de découvrir d'autres cultures.

- Y a-t-il plus d'aspects positifs liés aux voyages ou plus d'aspects négatifs?
- Les voyages sont-ils réellement un complément nécessaire à l'éducation?
- Les nouvelles technologies offrent-elles vraiment des options qui rendent l'idée du voyage moins attrayante?
- En quoi le concept du voyage va-t-il évoluer à l'avenir?

La nature et l'environnement

La Terre est en danger! Que ce soit pour protéger les espèces animales en voie d'extinction ou pour combattre la pollution, il faut agir. Dans certains pays, les partis écologistes ont de plus en plus d'adhérents. Mais la protection de la nature, c'est l'affaire de tout le monde.

1. À votre avis, quelle est la plus grande menace écologique?

2. Que faites-vous pour protéger l'environnement?

3. Quelle menace écologique existe à proximité de chez vous? Quelles précautions prenez-vous face à cette menace?

Préparation Audio: Vocabulary

Vocabulaire du court métrage

des algues (f.) *algae*
une barrière de corail *coral reef*
un caillou *stone, pebble*
une canalisation *pipe*
un chantier *construction site*
une charpente de calcaire *calcium frame*
le corail (les coraux) *coral*

corallien(ne) *(of) coral*
s'épanouir *to flourish*
une espèce *species*
les fonds marins (m.) *marine environment*
plonger *to dive*
un récif *reef*
un tuyau *pipe*
une zone littorale *coastal area*

Vocabulaire utile

les déchets (m.) *waste*
un défi *challenge*
le développement durable *sustainable growth*
l'écologie (f.) *ecology*
l'exploitation minière (f.) *mining*
une loi *law*
la mondialisation *globalization*

une organisation non gouvernementale (ONG) *non-governmental organization (NGO)*
le recyclage *recycling*
une ressource naturelle *natural resource*
une usine *factory*
les Verts (m.) *green political party*

EXPRESSIONS

à ne plus en finir *with no end in sight*

C'est quelque chose qui me fait mal au ventre. *It's something that breaks my heart.*

filer sous les mains *to disappear*

partir en fumée *to go up in smoke*

le patrimoine mondial de l'Unesco *Unesco Heritage Site*

porter la lutte sur un autre terrain *to fight a different battle*

---

1 **Définitions** Associez chaque mot ou expression avec sa définition.

A

____ 1. espèce végétale qu'on trouve dans l'eau

____ 2. nager dans les fonds marins

____ 3. le gaz et le pétrole en font partie

____ 4. disparaître

____ 5. endroit où on construit quelque chose

____ 6. quelque chose qu'on doit respecter

B

a. les ressources naturelles

b. plonger

c. une algue

d. un chantier

e. partir en fumée

f. une loi

2 **Vrai ou faux?** Indiquez si ces affirmations sont vraies ou fausses. Corrigez les fausses.

1. Pour s'épanouir, les enfants ont besoin de beaucoup d'attention.

2. Il y a un récif corallien très célèbre en Australie.

3. Le recyclage contribue à l'augmentation des déchets.

4. La mondialisation est un phénomène assez récent.

5. Si on veut protéger notre planète, il faut se concentrer sur le développement durable.

6. Les Verts sont une organisation non gouvernementale.

 Practice more at **face-a-face.vhlcentral.com**.

3 **Que sais-je?** À deux, discutez de ce que vous savez déjà sur le corail en utilisant les mots du nouveau vocabulaire.

4 **Questions personnelles** Répondez aux questions.

1. D'après vous, la planète est-elle réellement en danger? Pourquoi?

2. Vous sentez-vous personnellement concerné(e) par la protection de l'environnement? Pourquoi?

3. Quels sont les problèmes les plus graves, d'après vous, en ce qui concerne l'environnement?

4. Que fait-on pour remédier à ces problèmes? Est-ce que ça suffit, à votre avis? Pourquoi?

5. Et vous, que faites-vous pour protéger l'environnement? Recyclez-vous? Utilisez-vous les transports en commun? Que faites-vous d'autre?

5 **Anticipation** Avec un(e) partenaire, observez ces images du court métrage et répondez aux questions.

Image A

• Où se passe cette scène? Que voit-on sur l'image?

• Quelle impression vous donne cette scène?

Image B

• Que voyez-vous sur cette image? Où sommes-nous, d'après vous?

• Comparez l'impression que vous avez de cette image avec celle de l'autre image.

Le Lagon
néo-calédonien

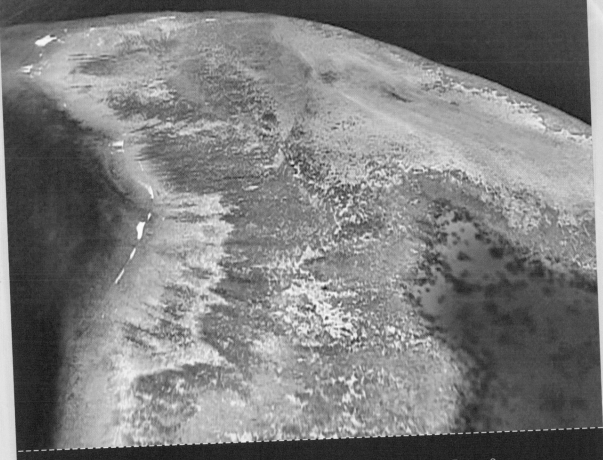

Extrait de l'émission *Vu du ciel: la mer* **Yann Arthus-Bertrand** diffusée sur France 2
Avec la participation de **Pascale Chabanet**, spécialiste des récifs coralliens,
et **Marina Kalhamu**, présidente de l'association Corail Vivant

FICHE **Durée** 9 minutes **Pays** France **Année** 2006

SCÈNES S Short Film

Narratrice C'est la deuxième plus grande barrière corallienne du monde après celle d'Australie. Les récifs de coraux font partie des écosystèmes les plus riches au monde. Environ 10.000 espèces ont été répertoriées[1] dans les récifs coralliens de Nouvelle-Calédonie.

Narratrice Mais le corail est aujourd'hui menacé et son principal ennemi, c'est l'homme. [...] Suite aux changements climatiques actuels, les eaux peuvent être anormalement chaudes pendant plusieurs semaines. [...] Le corail blanchit[2] et finit par mourir de faim.

Narratrice Pour exploiter une énorme mine de nickel, on a coupé des milliers d'arbres. Si des précautions ne sont pas prises, dès qu'il y a une grosse pluie, la terre peut être chariée[3] vers les rivières et la mer.

Pascale Chabanet On les emmène en plongée pour voir le milieu. [...] Je pense qu'une fois qu'on voit ça, une fois qu'on voit cet écosystème absolument magnifique, magique, tous ces poissons de partout, ben on a envie de le protéger; c'est quelque chose de plus réaliste.

Pascale Chabanet Ce n'est pas parce que quelque chose est beau, que quelque chose va bien, qu'il ne faut pas s'en occuper. C'est souvent plus difficile de restaurer, plus difficile de remettre en état que de s'occuper, en fait, de cette barrière tant qu'elle est en bonne santé.

Narratrice Sommes-nous condamnés à choisir entre le nickel et le corail? Entre le développement industriel et la protection de l'environnement? C'est un faux dilemme. On peut avoir l'un et l'autre, à une seule condition: raisonner en terme de développement durable [...]

[1]*classified* [2]*turns white* [3]*washed away*

Note CULTURELLE

Yann Arthus-Bertrand est un journaliste et photographe français qui travaille sur un projet intitulé *La Terre vue du ciel*. Le but de ce projet est de montrer de beaux paysages tout en faisant le bilan sur l'état de la planète. Il a donné naissance à un livre vendu à plus de 3 millions d'exemplaires. Arthus-Bertrand est aussi l'auteur de *Vu du ciel*, une série documentaire diffusée à la télévision, dont chaque épisode a pour thème un aspect de l'environnement.

À L'ÉCRAN

Le corail En regardant le court métrage, complétez ce passage.

Contrairement à ce qu'on croit, le (1) _____ n'est pas un (2) _____, mais un (3) _____ qui a besoin d'un milieu préservé pour (4) _____. Le corail ressemble à une petite (5) _____. Sa reproduction a lieu plusieurs (6) _____ par an. Comme une (7) _____ à l'envers, des milliards (8) _____ remontent à la surface et se disséminent sur le (9) _____.

Analyse

1 La barrière de corail Complétez ce tableau sur le corail à l'aide de ces mots et expressions.

les algues	multiples
animale	la nuit
couleur blanche	polype
formation d'un squelette calcaire	les récifs

Le corail	
Espèce	
Type d'organisme	
Période de reproduction	
Habitat	
Couleurs	
Développement	
Partenaires nécessaires à sa survie	
Indication de la mort	

2 Des erreurs Corrigez les mots ou groupes de mots qui sont soulignés.

1. La barrière de corail de Nouvelle-Calédonie est <u>déjà morte.</u>
2. Il y a environ <u>1.000</u> espèces de corail en Nouvelle-Calédonie.
3. Pascale Chabanet est <u>la présidente d'une association pour la protection du corail.</u>
4. Aujourd'hui, l'ennemi principal du corail, c'est <u>l'algue.</u>
5. Dans le sud de l'île, on a coupé des milliers d'arbres pour <u>construire un centre commercial.</u>
6. Marina Kalhamu a peur de l'impact des <u>écosystèmes</u> sur le lagon.

3 Questions Répondez aux questions.

1. Comment la narratrice qualifie-t-elle les récifs de coraux?
2. Quel phénomène naturel a une influence néfaste sur le milieu dans lequel vit le corail?
3. Que se passe-t-il quand les eaux deviennent trop chaudes pendant longtemps?
4. Pourquoi le nickel est-il important pour l'économie de la Nouvelle-Calédonie?
5. Pourquoi Marina Kalhamu est-elle en colère en ce qui concerne la construction d'une canalisation?
6. Pourquoi Pascale Chabanet emmène-t-elle les enfants faire de la plongée?
7. Pourquoi n'est-on pas obligé de choisir entre le développement et l'environnement?

4 **Une cause qui m'est chère** À votre avis, quel est le problème écologique le plus grave aujourd'hui? Écrivez un paragraphe dans lequel vous décrivez le problème qui vous tient le plus à cœur et suggérez des choses qu'on peut faire pour y remédier.

5 **Citation du film** À deux, lisez cette citation de Pascale Chabanet, la spécialiste des récifs coralliens. Êtes-vous d'accord avec elle? Discutez de cette idée en utilisant d'autres exemples. Ensuite, présentez vos arguments à la classe.

> «Ce n'est pas parce que quelque chose est beau, que quelque chose va bien, qu'il ne faut pas s'en occuper. C'est souvent plus difficile de restaurer, plus difficile de remettre en état que de s'occuper, en fait, de cette barrière tant qu'elle est en bonne santé.» Pascale Chabanet

6 **Prédictions** À votre avis, que va-t-il arriver à la barrière de corail de Nouvelle-Calédonie? Êtes-vous optimiste ou bien craignez-vous que les déchets toxiques finissent par la tuer? Faites des prédictions et discutez des différentes possibilités par petits groupes. Suivez ce plan pour votre discussion.

- Possibilité 1: Les futures générations vont prendre conscience de la nécessité de protéger le corail.
- Possibilité 2: L'exploitation minière va rejeter des déchets toxiques qui vont tuer le corail.
- D'autres possibilités?
- Votre conclusion: Quelle possibilité semble la plus probable?

7 **Mon documentaire** Y a-t-il un endroit ou une espèce animale menacée dans votre région? Imaginez que vous faites un court métrage à ce sujet. Préparez-en le script. Prenez le film *Le Lagon néo-calédonien* comme modèle et suivez ces indications.

- Situez votre région.
- Décrivez le lieu ou l'espèce menacée.
- Expliquez la situation actuelle.
- Décrivez ce qui arrivera si on ne traite pas le problème.
- Expliquez ce qu'on doit faire pour remédier à la situation.
- Résumez la situation et demandez à votre audience de se mobiliser.

5.1 Le passé du subjonctif

Rappel

Le subjonctif, comme l'indicatif, est un mode. Et, comme l'indicatif, le mode du subjonctif comprend différents temps: le présent qu'on a vu dans les leçons précédentes, le passé, l'imparfait et le plus-que-parfait. L'imparfait et le plus-que-parfait du subjonctif sont rarement utilisés dans le langage courant.

*Marina Kalhamu n'aime pas qu'on **ait détruit** la terre de son enfance.*

- Le passé du subjonctif est un temps composé. On forme le passé du subjonctif avec le subjonctif présent des auxiliaires **être** ou **avoir** suivi du participe passé du verbe à conjuguer.

voir	venir
que j'aie vu	que je sois venu(e)
que tu aies vu	que tu sois venu(e)
qu'il/elle/on ait vu	qu'il/elle/on soit venu(e)
que nous ayons vu	que nous soyons venu(e)s
que vous ayez vu	que vous soyez venu(e)(s)
qu'ils/elles aient vu	qu'ils/elles soient venu(e)s

- Les règles d'accord du participe passé sont les mêmes au passé du subjonctif qu'au passé composé.

> *Je doute que la saison des pluies soit déjà **passée**.*
> *Les plus vieux arbres de la forêt? Je ne pense pas qu'ils les aient **coupés**.*

- On utilise le passé du subjonctif quand l'action du verbe au subjonctif se situe avant celui de la principale. Le verbe de la principale peut être soit au présent, à l'imparfait ou au passé composé.

> *Je suis désolée que tu **sois** malade.* (Tu es malade maintenant.)
> *Je suis désolée que tu **aies été** malade.* (Tu étais malade, mais tu ne l'es pas maintenant.)
> *Pascale Chabanet regrette que l'extraction minière **ait fragilisé** le sol.*

Récapitulation des différents emplois du subjonctif

- On emploie le subjonctif dans les propositions substantives après des verbes qui expriment des sentiments tels que la volonté, le désir, l'ordre, la défense et certains verbes impersonnels.

> *Je suis triste que tu n'**aies** pas **pu** venir en vacances avec nous.*
> *Je doute qu'ils **aient pensé** à prendre toutes les précautions en cas d'inondation.*
> *Nous craignions que vous **vous soyez perdus**.*
> *Pensez-vous qu'il m'**ait rapporté** un petit souvenir?*
> *Ils ne pensent pas qu'elle **soit** déjà **arrivée.***

> *Il est bon que les coraux néo-calédoniens* **aient survécu** *jusqu'à présent.*

- On emploie le subjonctif dans une proposition relative dans les cas suivants.

On emploie le subjonctif quand la proposition relative...	
suit un superlatif ou une expression équivalente à un superlatif.	*Ce sont les plus beaux parcs naturels que nous **ayons visités.***
exprime un désir, une intention, un but.	*Ils cherchent un guide qui **ait** déjà **fait** cette excursion.*
suit une proposition principale négative, interrogative ou qui exprime un doute.	*Vous ne trouvez aucun randonneur qui **soit entré** dans le bois hier?*
dépend d'une proposition qui est déjà au subjonctif.	*Il est impossible que vous **ayez pris** le seul sentier qui **soit** ouvert.*

- On emploie le subjonctif dans les propositions adverbiales après certaines conjonctions.

> *Le guide nous a tout expliqué **bien que** nous ne lui **ayons posé** aucune question.*
> *Cédric nous a accompagnés **malgré qu'**il n'ait pas bien dormi la nuit dernière.*

> *L'État français a injecté 250 millions d'euros dans l'usine **sans que** les défenseurs du lagon **aient pu** l'en empêcher.*

Mise en pratique

1 **Une catastrophe naturelle** Hamid et son copain Romain discutent d'un incendie de forêt qui a ravagé leur région. Mettez les verbes entre parenthèses au passé du subjonctif.

HAMID   Tu as lu les journaux? Tu ne penses pas que les médias (1) _____ (exagérer) l'ampleur de la catastrophe?

ROMAIN   Au contraire, je doute qu'on nous (2) _____ (dire) tout ce qui s'était réellement passé. Je crains que les secours (3) _____ (ne pas arriver) à temps pour sauver certaines personnes!

HAMID   Mais ils avaient pourtant prévenu les gens qu'il y avait des risques d'incendie dus à une trop grande sécheresse. La population devait en principe être hors de danger... à moins que les habitants (4) _____ (ne pas avoir) le temps d'évacuer les lieux.

ROMAIN   En tout cas, je regrette que tout cela (5) _____ (se passer)! C'est vraiment la plus grosse catastrophe naturelle que la région (6) _____ (connaître) ces dernières années.

2 **Sont-ils écolos?** Plusieurs de vos amis ont décidé de protéger l'environnement, mais d'autres ne sont pas encore de vrais écolos. Réagissez en utilisant diverses expressions de regret, de joie, d'étonnement ou de colère.

Modèle   Mégane a vendu sa voiture de sport.
Je suis étonné(e) qu'elle ne l'ait pas vendue plus tôt!

1. Les parents de Matthieu lui ont offert une voiture hybride.
2. Julie a dépensé une fortune pour faire installer des panneaux solaires.
3. Albin a oublié d'éteindre les lumières chez lui avant de partir en week-end.
4. Yasmina n'a pas voulu abandonner l'utilisation de pesticides pour avoir de jolies fleurs dans son jardin.
5. Thomas et Tariq ont échangé leurs motos pour des vélos.
6. Patricia a pris l'habitude de prendre le bus pour aller travailler.
7. Éric et Isabelle sont devenus membres d'un parti écolo.
8. Loïc a signé une pétition pour sauver les espèces animales en voie de disparition.
9. Au bureau, Sylvain a refusé de participer au recyclage des canettes d'aluminium.
10. Alain a planté des légumes dans son jardin.

Communication

3 **Votre avis** Posez des questions à votre partenaire pour connaître son avis sur les grands problèmes écologiques actuels.

> Modèle   la plus grande catastrophe naturelle (la Terre / connaître)
> —**Quelle est la plus grande catastrophe naturelle que la Terre ait connue?**
> —**La plus grande catastrophe naturelle que la Terre ait connue, c'est le raz-de-marée de 2004.**

1. Les progrès les plus importants (on / faire) récemment pour lutter contre la pollution
2. La ressource naturelle la plus précieuse (les hommes / surexploiter)
3. La décision la plus importante (le gouvernement / prendre) pour éviter le gaspillage
4. Le document le plus controversé (les pays / signer) pour lutter contre les émissions de gaz à effet de serre
5. La solution la plus intelligente (les scientifiques / inventer) pour économiser l'énergie
6. Le meilleur moyen de protéger les espèces en voie d'extinction (on / trouver)
7. La principale cause de pollution (les hommes / avoir à combattre) ces dernières années
8. Les dommages les plus évidents (le réchauffement planétaire / causer)

4 **Nouvelles alarmantes** Avec un(e) partenaire, vous écoutez les informations à la radio et les nouvelles sont alarmantes. Vous n'êtes pas trop inquiet/inquiète mais votre partenaire est pessimiste. Créez une conversation en choisissant un des sujets donnés. Jouez cette scène devant la classe.

déforestation	**inondation**
disparition de la calotte glaciaire (*icecap*)	**marée noire**
disparition des abeilles	**raz-de-marée** (*tidal wave*)
éruption	**tremblement de terre**
glissement de terrain	**vague de chaleur**

> Modèle   vague de chaleur
> —**Tu as entendu? Il y a une vague de chaleur sur le pays. Il a fait 70 degrés dans le sud hier!**
> —**Je doute qu'il ait fait 70 degrés dans le sud.**
> —**Moi, ça ne m'étonnerait pas qu'il ait fait 70 degrés à cause du réchauffement climatique!**

5 **Une grosse tempête** Il y a eu une grosse tempête qui a fait beaucoup de dégâts. Vous avez eu plus de chance que votre partenaire. Créez une conversation dans laquelle vous racontez ce qui vous est arrivé. Utilisez des conjonctions dans votre dialogue.

> Modèle   —**La grêle n'a pas fait de dégâts malgré que nous ayons oublié de rentrer la voiture dans le garage.**
> —**Tu as eu de la chance ! Nous avons eu des dégâts bien que nous ayons fermé toutes les fenêtres! La grêle a cassé plusieurs vitres.**

Note CULTURELLE

En France, comme dans la plupart des pays, on utilise l'échelle Celsius pour mesurer la température. L'unité de cette échelle est le degré Celsius. Pour convertir les degrés Celsius en degrés Fahrenheit, il faut multiplier la température par $\frac{9}{5}$ et ajouter 32 au résultat. Pour convertir les degrés Fahrenheit en degrés Celsius, il faut soustraire 32 de la température et multiplier le résultat par $\frac{5}{9}$.

 Practice more at **face-a-face.vhlcentral.com.**

5.2 La voix passive

Rappel

La voix active et la voix passive sont deux façons différentes de construire des phrases.
À la voix active, le sujet fait l'action. À la voix passive, le sujet subit (*is subjected to*) l'action.

—*Environ dix mille espèces **ont été répertoriées** dans les récifs coralliens de Nouvelle-Calédonie.*

- Pour former la voix passive, on utilise le verbe **être** suivi du participe passé du verbe. C'est la forme du verbe **être** qui indique le temps utilisé: le présent, le passé composé, l'imparfait, le futur, etc. Le participe passé s'accorde en genre et en nombre avec le sujet du verbe.

Voix active	Voix passive
*On **plante** des arbres tous les ans.*	*Des arbres **sont plantés** tous les ans.*
*L'inondation ne **menaçait** pas mon quartier.*	*Mon quartier n'**était** pas **menacé** par l'inondation.*
*Un incendie **a détruit** leur maison.*	*Leur maison **a été détruite** par un incendie.*

- Seuls les verbes qui peuvent avoir un complément d'objet direct peuvent être utilisés à la voix passive. Le complément du verbe actif devient le sujet du verbe passif. Le sujet du verbe actif devient le complément d'agent du verbe passif. Ce complément d'agent est introduit par la préposition **par** ou **de**.

Un tremblement de terre sujet	*a détruit* verbe actif	*ce village.* complément objet direct
Ce village sujet	*a été détruit* verbe passif	***par** un tremblement de terre.* complément d'agent
Les touristes sujet	*apprécient* verbe actif	*cet endroit.* complément objet direct
Cet endroit sujet	*est apprécié* verbe passif	***des** touristes.* complément d'agent

Coup de main

On emploie la préposition **de** plutôt que **par** après des verbes qui expriment un sentiment ou une émotion.

*Cette patronne était crainte **de** tous ses employés.*

*Il est aimé **du** peuple.*

*Toutes les barrières coralliennes du monde **sont frappées par** cette mort blanche.*

• Dans certains cas, on ne précise pas qui fait l'action. Dans ces cas-là, il n'y a pas de complément d'agent.

> *Ce parc **a été inauguré** il y a deux ans.*

*Sous l'effet du stress, les algues qui nourrissent le polype **sont expulsées**.*

• Quand le pronom **on** est le sujet du verbe à la voix active, ce pronom n'apparaît pas comme complément d'agent dans la phrase à la voix passive.

> ***On a créé** une réserve naturelle.*
> *Une réserve naturelle **a été créée.***

• En français, on utilise plus souvent la voix active que la voix passive. Pour éviter la voix passive dans une phrase sans complément d'agent, on peut soit utiliser le pronom **on**, soit utiliser une construction pronominale avec **se**.

> *L'aluminium **est** facilement **recyclé.***
> ***On recycle** facilement l'aluminium.*
> *L'aluminium **se recycle** facilement.*

*—Pour exploiter une énorme mine de nickel, **on a coupé des milliers d'arbres**.*

• Il y a des cas où la transformation de la voix active à la voix passive ne peut pas se faire. C'est le cas des verbes intransitifs, des verbes pronominaux et des verbes qui demandent un complément d'objet indirect. C'est aussi le cas quand le verbe de la phrase est le verbe **avoir** ou le verbe **être** suivi d'un attribut.

> *Les plages **appartiennent** aux habitants de la région.*
> *Cette réserve **a** une surface de 30.000 hectares.*

Mise en pratique

 1

Préservons la nature Dites si les phrases sont à la voix active ou à la voix passive.

1. De nos jours, le papier et l'aluminium se recyclent régulièrement.
2. On ne doit pas gaspiller les ressources naturelles.
3. L'énergie solaire est de plus en plus utilisée.
4. On ne devrait pas polluer.
5. On doit respecter l'habitat des animaux en voie de disparition.
6. Le trafic des animaux exotiques n'est plus permis dans beaucoup de pays.
7. La nature est protégée par des lois plus strictes.
8. Les ressources naturelles se raréfient.
9. Les pesticides ne sont pas utilisés dans les produits biologiques.
10. Ces mesures seront appréciées de tous les habitants de la région.

 2

Un incendie À la radio, on parle d'un incendie qui a eu lieu dans la région. Formez des phrases avec les éléments donnés. Mettez les verbes à la voix passive au temps ou au mode indiqué entre parenthèses.

> Modèle la semaine dernière, une période de sécheresse / annoncer (passé composé)
> **La semaine dernière, une période de sécheresse a été annoncée.**

1. il y a quelques jours, un feu de forêt / allumer / par des campeurs imprudents (passé composé)
2. en début de semaine, tout un village / détruire / par l'incendie (passé composé)
3. les blessés / amener / dans plusieurs hôpitaux de la région (passé composé)
4. tous les habitants / évacuer (passé composé)
5. à l'heure actuelle, le feu / combattre / par des dizaines de pompiers (présent de l'indicatif)
6. demain, des canadairs (*airtankers*) / envoyer / pour aider à maîtriser le feu (futur)
7. le week-end prochain, de l'argent / collecter / pour aider les victimes (futur)
8. il faut que des précautions / prendre / pour que ce genre d'accident ne se reproduise plus (présent du subjonctif)
9. chaque été, des milliers d'hectares de forêts / détruire / par des incendies (présent de l'indicatif)
10. tous les ans, la vie de centaines de personnes / mettre en danger / par la négligence de quelques-uns (présent de l'indicatif)

 Practice more at **face-a-face.vhlcentral.com**.

Communication

3 **Quelle aventure!** Vous et votre partenaire êtes allé(e)s camper chacun de votre côté, mais vous avez tou(te)s les deux vécu catastrophe sur catastrophe. Inspirez-vous de ces éléments pour vous raconter ce qui vous est arrivé. Utilisez la voix passive.

> Modèle **—Notre campement a été complètement enseveli par un glissement de terrain.**
> **—Les plages ont été recouvertes par une marée noire.**

le campement	abîmer	une éruption
l'équipement de camping	brûler	une coulée de lave
l'hôtel	détruire	un glissement de terrain
les plages	emporter	un incendie
les routes	endommager	une inondation
la tente	ensevelir (*to bury*)	une marée noire
la voiture	recouvrir	un ouragan

4 **Expérience personnelle** Avec un(e) partenaire, posez-vous des questions pour savoir si vous, ou quelqu'un que vous connaissez, avez déjà été victimes des forces de la nature.

> Modèle saccager / une tornade
> **—Est-ce que la région où tu habites a été saccagée par une tornade?**
> **—Non, mais la région où habite ma tante a été saccagée par une tornade il y a deux ans.**

1. endommager / des intempéries (*bad weather*)
2. abîmer / la grêle
3. couper / un orage
4. déraciner (*uproot*) / un orage
5. emporter / le vent
6. frapper / la foudre

5 **Visite guidée** Vous faites un safari-photo dans une réserve naturelle en Afrique de l'Ouest. Votre partenaire est votre guide. Créez une conversation dans laquelle vous lui posez quatre questions en utilisant la voix passive.

> Modèle **—Quand ce parc a-t-il été créé?**
> **—Il a été créé en...**

**Note
CULTURELLE**

Le parc du Niokolo-Koba est le plus grand parc national du Sénégal. Il est situé au sud-est de Dakar. Il a été créé en 1954 et est inscrit au patrimoine mondial de l'UNESCO depuis 1981. C'est une réserve où l'on peut voir plus de 70 espèces de mammifères, notamment des lions, des hippopotames et même quelques éléphants.

Préparation  Audio: Vocabulary

Vocabulaire de la lecture	**Vocabulaire utile**
une baisse *drop*	des déchets (m.) *waste material*
une chute *fall*	une déchetterie *recycling site*
des dégâts (m.) *damage*	l'effet (m.) de serre *greenhouse effect*
s'écraser *to crash*	empêcher *to prevent*
émettre *to produce, to emit*	gaspiller *to squander*
entraîner *to cause*	une hausse *increase*
une faille *flaw*	un panneau solaire *solar panel*
un pot d'échappement *exhaust pipe*	ramasser *to pick up*
prétendre *to claim*	
prévoir *to predict, to plan*	
le réchauffement *warming*	

1 **Phrases à trous** Complétez ces phrases avec les formes correctes des mots et des expressions du nouveau vocabulaire.

1. L'alpiniste a perdu l'équilibre et a fait une _____ de 100 mètres dans le vide.

2. Ta voiture fume beaucoup. Tu dois remplacer le _____.

3. Le parc _____ un projet spécial pour l'année prochaine qui protégera sa faune.

4. Les ressources naturelles manquent aujourd'hui parce qu'on les a _____ trop vite.

5. Le projet ne marchera jamais parce qu'il a trop de _____ dans son organisation.

6. Les _____ réduiront la consommation d'électricité en utilisant l'énergie du soleil.

7. L'avion a eu un problème mécanique et il s'est _____ dans un champ.

8. La centrale _____ des gaz dangereux qui tuent la flore.

2 **La protection de l'environnement** À deux, répondez aux questions. Ensuite, échangez vos opinions avec la classe.

1. Qu'est-ce qui cause le réchauffement de la Terre?

2. Comment voudriez-vous participer à la protection de la planète? Recyclez-vous les objets en plastique, en verre, en papier ou en carton (*cardboard*)?

3. Quelles sont les conséquences du réchauffement de la Terre sur l'environnement? sur la santé des êtres humains et des animaux?

4. Pensez-vous qu'il faudrait construire des voitures qui consomment moins d'essence? Pourquoi? Comment ces voitures marcheraient-elles?

3 **Cinq décisions** Vous organisez une association pour la protection de l'environnement. Par groupes de trois, préparez une liste des cinq décisions que vous prendriez pour diminuer la consommation d'énergies fossiles et la quantité de déchets.

Practice more at **face-a-face.vhlcentral.com**.

Sur le
réchauffement
planétaire

On nous répète sans cesse que le réchauffement global de notre planète est dû à l'activité humaine. Et si finalement, l'Homme n'en était pas responsable? Analyse qui démolit les arguments bien pensants des alter-écologistes.

D'abord, des scientifiques nous disent que les eaux vont monter de plusieurs mètres, avant de revoir leurs estimations à la baisse (ce serait 88 centimètres,

[... il serait intéressant de se poser les bonnes questions.]

aux dernières nouvelles). Les mêmes nous disent que les températures vont monter de 6 degrés d'ici 2050. J'ai beau ne pas avoir° fait huit années d'études scientifiques, je vois des failles dans le raisonnement.

Even though I did not

Après tout, il pourrait se passer n'importe quoi d'ici 2050. Une météorite peut s'écraser et tout bouleverser°. Le super volcan Yellowstone peut entrer en éruption, et entraîner par ricochet, comme certains le prévoient, une chute de dix degrés au niveau mondial. Ensuite, comment peut-on prétendre que les seuls gaz émis par les pots d'échappement des voitures, ou encore de certaines usines, sont responsables d'un réchauffement global? On n'y pense pas assez, mais les volcans, par leurs éruptions, font beaucoup plus de dégâts question réchauffement que la pollution automobile.

disrupt

Enfin, on pourrait se pencher° sur l'évolution de notre planète depuis son existence (je sais, il faut remonter° assez loin). Il y a eu des glaciations, responsables, pour certains, de la disparition des dinosaures, un réchauffement qui aurait entraîné, pour d'autres, la vraie disparition des dinosaures, qui, errant° dans de véritables déserts, seraient morts de faim et de soif. Je pourrais aussi citer le déluge qui a entraîné la formation des océans. Tout cela s'est produit bien avant que

examine

go back

roaming

l'homme n'apparaisse. Tout cela était d'origine naturelle et non humaine. Bien sûr, l'homme peut avoir aussi une part de responsabilité: il fut un temps où le Sahara était une région fertile, verdoyante, qui est devenue un véritable désert en raison d'une déforestation intense. Nous avons connu, très récemment (au niveau d'un millénaire°, c'est très récent) une petite glaciation, qui avait fait, pour l'anecdote, de la Manche° un véritable bloc de glace compact. Bien entendu, depuis la Terre s'est réchauffée, les températures sont remontées. La question est: certes, depuis deux cents ans, il y a bien eu un réchauffement, mais est-ce qu'il s'est produit en réaction à cette mini période glaciaire? Serait-ce cyclique?

millennium

English Cha

Le problème, c'est que les organisations internationales, au lieu de privilégier la diversité des opinions scientifiques, préfèrent favoriser uniquement ceux qui pensent que la Terre se réchauffe à cause de l'activité humaine. Du coup°, les scientifiques minoritaires sont obligés de se faire financer par des entreprises, n'ayant pas le choix, puisque les organisations internationales ne leur donnent rien pour les aider dans leurs travaux. Alors après, sont-ils objectifs? Je ne suis pas en train de vous dire que ceux-ci ont raison contre les autres. Mais qu'il serait intéressant de se poser les bonnes questions.

As a result

Il fut un temps où tout le monde était convaincu que la Terre était plate° et que la Terre était au centre du système solaire, que les planètes tournaient autour. Ceux qui pensaient le contraire ont été persécutés. Aujourd'hui, tout le monde sait qu'ils avaient raison.

flat

Qui sait? ■

www.contrepoints.org

Analyse

1

Compréhension Indiquez si ces phrases sont vraies ou fausses. Corrigez les fausses.

1. Il est certain que les êtres humains causent le réchauffement de la planète.
2. Le raisonnement des scientifiques explique logiquement ce qui va se passer à cause du réchauffement planétaire.
3. Certaines catastrophes naturelles peuvent entraîner des baisses et des hausses de température.
4. Le réchauffement de la planète est un phénomène cyclique qui a lieu tous les siècles.
5. Les océans se sont formés à la suite de pluies diluviennes (*torrential*).
6. Le Sahara est une région où l'on peut cultiver des fruits et des légumes de toutes sortes.
7. La Manche n'a jamais gelé (*frozen*).
8. Les scientifiques ne favorisent pas la diversité des opinions sur la cause du réchauffement planétaire.

2

Questions d'opinion À deux, décidez si chaque phrase représente l'opinion des scientifiques ou de l'auteur. Écrivez **Oui** ou **Non** dans les colonnes.

Opinions	Scientifiques	Auteur de l'article
1. L'homme n'est pas seul responsable du réchauffement.		
2. Les températures vont en augmentant.		
3. On peut prévoir l'avenir.		
4. Les éruptions volcaniques contribuent plus au réchauffement que les gaz émis par les voitures.		
5. L'évolution de la planète a causé des changements naturels.		
6. Les scientifiques sont objectifs.		
7. La déforestation contribue au réchauffement.		

3

Nouveau débat À deux, résumez ce que l'auteur propose de faire pour étudier les causes du réchauffement planétaire. Faites une liste d'autres idées qu'il pourrait proposer pour engager un débat sur les méthodes permettant d'empêcher le réchauffement et présentez-les à la classe.

4

Composition Écrivez un article de journal pour alerter votre communauté sur la dégradation des parcs dans votre région. Décrivez les déchets trouvés dans ces parcs puis faites une liste de recommandations pour résoudre le problème. Faites des phrases au subjonctif avec ces expressions.

- il faut que...
- la commune demande que...
- il est important que...
- il est essentiel que...
- il est regrettable que...
- c'est dommage que...

 Practice more at **face-a-face.vhlcentral.com.**

Préparation Audio: Vocabulary

À propos de l'auteur

Romancière et auteure de nouvelles, d'essais, de critiques littéraires et de recueils de textes, Leïla Sebbar est née le 19 novembre 1941 à Aflou, en Algérie, d'un père algérien et d'une mère française. Leïla Sebbar fait une année en classe préparatoire au lycée puis quitte l'Algérie en 1961. Elle poursuit des études supérieures de lettres à l'université d'Aix-en-Provence, où elle passe deux années. Diplômée de l'éducation nationale, elle devient professeur de lettres. Elle est peut-être plus connue pour son roman *Shérazade, 17 ans, brune, frisée, les yeux verts* (1982), qui raconte l'histoire d'une jeune Algérienne déracinée qui erre (*wanders*) dans Paris. Son dernier roman, *Mon cher fils* (2008), décrit la vie d'un ancien ouvrier algérien qui retourne vivre à Alger.

Vocabulaire de la lecture

un(e) avocat(e) *lawyer*
se battre *to fight*
le bien *good*
le Petit Chaperon rouge *Little Red Riding Hood*
un conte *tale*
une coutume *custom*
déplacé(e) *moved*
en chair et en os *in person*

interdit(e) *forbidden*
un(e) ogre/ogresse *ogre*
un poupon *baby doll*
une pouponnière *day care center*
un(e) rouquin(e) *redhead*
roux/rousse *red-haired*
un sourire *smile*
une tourterelle *turtle dove*

Vocabulaire utile

abattre *to cut down*
un atelier clandestin *sweat shop*
le bétail *cattle*
élire *to elect*
en voie d'extinction *endangered*
la faune et la flore *wildlife*
une grève *strike*
guérir *to cure*

une hormone de croissance *growth hormone*
une manifestation *demonstration*
militer *to campaign*
l'ombre (f.) *shade*
des produits (m.) biologiques *organic produce*

1 **Définitions** Donnez le mot ou l'expression du nouveau vocabulaire qui correspond le mieux à chaque définition.

1. C'est une personne qui défend les criminels ou leurs victimes: _____

2. C'est une expression qu'on utilise pour dire qu'une personne est vivante: _____

3. Les parents laissent leurs très jeunes enfants dans cet endroit où des éducateurs s'occupent d'eux toute la journée: _____

4. Cet oiseau symbolise l'amour: _____

5. On en donne beaucoup au bétail pour qu'il grossisse plus vite: _____

2 **L'activisme** À deux, répondez à ces questions. Puis échangez vos idées avec la classe.

1. Combien de partis politiques y a-t-il dans ce pays? Ces partis représentent-ils bien les opinions de la population? Expliquez.

2. Existe-t-il un parti écologique ici? Existe-t-il des associations ou des fondations qui s'occupent de la protection de l'environnement? Lesquelles?

3. Comment la population d'un pays ou d'une ville exprime-t-elle son désaccord avec les décisions du gouvernement? d'une compagnie?

4. Quels moyens le gouvernement emploie-t-il pour arrêter les manifestations?

3 **Les produits naturels** Par petits groupes, choisissez pour chaque produit naturel les lettres qui correspondent à ses qualités. Ensuite, comparez vos opinions avec celles d'un autre groupe.

Produits naturels	Qualités
• Les arbres • Les plantes • Les légumes	a. Embellir b. Guérir des maladies c. Construire une maison d. Faire la cuisine e. Nourrir les êtres humains et les animaux f. Faire des vêtements g. Se chauffer h. Produire de l'oxygène i. Donner de l'ombre j. Colorer des vêtements ou autre

4 **Dialogue** À deux, préparez un dialogue entre un(e) étudiant(e) et un ingénieur de l'Office national des forêts. L'étudiant(e) présente d'abord l'état de détérioration du patrimoine écologique de la région puis pose des questions sur les projets de conservation. L'ingénieur explique comment l'office augmentera les espaces verts et les gardera propres.

5 **En voie d'extinction** L'ingénieur de l'Office national des forêts explique que le deuxième projet sera de réintroduire une espèce animale disparue. Par groupes de trois, choisissez une espèce qui a disparu de votre région ou qui est en voie d'extinction. Puis expliquez pourquoi et comment il faut la réintroduire.

- la chouette (*owl*)
- le crapaud (*toad*)
- le tatou (*armadillo*)
- le renard
- le lièvre (*jack rabbit*)
- le faisan (*pheasant*)

Celle qui aimait les arbres

ET LE ROUQUIN DE NANTERRE

Leïla Sebbar

1 Elle était petite, sept ans peut-être. Sa mère avait dit, voyant
son visage rond, il ressemblait à son poupon en celluloïd,
les mêmes yeux bleus, le même sourire heureux: «Mais c'est
lui! Je l'ai vu à Nanterre, c'est lui! Il parle aux étudiants, on
5 l'écoute, il appelle à la révolte... Pourquoi? Je ne sais pas».

Dans les journaux ses yeux étaient très bleus, ses cheveux presque
roux. On ne l'entendait pas, mais c'est comme s'il parlait.

Elle se rappelle les mots de sa mère. La révolte, elle sait
aujourd'hui qu'on l'a appelée «Mai 68».

10 Elle avait sept ans, environ. Sa grand-mère racontait la forêt de sa
montagne, et les ogresses voraces qui guettent° les enfants petits. Elle
est allée dans la forêt, jamais seule, toujours avec la grand-mère, dans
ses histoires. Parce que la forêt, ici... Elle ne connaît pas les arbres, où
sont les arbres? Elle a lu, avec sa mère, le conte de la petite fille au
15 chaperon rouge, seule dans la forêt, elle n'a pas peur. La forêt est belle.

lie in wait for

Elle avait vingt-cinq ans. Ses études en Allemagne, la forêt noire, ses premiers arbres, des vrais. Des hommes auraient pu vivre dans leurs branches. Dans la ville allemande, elle entend le nom de celui qui appelait à la révolte. C'est lui. Le même. Elle le voit à la
20 télévision. Il ressemble au poupon qu'elle a perdu. Il travaille dans une pouponnière, c'est ce qu'on dit.

Elle aime les arbres.

Chez les Verts, des hommes, des femmes qui disent qu'ils pensent l'avenir de la terre, des enfants. Ils parlent du ciel et de l'eau, des
animals 25 arbres et des bêtes°. Elle raconte la forêt imaginaire de l'enfance et les ogresses. On lui dit que les ogresses sont des ogres qui dévorent les arbres et les petits des hommes et des femmes. Ils se battent contre ces ogres européens. Elle se bat avec eux. Elle écrit à sa mère que le Rouquin de Nanterre, elle le connaît, en chair et en os. Ensemble ils
travel all over 30 parcourent° le pays, ils traversent les forêts et les rivières, ils écrivent
travel journal un carnet de route°, un carnet de la terre et de l'eau, des bois et des champs. Ils parlent avec les paysans, les chasseurs, les ingénieurs.

En France, elle retrouve les Verts. Sa grand-mère est morte. Sa mère a oublié les contes de l'enfance. Elle non. Ingénieur des Eaux
35 et Forêts... Sa mère la voulait médecin ou avocate. Elle monte à cheval comme un homme, jamais à la maison... Elle ne suivra pas la coutume des femmes de la montagne algérienne, un mari, des enfants, une belle maison propre... Déplacée d'un pays à l'autre, à travers l'Europe... qu'est-ce qu'elle fait? Sa mère ne croit pas que son
40 travail est un métier: «Tu te promènes, tu vas à cheval dans les forêts, tu regardes des cartes et des plans, tu parles avec des hommes et des femmes de la politique... à quoi ça sert? Je comprends rien. Tu fais tout ça pour qui? Des enfants, tu en as pas, un mari...» Sa fille lui dit qu'elle sera député européen... «Et celui de mai 68, à Nanterre, tu
45 l'as retrouvé, l'Allemagne, la France, les Verts... Tout ça... Peut-être que c'est lui... Peut-être que tu l'aimes, peut-être qu'il sera ton mari, le père de tes enfants...» La fille rit: «La polygamie en Europe, c'est interdit, tu le sais, non?» «Alors, ma fille, les enfants? Ce que tu fais c'est bien, ma fille, c'est bien... Depuis le village de la montagne, pas
moutain range in Algeria 50 d'eau, pas d'électricité, le Djurdjura°, c'est loin jusqu'à Nanterre, la France, c'est toi, tu es née dans la cité, bientôt tu seras à Bruxelles, c'est bien. Mais les enfants. Tu veux les arbres et l'eau claire du village pour qui? Ma fille, pour qui?» «Pour toi, maman, et pour tous les autres, tu verras. Et quand tu reviendras au pays, comme tu dis,
55 c'est toi qui diras que les arbres et les tourterelles, c'est beau, qu'il ne faut pas couper et chasser n'importe comment. Tu verras, tu feras le mouvement des Verts en Algérie... Le vert, la couleur du bien... C'est toi qui me l'as dit, je te crois.»

La mère dit qu'il faut aimer les arbres, les tourterelles et l'eau
60 claire des rivières et que si sa fille croit ce qu'elle dit, elle sera un grand président européen... avec beaucoup d'enfants que les ogresses ne mangeront pas. ■

Analyse

1 **Qui fait quoi?** Associez chaque action du récit avec son personnage.

Actions dans le récit

___ 1. Raconter des contes pour enfants

___ 2. Devenir député européen et travailler à Bruxelles

___ 3. Devenir ingénieur des Eaux et Forêts

___ 4. Retourner vivre en Algérie

___ 5. Travailler pour les Verts

___ 6. Avoir sept ans à l'époque de Mai 68

___ 7. Travailler dans une pouponnière

___ 8. Faire des études en Allemagne

Personnages

a. la jeune femme

b. la mère

c. la grand-mère

d. l'ancien activiste de Nanterre

2 **Bagage culturel** Décidez si chaque phrase est vraie ou fausse. Corrigez les fausses.

1. La mère refusait de parler de l'ancien activiste de Nanterre.

2. La grand-mère disait qu'il ne fallait pas aller dans la forêt.

3. La jeune femme a vu ses premiers vrais arbres en Allemagne.

4. La jeune femme parle à la télévision allemande de l'ancien activiste de Nanterre.

5. Elle milite avec l'ancien activiste de Nanterre pour la protection de l'environnement.

6. Elle continue son travail écologique en France au lieu de se marier.

7. La mère est d'accord avec les ambitions politiques de sa fille et va l'aider à fonder un mouvement écologique en Algérie.

8. La mère a appris à sa fille à aimer et à protéger la nature.

3 **Phrases incomplètes** Complétez ces phrases avec le mot qui convient.

1. Ce récit montre l'influence bénéfique des _____ sur les enfants.

   a. poupons   b. grèves   c. contes

2. Ce récit est basé sur l'histoire vraie d'un personnage politique connu pour les révoltes auxquelles il a participé _____.

   a. en Allemagne   b. à Nanterre   c. en Algérie

3. Le personnage masculin du récit est reconnaissable grâce à _____.

   a. son chaperon rouge   b. sa voix   c. son sourire

4. Le personnage principal du récit est très dynamique car elle _____ pour la cause écologique .

   a. se bat   b. rit   c. mange les enfants

5. L'ancien activiste de Nanterre n'est pas un poupon mais une personne _____ que la jeune femme a rencontrée un jour.

   a. imaginée   b. vorace   c. en chair et en os

 Practice more at **face-a-face.vhlcentral.com.**

4 **Profil judiciaire** Choisissez les détails physiques ou les actions qui permettraient de créer le profil judiciaire du Rouquin de Nanterre. Ensuite, à deux, utilisez les éléments choisis pour résumer sa vie et son travail.

Habite en Kabylie	
A les cheveux roux	
Porte un vêtement rouge	
A les yeux bleus	
Travaille dans le Djurdjura	
Milite pour les Verts en Algérie	
Vit en Allemagne	
Ressemble à un poupon	
Aime les ogres	
A vécu à Nanterre	
Manifestait en Mai 68	

5 **Sketch** À deux, préparez un dialogue entre la jeune femme et sa grand-mère à propos du Rouquin de Nanterre. La jeune femme est enthousiasmée à l'idée de travailler avec lui pour protéger l'environnement. Par contre, la grand-mère la met en garde (*warns*) car son action politique en Mai 68 a contribué au bouleversement (*upheaval*) de la société française. Jouez votre dialogue devant la classe.

6 **Composition** La mère de la jeune femme est rentrée en Algérie. Rédigez l'e-mail qu'elle envoie à sa fille pour décrire le programme écologique qu'elle établit dans le parc national du Djurdjura. Elle lui explique qu'elle travaille avec un vétérinaire et apprend à s'occuper des animaux abandonnés. Elle termine la lettre en annonçant son futur projet de protéger les plantes rares du parc.

blessé(e)	**s'occuper de**
le volontariat (*volunteer work*)	**recueillir** (*to take in*)
nourrir (*to feed*)	**soigner**

Préparation Audio: Vocabulary

À propos de l'auteur

David Ratte est né en 1970 à Besançon et vit aujourd'hui dans le sud de la France. Il a d'abord travaillé dans la métallurgie avant de se lancer dans la bande dessinée. Il est l'auteur des bandes dessinées *Toxic Planet* et *Le Voyage des Pères*. Le premier volume de *Toxic Planet* porte le titre ironique de «Milieu naturel». Tous les personnages portent un masque à gaz car ils vivent dans un milieu pollué comme si c'était un état naturel. Cette série traite avec humour de problèmes écologiques, du nucléaire et de la pollution. Ratte, dont le but est de montrer les réactions humaines aux problèmes quotidiens, réalise lui-même le scénario et les dessins de ses bandes dessinées.

Vocabulaire de la bande dessinée	**Vocabulaire utile**	
un cauchemar *nightmare*	agenouillé(e) *kneeling*	un(e) ouvrier/ouvrière *factory worker*
en sueur *sweating*	un casque *helmet*	un papillon *butterfly*
frémir *to shudder*	la fumée *smoke*	respirer *to breathe*
on a beau dire tout ce qu'on voudra *no matter what anyone says*	un masque à gaz *gas mask*	une salopette *overalls*
quand même *still*	nocif/nocive *harmful*	verdoyant(e) *lush*
le secours *help, aid*		

1 **La pollution** Par petits groupes, répondez aux questions.

1. Qu'est-ce qui pollue l'atmosphère? Donnez des exemples.

2. Quel objet les êtres humains inventeraient-ils s'il n'y avait plus d'oxygène sur terre?

3. Que faut-il faire pour protéger les ressources naturelles?

4. Quelles sont les conséquences de la déforestation?

5. Quels sont les effets nocifs de la pollution sur la santé des humains et des animaux?

Analyse

1 **Le cauchemar** Le jeune ouvrier se retrouve seul dans un milieu qu'il ne connaît pas. À deux, préparez deux listes: une de ce qui lui est naturel et une autre de ce qui lui est inconnu. Ensuite, comparez vos listes avec celles d'un autre groupe.

2 **Rédaction** Rédigez l'e-mail que le jeune ouvrier écrit sur son cauchemar à un collègue différent. Montrez bien ce qui a fait peur au jeune homme. Suivez ces instructions.

- **Introduction** Le jeune homme explique à son collègue qu'il a fait un rêve étrange.

- **Développement** Il décrit le milieu où il se trouvait dans le cauchemar, la faune qu'il a vue. Il explique pourquoi il en a eu peur et ce qui le soulage (*relieves*).

- **Conclusion** Expliquez pourquoi il préfère l'usine à la nature.

Practice more at **face-a-face.vhlcentral.com**.

TOXIC PLANET
de David Ratte

Extrait de la bande dessinée *Toxic Planet* 1, de David Ratte © 2007, Éditions Paquet, www.paquet.li

Une brochure engagée

Vous allez créer une brochure sur un problème de l'environnement qui vous paraît particulièrement grave. Votre but sera de convaincre vos lecteurs de changer leur comportement quotidien pour contribuer à la solution du problème.

Plan de rédaction

En vous inspirant de brochures ou de sites Internet créés par diverses organisations pour la protection de l'environnement, vous allez préparer une brochure sur un problème de l'environnement qui vous tient particulièrement à cœur.

Planifiez et préparez-vous à écrire

1 **Stratégie: Utiliser des graphiques pour organiser ses idées** Commencez par réfléchir au sujet que vous avez choisi et à l'aide de graphiques, notez toutes les idées qui vous viennent à l'esprit. Pour l'instant, il n'est pas nécessaire de les organiser de façon logique.

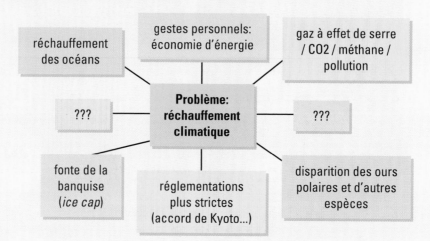

2 **Stratégie: Faire des recherches et examiner un problème** Prenez vos diagrammes comme points de départ pour commencer des recherches sur votre sujet. Utilisez les ressources de votre bibliothèque ou sur Internet. Prenez en note les informations particulièrement utiles.

3 **Stratégie: Interviewer un(e) expert(e) sur votre sujet** D'après les résultats de vos recherches initiales, préparez une liste de points que vous aimeriez approfondir. Essayez de trouver un(e) expert(e) sur le sujet que vous avez choisi:

- un(e) camarade qui fait du volontariat pour cette cause
- un professeur qui s'intéresse au sujet
- une personne de votre communauté

Vous pouvez aussi faire une autre recherche sur Internet pour trouver une interview d'une personne qui s'est engagée pour cette cause.

4 **Stratégie: Expliquer les rapports de cause à effet** Organisez dans un tableau toutes les informations que vous avez trouvées. Utilisez vos notes. Dans la première colonne, notez les causes du problème et dans la deuxième, les effets. Ajoutez une troisième colonne où vous suggérez des solutions.

Causes	Effets	Solutions possibles
élevage	émission de méthane	• réglementations plus strictes • ne plus manger de viande
transports	émission de CO2	• utiliser les transports en commun • marcher • se déplacer à vélo
d'autres causes...	d'autres effets...	• d'autres solutions...

Écrivez

5 **Votre brochure** Utilisez les informations du tableau pour préparer une brochure engagée. N'oubliez pas que le but est de convaincre vos lecteurs de la gravité du problème et de les inciter à changer leur comportement.

Ajoutez des photos, des illustrations ou d'autres éléments visuels pour rendre votre brochure plus intéressante. Employez le présent et le passé du subjonctif et la voix passive.

> Rien n'a été fait jusqu'à présent.

> Il est triste que nous n'ayons pas fait plus attention à notre consommation d'énergie.

Révisez et lisez

6 **Révision** Demandez à un(e) caramade de lire votre brochure et de vous faire des suggestions pour l'améliorer. Révisez-la en incorporant ses suggestions et en faisant attention à ces éléments.

- Votre brochure explique-t-elle le problème de façon claire?
- Présente-t-elle des exemples concrets?
- Propose-t-elle des solutions?
- Est-elle convaincante?
- La grammaire et l'orthographe sont-elles correctes? Vérifiez bien l'emploi et les formes du subjonctif et de la voix passive.

7 **Lecture** Passez la version finale de votre brochure à vos camarades de classe. Ils/Elles vous diront si vous les avez convaincu(e)s de s'engager pour votre cause.

La nature et l'environnement

En France, ce sont les communes rurales qui voient la plus grande croissance démographique. Entre 1999 et 2004, plus de 2 millions de personnes ont quitté les villes pour s'installer à la campagne (Gérard Mermet, *Francoscopie 2007*).

Le poète Jean de La Fontaine abordait déjà au XVIIe siècle le thème des différences entre la ville et la campagne. Lisez cette fable.

Le Rat de ville et le Rat des champs

Autrefois le Rat de ville
Invita le Rat des champs,
D'une façon fort civile,
À des reliefs d'Ortolans°.   *gourmet leftovers*
Sur un Tapis de Turquie
Le couvert° se trouva mis.   *place setting*
Je laisse à penser la vie
Que firent ces deux amis.
Le régal° fut fort honnête,   *feast*
Rien ne manquait au festin;
Mais quelqu'un troubla la fête
Pendant qu'ils étaient en train.
À la porte de la salle
Ils entendirent du bruit:
Le Rat de ville détale°;   *dashes off*
Son camarade le suit.
Le bruit cesse, on se retire:
Rats en campagne aussitôt;
Et le citadin de dire:
Achevons tout notre rôt°.   *roast*
—C'est assez, dit le rustique;
Demain vous viendrez chez moi:
Ce n'est pas que je me pique°   *I'm offended*
De tous vos festins de Roi;
Mais rien ne vient m'interrompre:
Je mange tout à loisir.
Adieu donc; fi du° plaisir   *I don't care for*
Que la crainte peut corrompre.

Jean de La Fontaine

1 Vous allez travailler avec un(e) partenaire. L'un(e) de vous sera le Rat de ville et l'autre le Rat des champs. Le Rat de ville devra essayer de convaincre son ami(e) de venir habiter à la ville et vice versa.

2 Chaque étudiant(e) va commencer par faire deux listes.

- Le Rat de ville va préparer une liste des avantages de la ville et une liste des inconvénients de la campagne.
- Le Rat des champs va préparer une liste des avantages de la campagne et une liste des inconvénients de la ville.

Chaque étudiant(e) va utiliser un tableau à deux colonnes pour organiser ses idées.

Rat de ville		Rat des champs	
Avantages de la ville	**Inconvénients de la campagne**	**Avantages de la campagne**	**Inconvénients de la ville**
• proximité des services (hôpitaux, pompiers, etc.)	• ennuyeux	• proche de la nature	• trop de bruit
• plus de magasins	• loin des activités culturelles	• pas de pollution	• dangereux
• d'autres avantages	• d'autres inconvénients	• d'autres avantages	• d'autres inconvénients

3 Travaillez à deux et commencez votre discussion. Utilisez les arguments de vos tableaux pour, à tour de rôle, convaincre votre partenaire que la vie à la campagne ou à la ville est plus désirable. Employez le subjonctif et la voix passive dans votre conversation.

> Il faut absolument que tu viennes vivre à la campagne parce que...

> À la ville, on est dérangé trop souvent par...

> Moi, j'ai peur qu'à la ville, il y ait...

> Il n'y a personne à la campagne qui puisse...

4 À la fin de la discussion, faites le point: Est-ce que votre partenaire a réussi à vous convaincre? Pourquoi?

La ville

La campagne

La société

Une société est une communauté d'hommes et de femmes réunis sous le même gouvernement et partageant des lois communes. À travers les civilisations, on a vu se développer différents types de régimes politiques. Ils déterminent souvent les facteurs qui définissent notre qualité de vie et nos horizons.

1. Quel est le droit le plus important que vous avez, en tant que citoyen(ne)?

2. Comment pouvons-nous assurer la justice et l'égalité de nos sociétés?

3. Votez-vous quand il y a des élections?

170

184

188

Préparation (S) Audio: Vocabulary

Vocabulaire du court métrage

une caisse (fam.) *car*
congolais(e) *Congolese*
une deux chevaux (2CV)
older Citroën economy car
une faculté (fac) *university*
un fromage de brebis
sheep's milk cheese
un(e) inspecteur/inspectrice de police
police detective
refroidir *to cool down*

Vocabulaire utile

arrêter *to arrest*
un(e) citoyen(ne) *citizen*
commettre un crime *to commit a crime*
déporter *to deport*
détenu(e) *detained*
exécuter *to execute*
un(e) immigré(e) *immigrant*
se méfier de *to distrust*
une minorité *minority*
la naturalisation *naturalization*
un pays d'accueil *host country*
un peloton d'exécution *firing squad*
un(e) réfugié(e) (politique) *(political) refugee*
un sans-papiers *illegal immigrant*
un titre (une carte) de séjour *residence permit*
la xénophobie *xenophobia*

EXPRESSIONS

Allez, viens, on se casse. (fam.) *Come on, let's scram.*
Je déconne. (fam.) *I'm kidding.*
Je n'en peux plus. *I can't go on.*
Si ce n'est pas malheureux, ça! *What a shame!*
Tu crois qu'on l'a semé? *Do you think we lost him?*

1 **L'intrus** Dans chaque liste, trouvez le mot ou l'expression qui ne va pas avec les autres.

1. a. refroidir   b. détenir   c. arrêter
2. a. une caisse   b. une voiture   c. un vélo
3. a. exécuter   b. tuer   c. déporter
4. a. un résident   b. un sans-papiers   c. une citoyenne
5. a. le racisme   b. la xénophobie   c. la naturalisation
6. a. rentrer   b. partir   c. se casser

2 **À compléter** Complétez chaque phrase avec la forme correcte d'un mot ou d'une expression du nouveau vocabulaire.

1. Si on veut vivre légalement dans un autre pays, il faut demander _____.
2. Les immigrés qui arrivent de pays où ils sont persécutés par le gouvernement sont souvent _____.
3. Les xénophobes _____ beaucoup des étrangers.
4. _____ sont ceux qui vivent dans un pays illégalement.
5. Les gens qui _____ des crimes finissent souvent en prison.
6. _____ est un procédé par lequel on devient citoyen d'un autre pays.
7. Quand une personne qui a commis un crime est suivie par une voiture de police, elle essaie parfois de la _____.
8. Les États-Unis ont été _____ pour beaucoup d'Irlandais pendant la Grande famine.

3 **Questions personnelles** Répondez aux questions.

1. Pour quelles raisons décide-t-on de quitter son pays d'origine?

2. D'après vous, quels sont les problèmes que les immigrés peuvent rencontrer quand ils arrivent dans leur nouveau pays?

3. Que peuvent-ils faire pour s'habituer plus vite à la vie dans un nouveau pays?

4. Avez-vous déjà vécu dans un pays étranger? Votre expérience a-t-elle été plutôt positive ou plutôt négative?

5. Aimeriez-vous aller vivre dans un pays étranger? Pourquoi?

4 **Dans mon pays** Écrivez un paragraphe d'au moins huit phrases qui décrit l'immigration dans votre pays en utilisant au moins huit de ces mots et expressions.

arrêter	naturalisation
citoyen(ne)	pays d'accueil
déporter	titre (une carte) de séjour
détenu(e)	sans-papiers
immigré(e)	travailler
se méfier de	xénophobie

5 **Anticipation** Avec un(e) partenaire, observez ces images du court métrage et répondez aux questions.

Image A

- Où se passe cette scène, à votre avis? Quelle impression vous donne-t-elle?

- Qui sont les personnages, d'après vous? Que font-ils? Quel type de relation ont-ils, à votre avis?

Image B

- Que voyez-vous sur cette image? Vous donne-t-elle la même impression que l'image A? Expliquez.

- Qui sont ces deux hommes? Où vont-ils? Pourquoi, à votre avis?

Sans Titre

Un film réalisé par **David Rousseau** et **Valéry Schatz**

Produit par **Big Like Me**

Acteurs **Marilou Berry**, **Tony M'Poudja**

David Rousseau, **Valéry Schatz**, **Monique Adam**

FICHE **Personnages** le jeune homme congolais, la jeune femme, l'inspecteur de police, la passante
Durée 5 minutes **Pays** France **Année** 2007

SCÈNES (S) **Short Film**

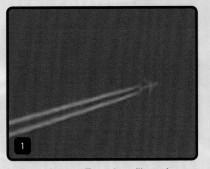

La jeune femme Tu crois qu'il va où, celui-là?
Le jeune homme À Bordeaux.
La jeune femme À Bordeaux? C'est super glamour, Bordeaux!
Le jeune homme J'ai de la famille, là-bas.

La jeune femme Regarde, une deux chevaux! Elle est trop belle! Je suis sûre qu'elle est ouverte.
Le jeune homme Arrête, eh!
La jeune femme Je vous emmène quelque part?

Le jeune homme Allez, viens, on se casse maintenant, allez!
La jeune femme Allez, monte! Monte avec moi!
Le jeune homme Mais elle n'est même pas à nous, cette caisse!

La jeune femme Je n'en peux plus! Tu crois qu'on l'a semé? Je t'avais dit qu'il ne fallait pas monter dans cette voiture!

La jeune femme Attends-moi!
Le jeune homme Qu'est-ce qu'il y a?
La jeune femme J'ai un truc[1] qui me fait mal aux pieds.
Le jeune homme Attends, fais voir!
La jeune femme Non, c'est bon. [...] Je n'aime pas mes pieds.

[1] *thing*

L'inspecteur Inspecteur Jean Maqua... Oui, j'arrive.
La passante Si ce n'est pas malheureux, ça!

Note CULTURELLE

La République du Congo, aussi appelée Congo-Brazzaville, est un pays d'Afrique centrale. Le fleuve Congo, deuxième fleuve du monde après l'Amazone, forme une partie de sa frontière avec la République Démocratique du Congo. Colonie française jusqu'en 1960, le Congo-Brazzaville, a gardé le français comme langue officielle. La capitale, Brazzaville, est située dans le sud du pays, sur les rives du fleuve Congo.

S À L'ÉCRAN

Oui ou non? Indiquez par **Oui** ou par **Non** si ces phrases décrivent correctement l'histoire.

____ 1. Les deux jeunes gens s'amusent à deviner où vont les avions.

____ 2. Le jeune homme a de la famille en Roumanie.

____ 3. La 2CV appartient à la jeune femme.

____ 4. Le jeune homme est allé à l'université.

Analyse

1 **Le bon ordre** Mettez les événements dans le bon ordre, d'après le court métrage.

___ Le jeune homme est arrêté par un inspecteur de police.

___ Les deux jeunes courent pour échapper au propriétaire de la voiture.

___ Deux amis se promènent et s'amusent dans la campagne.

___ Le jeune homme est déporté dans son pays d'origine.

___ Une passante fait un commentaire au sujet de l'arrestation du jeune homme.

___ Les deux jeunes découvrent une 2CV garée dans un chemin.

2 **Le bon choix** Choisissez la meilleure réponse pour compléter chaque phrase.

1. Le jeune homme a de la famille...
   a. à Bordeaux.   b. à Zurich.   c. a et b

2. Pendant que les deux amis se promènent dans la campagne, le jeune homme et la jeune femme voient...
   a. une voiture ancienne.   b. un avion.   c. un inspecteur de police.

3. La jeune femme...
   a. appelle la police.   b. vole la voiture.   c. se fait mal au pied.

4. Le jeune homme...
   a. a commis un crime très grave.   b. est déporté.   c. ni a ni b

5. Dans son pays d'origine, le jeune homme...
   a. est libéré.   b. retourne à l'université.   c. est exécuté.

3 **Vrai ou faux?** Indiquez si ces phrases sont probablement vraies ou fausses, d'après le court métrage.

	Vrai	Faux
1. Le jeune homme est un citoyen français.		
2. Le jeune homme est arrivé en France il y a quelques semaines.		
3. La jeune femme est française.		
4. La jeune femme connaît bien la famille du jeune homme.		
5. La jeune femme comprend les conséquences de ses actes quand elle demande au jeune homme de monter dans la voiture.		
6. La jeune femme ne va probablement pas avoir de problèmes avec la police.		
7. Le jeune homme va revenir en France.		
8. Cet événement va changer la jeune femme pour toujours.		

4 **Questions** Répondez aux questions.

1. À votre avis, quelle est la raison de l'arrestation du jeune homme?

2. D'après vous, pourquoi le jeune homme est-il déporté au Congo?

3. Pourquoi pensez-vous qu'il est exécuté?

4. Pour quelles raisons exécute-t-on les gens aux États-Unis? Et dans d'autres pays, y a-t-il des raisons différentes? Lesquelles?

5 **Sans titre** Par groupes de trois, expliquez le double sens du titre du film, à l'aide de ces définitions. Comparez vos opinions avec un autre groupe.

> **titre =** le nom qu'un réalisateur donne à son film

> **titre =** un papier, un document officiel qui donne un droit (par exemple, «un titre de séjour»)

6 **La passante** Quand l'inspecteur de police amène le jeune homme au poste de police, une passante fait ce commentaire: «Si ce n'est pas malheureux, ça!» À deux, essayez d'expliquer ce qu'elle a voulu dire. Préparez une liste de trois possibilités pour en discuter avec la classe.

7 **Mobilisons-nous!** Vous décidez d'organiser une manifestation pour protester contre le traitement et la déportation du jeune Congolais. Par petits groupes, réunissez-vous pour la planifier. Discutez de ces points.

- Où et comment vous allez manifester
- Vos arguments contre l'arrestation et la déportation du jeune homme
- Vos arguments pour sa libération et pour la régularisation de sa situation
- La position de votre groupe en ce qui concerne l'immigration en général
- Ce que vous espérez accomplir par cette manifestation

8 **Critique cinématographique** Écrivez une critique du court métrage *Sans titre*. Considérez ces éléments: le sujet du film, l'importance des différentes scènes, les événements que le réalisateur ne montre pas à l'écran, les actions des différents personnages, la manière de filmer du réalisateur, la musique, etc. Organisez votre critique ainsi:

- Commencez par une introduction dans laquelle vous donnez le titre du film, le nom de son réalisateur, de ses acteurs et son thème principal.
- Résumez brièvement l'histoire sans, pour l'instant, parler de la fin.
- Décrivez les personnages et leurs relations.
- Décrivez le dénouement du film et expliquez votre réaction.
- Donnez votre opinion personnelle du film.
- Comparez-le brièvement à un autre film que vous avez vu.

Practice more at **face-a-face.vhlcentral.com.**

Les comparatifs et les superlatifs

Rappel

Les comparatifs expriment le degré plus ou moins élevé d'une qualité avec une idée de comparaison. Il y a trois degrés de comparaison: l'égalité, la supériorité et l'infériorité. Les superlatifs, relatifs ou absolus, expriment la qualité au plus haut degré, avec ou sans comparaison.

Les comparatifs

*Elle lui demande une destination **plus** romantique **que** Bordeaux.*

- Pour comparer des adjectifs ou des adverbes, on utilise les adverbes **aussi, plus** ou **moins** avant l'adjectif ou l'adverbe et **que** après l'adjectif ou l'adverbe.

comparatif d'égalité	**aussi** + adjectif/adverbe + **que**
comparatif de supériorité	**plus** + adjectif/adverbe + **que**
comparatif d'infériorité	**moins** + adjectif/adverbe + **que**

*Ce député est **aussi** sympathique **que** le ministre des affaires étrangères. Il parle **aussi** bien **que** lui.*
*Ces nouvelles lois sont **plus** strictes **que** les anciennes. Elles ne sont pas **pires que** les anciennes.*
*Cette candidate est **moins** intelligente **que** celles qui se sont adressées à nous hier. Elle comprend **moins** vite **qu'**elles.*

*La jeune femme court **moins** vite **que** le jeune homme.*

- Pour comparer des noms, on utilise **autant de**, **plus de** ou **moins de** avant le nom et **que** après le nom. Dans ce cas, on compare seulement **la quantité**.

comparatif d'égalité	**autant de** + nom + **que**
comparatif de supériorité	**plus de** + nom + **que**
comparatif d'infériorité	**moins de** + nom + **que**

*Mon candidat a obtenu **autant de** votes **que** le tien.*
*Ce parti écolo a **plus de** membres **que** celui-là.*

Les superlatifs

- Les superlatifs absolus expriment une qualité au plus haut degré sans idée de comparaison. Ils se forment au moyen d'adverbes tels que **très**, **extrêmement** et **fort**, placés devant l'adjectif.

  *Ces élections sont **extrêmement** importantes.*

- Les superlatifs relatifs expriment une qualité au plus haut degré avec une idée de comparaison.

	Adjectifs
	Si l'adjectif *précède* le nom
superlatif de supériorité	**le/la/les plus** + adjectif + **(de)**
superlatif d'infériorité	**le/la/les moins** + adjectif + **(de)**
	Si l'adjectif *suit* le nom
superlatif de supériorité	**le/la/les** + nom + **le/la/les plus** + adjectif + **(de)**
superlatif d'infériorité	**le/la/les** + nom + **le/la/les moins** + adjectif + **(de)**

*C'est **le plus** grand politicien (**du** parti).*
*C'est **la** députée **la plus** respectée (**du** pays).*

	Adverbes
superlatif de supériorité	**le plus** + adverbe
superlatif d'infériorité	**le moins** + adverbe

*C'est le candidat qui participe **le plus souvent** aux débats.*

	Noms
superlatif de supériorité	**le plus de** + nom
superlatif d'infériorité	**le moins de** + nom

*Mais c'est celui qui a **le moins d'**idées!*

Coup de main

Certains adjectifs ont des superlatifs irréguliers:

bon(ne)(s) → le/la/les meilleur(e)(s)
mauvais(e)(s) → le/la/les pire(s)

Certains adverbes ont des superlatifs irréguliers:

beaucoup → le plus
bien → le mieux
peu → le moins

Attention!

- Le superlatif de **petit** est **le/la/les moindre(s)** quand **petit** est pris dans un sens abstrait.

  *Il ne faut pas nous remercier. C'était **la moindre** des choses!*

- Par contre, quand on parle de taille, on utilise **le/la/les plus petit(e)(s)**.

  *Carine est **la plus petite** élève de la classe.*

Mise en pratique

1

Mon candidat Faites des phrases avec les éléments donnés.

1. ce candidat est / + jeune / que les autres de son parti
2. il a participé à / = émissions télévisées / que ton candidat
3. c'est le candidat / ++ dynamique / de notre parti
4. il a / = expérience / que les plus âgés
5. mais il est / - arrogant / que les autres candidats
6. il a / ++ bon / conseillers / de la capitale
7. il ne perd pas son calme / = souvent / que ses adversaires politiques
8. et surtout, c'est lui qui parle / ++ bien / en public

2

Au contraire! Votre partenaire a des idées politiques bien arrêtées (*fixed*) et vous êtes toujours de l'avis contraire. Réécrivez ces phrases en exprimant le contraire.

> **Modèle** Cette chaîne de télévision est la moins impartiale de toutes.
> **Cette chaîne de télévision est la plus impartiale de toutes.**

1. La pire des choses qui puisse arriver, c'est que le candidat de l'opposition soit élu.
2. Le parti écolo aura le moins de votes aux prochaines élections.
3. L'augmentation du chômage, c'est le plus grand de mes soucis.
4. C'est le conservateur qui passe le moins bien à la télévision.
5. La meilleure des solutions pour éviter les fraudes, c'est d'adopter le scrutin électronique.
6. Les jeunes s'intéressent plus à la politique aujourd'hui qu'il y a vingt ans.

3

Quelle est votre opinion? Dites ce que vous pensez de ces personnes. Pour chacune, écrivez deux phrases: la première en utilisant un comparatif et la seconde en utilisant un superlatif.

Le président français Nicolas Sarkozy et sa femme Carla Bruni

1. le président français
2. le président ou premier ministre de votre pays
3. le gouverneur de votre état ou un député de votre province
4. le maire de votre ville
5. la première dame des États-Unis
6. la première dame de France

Note CULTURELLE

La France est une république dont le président est élu au suffrage universel direct. Le mandat présidentiel est de cinq ans et le nombre de mandats n'est pas limité. Les présidents de la République française résident au palais de l'Élysée.

Communication

4 **La politique et vous** Créez des questions avec ces éléments, en utilisant des superlatifs. Ensuite posez-les à votre partenaire.

> Modèle le reportage / complet / lire
>
> —**Quel est le reportage le plus complet que tu aies lu?**
> —**Le reportage le plus complet que j'aie lu, c'est celui du** *Monde.*

1. la campagne électorale / intéressant / suivre
2. le personnage politique / important / rencontrer
3. le débat télévisé / ennuyeux / regarder
4. les articles / sensationnel / lire
5. la promesse électorale / incroyable / entendre
6. l'affiche électorale / amusant / voir
7. le discours / émouvant / entendre
8. les émissions politiques / impartial / suivre

5 **Pour qui voter?** Vous et votre partenaire, vous ne savez pas pour qui voter. Comparez le programme électoral des deux candidats. Utilisez des comparatifs et des superlatifs.

> Modèle —**Si on vote pour Latour, on devra payer plus de taxes.**
> —**Seulement sur les produits de luxe, mais si on vote pour Khasimi,
> on devra payer moins de taxes sur les produits courants.**

Pierre Latour	**Isabelle Khasimi**
• **Agrandissement de l'Europe**	• **Allègement des taxes sur les produits de consommation courante**
• **Augmentation des taxes sur les produits de luxe**	• **Augmentation du revenu minimum légal**
• **Augmentation du budget de la Défense**	• **Création d'un demi-million d'emplois**
• **Création de 500.000 emplois**	• **Défense de l'environnement**
• **Protection des frontières**	• **Ouverture des frontières aux immigrants légaux**

6 **Opinions personnelles** Avec un(e) partenaire, vous discutez de votre politicien(ne) préféré(e). Votre partenaire n'est pas du tout de votre avis.

> Modèle —**Le gouverneur de Californie a autant d'expérience que n'importe quel
> autre homme politique.**
> —**Moi, je crois qu'il a moins d'expérience que quelqu'un qui a fait de la
> politique toute sa vie et qu'il avait plus de talent comme acteur que
> comme politicien!**

Practice more at **face-a-face.vhlcentral.com.**

6.2 Les infinitifs compléments de verbe

Rappel

Vous avez déjà appris que certains verbes peuvent avoir un infinitif comme complément. Certains sont directement suivis d'un verbe à l'infinitif, d'autres se construisent avec une préposition.

—*Je t'avais dit qu'il ne **fallait** pas **monter** dans cette voiture!*

- Certains verbes et expressions verbales sont directement suivis d'un verbe à l'infinitif:

aimer *to like*	**falloir (il faut)** *must*
aller *to go*	**laisser** *to let*
avouer *to confess, to admit*	**penser** *to intend*
désirer *to wish, to desire*	**pouvoir** *to be able*
détester *to hate*	**préférer** *to prefer*
devoir *should, must*	**savoir** *to know how*
espérer *to hope*	**valoir (il vaut) mieux** *it's better to*
estimer *to consider*	**vouloir** *to want*

*Ils **aiment participer** aux réunions de leur parti.*
*Tout le monde **devrait voter**.*
*Ils ne pensent pas **assister** à la manifestation de demain.*
*Ils **estiment avoir** toujours raison.*

—*Le tout, c'est de ne pas **laisser refroidir**.*

- Certains verbes et expressions verbales sont suivis d'un infinitif précédé de la préposition **de**:

accepter de *to agree to*	**décider de** *to decide to*
(s')arrêter de *to stop*	**finir de** *to finish*
avoir l'intention de *to intend to*	**mériter de** *to deserve to*
avoir peur de *to be afraid of*	**oublier de** *to forget to*
avoir raison de *to be right to*	**promettre de** *to promise to*
avoir tort de *to be wrong to*	**refuser de** *to refuse to*
choisir de *to choose to*	**regretter de** *to regret*
convaincre de *to convince to*	**remercier de** *to thank for*

> *Ce candidat **a** vraiment **l'intention de gagner** les élections!*
> *Nous **avions tort de croire** à toutes ses promesses électorales.*
> *Ce sénateur **a accepté de répondre** à toutes nos questions.*

- Certains verbes et expressions verbales sont suivis d'un infinitif précédé de la préposition **à**:

aider à *to help to*	**continuer à** *to continue to*
s'amuser à *to enjoy oneself*	**hésiter à** *to hesitate to*
apprendre à *to learn how to*	**se mettre à** *to begin to*
arriver à *to manage to*	**parvenir à** *to manage to*
commencer à *to begin to*	**réussir à** *to succeed in*
consentir à *to consent to*	**tenir à** *to insist on*

> *Ce candidat **est parvenu à** nous **convaincre** de voter pour lui.*
> *Nous **avons réussi à voir** le président lors des cérémonies du 14 juillet.*
> *Nous **tenons à** vous **accompagner** à cette manifestation.*

- Certaines prépositions ou locutions prépositives sont suivies d'un verbe à l'infinitif:

afin de *in order to*	**au lieu de** *instead of*	**pour** *in order to*
après *after*	**avant de** *before*	**sans** *without*

> *Étudiez le programme des différents candidats **avant de faire** votre choix.*
> *En France, il faut avoir la nationalité française **afin de voter**.*

- On utilise l'infinitif passé pour indiquer une action qui a eu lieu *avant* l'action du verbe conjugué. On le forme avec l'infinitif de l'auxiliaire **avoir** ou **être** suivi du participe passé du verbe. Le participe passé qui suit l'auxiliaire **être** s'accorde en genre et en nombre avec le sujet. Le participe passé qui suit l'auxiliaire **avoir** s'accorde en genre et en nombre avec le complément d'objet direct si celui-ci le précède.

> *Nous avons eu tort de lui **avoir fait** confiance.*
> *Il nous a remercié d'**être venus**.*

Attention!

- Les verbes **commencer** et **finir** peuvent être suivis de la préposition **par**:

commencer par *to start with*
finir par *to end up*

*Nous **avons fini par** comprendre que ce candidat ne tiendrait pas ses promesses.*

Coup de main

La préposition **après** est toujours suivie d'un infinitif passé.

***Après avoir gagné** les élections, il a pris quelques jours de vacances.*

Mise en pratique

1 **Que le meilleur gagne!** Demain, c'est le jour des élections. Choisissez la bonne préposition, si nécessaire.

1. Tous les candidats ont fini _____ mener leur campagne électorale.
   a. à   b. —   c. de

2. Les électeurs pourront commencer _____ voter demain dès huit heures du matin.
   a. à   b. —   c. de

3. Chaque citoyen a l'intention _____ voter pour le candidat ou la candidate qu'il préfère.
   a. à   b. —   c. de

4. Je suis sûr que certains hésitent encore _____ se prononcer.
   a. à   b. —   c. de

5. J'espère que mon parti réussira _____ sortir vainqueur de ces élections.
   a. à   b. —   c. de

6. Malheureusement, je doute que les candidats parviennent _____ tenir toutes les promesses faites pendant leur campagne.
   a. à   b. —   c. de

7. Théoriquement, tous les bulletins de vote devraient _____ être comptés vers dix heures du soir.
   a. à   b. —   c. de

8. Est-ce que tu as finalement décidé _____ venir à la soirée «élections» que Patrick organise demain soir?
   a. à   b. —   c. de

2 **Élections européennes** C'est bientôt les élections européennes. Complétez l'e-mail de Julienne par les prépositions **à**, **après**, **de/d'**, **par** et **pour,** si nécessaire.

Note
CULTURELLE

L'Union européenne est composée de 27 États membres dont trois États francophones: la France, la Belgique et le Luxembourg. Seize de ces pays ont adopté une monnaie commune, l'euro. Les élections européennes ont lieu tous les cinq ans et nomment les députés du Parlement européen, qui siège à Strasbourg.

De:	Julienne@mail.be
À:	Yasmina@mail.ft
Sujet:	Les élections

Salut,

Comme il faut (1) _____ avoir dix-huit ans (2) _____ voter, cette année je vais enfin pouvoir (3) _____ voter pour la première fois! Et aux élections européennes, en plus! J'avoue (4) _____ ne pas connaître le programme de tous les candidats qui se présentent, mais je vais (5) _____ me mettre (6) _____ lire les journaux et (7) _____ écouter les émissions politiques à la télé (8) _____ en savoir plus. Je tiens (9) _____ voter intelligemment! Je dois commencer (10) _____ m'inscrire sur la liste électorale. J'ai décidé (11) _____ ne pas dire quel candidat je pense (12) _____ choisir. Je le dirai (13) _____ avoir voté. J'ai trop peur (14) _____ être influencée si j'en parle.

À +,
Julienne

Communication

3 **Sondage** Formez des questions avec ces éléments et posez-les à votre partenaire. Faites tous les changements nécessaires. Attention! Un des verbes est à la forme passive.

1. est-ce que / tu / regretter / ne pas assister au débat télévisé d'hier soir

2. est-ce que / les électeurs / devoir / être âgés de plus de 18 ans pour voter

3. est-ce que / suivre la campagne / aider / choisir un candidat

4. est-ce que / tu / avoir l'intention / voter pour un parti écolo

5. quel candidat / mériter / élire / à ton avis

6. est-ce que / les candidats / toujours accepter / répondre aux questions des journalistes

7. est-ce que / tu / croire que / les gens / finir un jour / comprendre qu'il est important de voter

8. est-ce que / tu / décider / plus tard / faire de la politique

4 **Le témoin** Vous avez été témoin d'un accident (ou d'un vol, d'un incendie, etc.) et vous avez appelé la police. Votre partenaire vous pose des questions pour savoir ce qui s'est passé. Utilisez ces prépositions dans votre dialogue.

à	avant de
afin de	de
après	pour
au lieu de	sans

Modèle —**Qu'est-ce que la police a fait?**
—**Un policier a demandé à voir mes papiers d'identité.**
—**Qu'est-ce qu'il a fait après avoir vu tes papiers?**
—**Il m'a demandé de raconter ce que j'avais vu afin de…**

5 **Élection présidentielle** Votre partenaire et vous discutez du candidat pour lequel vous avez voté lors des dernières élections présidentielles. Expliquez votre choix. Utilisez des prépositions dans votre dialogue.

Modèle —**Après avoir écouté le discours du candidat démocrate, j'ai décidé de voter pour lui.**
—**Moi, j'ai voté pour son opposant parce qu'il promettait de ne pas augmenter les impôts.**

Préparation Audio: Vocabulary

À propos de l'auteur

Abdelkader Djemaï est né à Oran, en Algérie, en novembre 1948 et vit aujourd'hui en France. L'écriture le passionne depuis toujours, et bien avant de commencer sa carrière de journaliste à Oran, il écrit déjà de la poésie. Encore adolescent, il apprend le français, langue dans laquelle il continue à écrire, même lorsqu'il évoque ses origines algériennes. Djemaï maîtrise (*masters*) des genres littéraires variés, y compris le roman et le théâtre. Parmi ses œuvres se trouvent *Un été de cendres* (1995), *31, rue de l'Aigle* (1998) et *Camping* (2002). Djemaï est aussi le lauréat du prix Tropiques.

Vocabulaire de la lecture

une affiche *poster*
un beignet *donut*
un carton *cardboard box*
un chantier *construction site*
couler à flots *to earn a lot of money*
une couverture *blanket*
creuser *to dig*
croquer *to bite into*
une échelle *ladder*
emballer *to pack*
enfler *to swell*
un four *oven*
les gencives (f.) *gums*
une mâchoire *jaw*
une marque *brand*
un marteau-piqueur *pneumatic drill*
mendier *to beg*
un panneau *sign*
une perceuse électrique *drill*
plier *to fold*
une tribune *platform*

Vocabulaire utile

une agence pour l'emploi *employment office*
les affaires (f.) *belongings*
un(e) assistant(e) social(e) *social worker*
un chariot *cart*
démuni(e) *penniless*
un foyer d'accueil *homeless shelter*
un outil *tool*
précaire *precarious*
un(e) SDF (sans domicile fixe) *homeless person*

---

1 **Dialogues** Complétez ces phrases avec les mots du nouveau vocabulaire écrits à la forme qui convient.

1. —Je dois aller chez le dentiste parce que j'ai les _____ enflées.

2. —Quand tu iras à la Nouvelle-Orléans, n'oublie pas d'aller au Café du Monde manger des _____. Ils sont délicieux.
   —Ah bon! Ils les sortent du _____ juste avant de les servir?

3. —Le président de la République regardait le défilé militaire, debout dans la _____.

4. —Ma mère refuse de m'acheter des vêtements de _____. Elle trouve que c'est trop cher.

2 **Les SDF** À deux, posez-vous ces questions.

1. Qu'est-ce qui peut amener certaines personnes à vivre dans la rue?

2. Quelles sont les conditions de vie des SDF? À quel moment de l'année ce style de vie devient-il plus difficile? Pourquoi?

3. Y a-t-il beaucoup de SDF dans votre ville? Pourquoi? Que fait la commune pour les aider?

4. Si vous étiez assistant(e) social(e), que feriez-vous pour aider les SDF de votre ville?

 Practice more at **face-a-face.vhlcentral.com**.

L'AFFICHE

Abdelkader Djemaï

S a bouche le torturait depuis deux jours. Il lui semblait que ses dents, ses gencives, ses lèvres et son cou enflaient indéfiniment. C'était comme si on le forçait à croquer des braises° ou des bonbons fourrés au° plomb fondu°. Et pourtant, malgré la douleur qui le dévorait, il avait rêvé cette nuit de beignets chauds et bien dodus°. Il les déchirait voluptueusement avec les sept ou huit dents qui lui restaient avant de retomber dans l'huile bouillante° de la fièvre.

Depuis presque cinq ans, il vivait dans la rue. Changeant souvent de lieu, il avait campé au bas des marches du Trésor public, à la gare routière°, à l'entrée du port et près du stade olympique jusqu'à ce qu'il trouve ce coin-là, à trois cents mètres de l'Arche de la Victoire construite toute en marbre et dédiée à la gloire des héros. Chaque année, on dressait°, sous son ombre tutélaire°, l'immense tribune officielle devant laquelle défilaient°, au milieu des banderoles et des mots d'ordre enflammés, des centaines de soldats, de paysans et de travailleurs.

Aujourd'hui, les temps avaient changé. Ils étaient devenus plus durs, plus confus. Avec l'argent qui coulait à flots pour quelques-uns seulement, les défilés

Glossary (left margin):
embers — *braises*
filled with/ molten lead — *fourrés au plomb fondu*
plump — *dodus*
boiling — *bouillante*

Glossary (right margin):
bus station — *gare routière*
set up — *dressait*
protecting shadow — *ombre tutélaire*
paraded — *défilaient*

étaient plus maigres et plus discrets que celui des luxueuses voitures qui passaient à toute allure devant son nez. Un été, il avait vécu près de l'un des chantiers des 35 innombrables villas qui poussaient, elles aussi, à toute allure.

Pour délimiter son territoire, il posait ses gros sacs, son petit bidon d'eau, ses deux vieilles couvertures et ses 40 cartons que l'un des gardiens de nuit des Nouvelles Galeries lui avait vendus. Il les dépliait par terre et sur les côtés comme s'il voulait être à l'intérieur d'une boîte dont il rabattait°, le sommeil venu, la 45 partie supérieure.

folded back

Depuis trois mois, il habitait dans ses cartons qui avaient servi à emballer un réfrigérateur géant et une machine à laver. Avant il avait utilisé ceux d'une *stove* 50 cuisinière°, d'un sèche-linge et d'un téléviseur à l'écran aussi large que le terrain du stade olympique. Leurs marques et le type d'appareils y étaient inscrits, en grandes lettres noires et 55 droites. Il ne savait ni lire ni écrire mais *thumb through* il prenait plaisir à feuilleter° les vieux *swelled* journaux et les revues qui gonflaient° toujours l'un de ses sacs.

Tout autour de l'Arche de la Victoire 60 avec ses soixante-cinq mètres de haut et ses panneaux en lettres dorées qui continuaient de chanter la justice sociale et le sacrifice pour la patrie, le soleil était toujours là. Rien ne pouvait *hinder* 65 entraver° sa course, sa présence. C'était lui qui le réveillait parfois. Hier, en plus de sa bouche qui ressemblait à un four incandescent, le bruit d'un marteau-piqueur avait perforé ses mâchoires. Une 70 camionnette était stationnée juste en face de lui. Deux ouvriers avaient descendu des plaques en zinc, un sac de ciment, une truelle, une échelle et une perceuse électrique. Ils commencèrent par mesurer *ground* 75 le sol° avant de creuser deux trous dans *poles* lesquels ils plantèrent deux piliers° ronds et gris. Dès que le ciment sécha, ils fixèrent

avec application les plaques qui formèrent un grand panneau dont ils peignirent° les *painted* bordures en blanc. Leur travail fini, ils 80 ramassèrent lentement leur matériel et repartirent dans leur camionnette.

Cette nuit-là, la fièvre avait continué à secouer° ses maigres épaules. Elle *shake* l'obligeait à rester dans ses cartons 85 comme une vieille chaussure trouée par les ornières° de la vie et déformée *ruts* par les pluies de l'âge. Il avait presque la soixantaine. Demain non plus, il ne pourrait pas aller mendier quelques sous° 90 *pennies* pour atténuer la faim qui commençait à vriller° ses entrailles. Plus que parler—il *pierce* avait toujours été silencieux—, ce qui lui manquait le plus, c'était de pouvoir ouvrir la bouche pour sentir une soupe 95 odorante et bienfaisante couler dans sa gorge.

Le matin, vers huit heures, deux autres hommes vêtus de salopettes bleu pétrole étaient venus dans 100 une fourgonnette° ornée de dessins *van* fantaisistes. Ils sortirent des seaux°, une *buckets* échelle métallique et de larges brosses aux manches longues. L'un d'eux tenait sous son bras un paquet de feuilles 105 de papier pliées comme des nappes. Il les tendit une par une à son camarade qui, juché° sur l'échelle, les collait° *perched/* avec dextérité. Peu à peu le visage d'un *glued* adolescent bien coiffé, bien propre et 110 au tee-shirt bariolé°, occupa toute la *many-color* surface de l'affiche aux couleurs vives et joyeuses. Avec ses sourcils de jeune fille, ses dents resplendissantes et ses gencives éclatantes de santé, il mordait, avec des 115 yeux pétillants°, dans un copieux et *sparkling* délicieux sandwich dont le nom s'étalait au milieu d'une gerbe d'étincelles° au- *shower of* dessus de sa tête. *sparks*

En voyant l'affiche qui le fit saliver, 120 l'estomac de l'homme aux cartons se creusa encore plus. C'est à ce moment-là qu'il s'aperçut que le panneau lui cachait aussi le soleil. ■

Analyse

1 **Compréhension** Indiquez si ces phrases sont vraies ou fausses. Corrigez les fausses.

1. La bouche de l'homme lui fait mal parce qu'il s'est brûlé en buvant une soupe chaude.
2. Il se sent mieux parce qu'on lui a servi des beignets.
3. Il n'a pas de domicile fixe depuis cinq ans.
4. Les quelques objets qu'il possède lui servent à se créer un espace personnel.
5. Il a obtenu tous ces objets gratuitement.
6. Les cartons sont petits.
7. L'homme garde dans son sac les journaux qu'il aime lire.
8. Le bruit des outils des ouvriers l'empêche de dormir.
9. Il ne peut plus se lever pour mendier parce qu'il est trop malade.
10. Les ouvriers ont collé des affiches près de lui pour le protéger du soleil.

2 **Compréhension** À deux, répondez à ces questions.

1. Qui est le personnage principal dans cette histoire? Où vit-il? Que fait-il?
2. D'après vous, pourquoi ce personnage choisit-il de camper près de l'Arche de la Victoire? Cet endroit est-il plus confortable que les autres? Pourquoi? Que se passe-t-il à cet endroit tous les ans? Pourquoi cet événement a-t-il de l'importance pour le personnage?
3. Qu'est-ce qui perturbe la vie du personnage un jour en particulier? Comment l'auteur montre-t-il que le modernisme gêne même les personnes sans domicile fixe?
4. Quel est l'âge du personnage principal? Relevez les détails qui renseignent sur son état de santé. Par quel moyen l'auteur accentue-t-il sa déchéance (*decline*)?
5. Quel est le ton du dernier paragraphe? Dans quel but l'auteur utilise-t-il ce ton?

3 **Mes affaires** À deux, faites une liste des affaires que le SDF de la nouvelle porte dans son chariot. Ensuite, faites une deuxième liste de cinq objets qu'il lui faudrait dans le chariot pour vivre moins difficilement. Expliquez comment il les obtiendra.

4 **Au secours des SDF** Par groupes de trois, écrivez un dialogue entre un(e) SDF et deux employé(e)s de l'assistance sociale. Les employé(e)s lui posent des questions sur sa vie et essaient de le/la convaincre de se réintégrer dans la société. Utilisez ce vocabulaire.

- chercher un logement
- chercher du travail
- écrire une lettre de présentation
- s'inscrire à l'Agence pour l'emploi
- recevoir des allocations-logement
- voir un médecin

5 **SOS pauvreté** Vous travaillez pour une association de charité et vous créez une affiche pour faire appel à l'aide internationale contre la pauvreté. Écrivez un slogan d'environ dix lignes sous la forme d'un poème et faites des rimes pour mieux attirer l'attention du public. Utilisez ces suggestions pour vous aider.

- Aider les fermiers à augmenter leurs récoltes.
- Demander de l'aide pour construire des maisons.
- Donner des conseils pour ne pas gaspiller la nourriture ni l'eau.
- Trouver des remèdes aux causes de famine et de pauvreté.

Practice more at **face-a-face.vhlcentral.com.**

Préparation Audio: Vocabulary

À propos de l'auteur

Marie de France a vécu pendant la deuxième moitié du XIIᵉ siècle en France et en Angleterre. On sait peu de choses sur sa vie et ses origines, mais elle déclare dans l'épilogue de ses fables qu'elle s'appelle Marie et qu'elle vient de France, sans que l'on sache son vrai nom de famille. Sa grande œuvre est son adaptation en vers de légendes bretonnes, auxquelles elle donne le nom de *Lais*. Un lai est un court récit en octosyllabes à rimes plates (*couplets*), c'est-à-dire qui se répètent deux par deux. Ici vous allez lire une traduction moderne du poème original en ancien français.

Vocabulaire de la lecture

broder *to embroider*
une châsse *reliquary*
un chevalier *knight*
un coffret *box*
debout *standing*
une demeure *residence*
un donjon *tower, keep*
une étoffe *fabric*

éveillé(e) *awake*
un filet *net*
un lacet *snare*
un lai *lay (medieval poem)*
un laüstic *nightingale*
la méchanceté *malice*
un piège *trap*
renommé(e) *famous*

un rossignol *nightingale*
la sagesse *wisdom*
un seigneur *lord*
la soie *silk*
surveillé(e) *supervised*
tordre *to wring*
un tournoi *tournament*
veiller *to stay up*

Vocabulaire utile

en cachette *secretly*
faire la cour *to court*
l'infidélité (f.) *infidelity*
une poursuite *chase*
se résigner *to resign oneself*
la vengeance *revenge*
se venger *to take revenge*

1 **Vocabulaire** Complétez les phrases à l'aide du nouveau vocabulaire.

1. Un _____ était synonyme de **poème** à l'époque médiévale.
2. Les chevaliers du Moyen Âge (*Middle Ages*) participaient au _____, une épreuve physique pour mesurer leur force.
3. Le _____ fait partie d'un château.
4. Après de longues heures _____, on a envie de s'asseoir.
5. Le _____ est un bon moyen pour attraper un animal.
6. Une étoffe en _____ est plus fine et plus précieuse qu'une en coton.

2 **Courtoisie moderne** À deux, répondez à ces questions.

1. Comment les jeunes d'aujourd'hui montrent-ils leur intérêt les uns pour les autres? Le font-ils ouvertement? Pourquoi?
2. Par quels moyens communiquent-ils leur intérêt? Se font-ils des compliments face à face ou le font-ils par un moyen électronique?
3. Qu'est-ce qui attire les jeunes aujourd'hui? Les prouesses (*skills*) sportives? Intellectuelles? Les dernières modes? La musique?
4. En quoi le rôle des filles a-t-il changé dans les dix dernières années? Les trente dernières? Les cinquante dernières?
5. Qu'est-ce qui a changé dans le rôle d'une femme mariée en général? Que peut-elle faire aujourd'hui qu'elle ne pouvait pas faire il y a cent ans?

3 **Dictionnaire d'ornithologie** Choisissez un oiseau de la liste et faites une fiche ornithologique. Décrivez ses caractéristiques. Essayez de déterminer ce que l'oiseau choisi symbolise et s'il a une fonction utile. Ensuite, lisez votre fiche à la classe sans nommer l'oiseau pour que vos camarades l'identifient.

Espèces	Caractéristiques
un aigle	une aile (*wing*)
un cardinal	un bec
un canari	un cri
une colombe (*dove*)	faire la roue (*to fan its tail*)
un geai bleu	un gazouillis (*birdsong*)
un paon (*peacock*)	une patte (*leg*)
un pélican	le plumage
un perroquet (*parrot*)	une proie (*prey*)
une perruche (*parakeet*)	une serre (*talon, claw*)
un pigeon	siffler (*to whistle*)

4 **Au secours!** Pensez à une occasion où vous aviez besoin de communiquer avec quelqu'un et cela n'a pas été possible. À deux, suivez ces instructions.

- Faites une liste de cinq obstacles (physiques, sociaux, psychologiques) qui nous empêchent de communiquer quand et comme nous le voulons.
- Choisissez trois obstacles de votre liste et, pour chacun, écrivez ce que vous diriez si vous pouviez vous exprimer librement.

5 **Anticiper** Par petits groupes, discutez des caractéristiques des rossignols. Ensuite, lisez le titre du poème et imaginez pourquoi l'auteur a choisi cet oiseau. Présentez vos idées à la classe.

Le Rossignol

Marie de France

1   Je vais vous raconter une aventure
    dont les Bretons ont tiré un lai
    name qu'ils nomment° *Le laüstic*, je crois,
    dans leur pays,
5   c'est-à-dire *Le rossignol* en français
    et *The nightingale* en bon anglais.

    Dans la région de Saint-Malo,
    il y avait une ville réputée,
    où vivaient deux chevaliers,
10 dans deux demeures fortifiées.
    La valeur de ces deux seigneurs
    renown contribuait beaucoup au renom° de la ville.
    L'un avait pour femme

une dame pleine de sagesse, de courtoisie et de grâce,

conduct 15 dont la parfaite conduite°

répondait aux usages et aux bonnes manières.

Le second, jeune et célibataire,

equals renommé parmi ses pairs°

skill pour sa prouesse° et sa valeur,

sumptuous 20 menait une vie fastueuse°:

il participait à de nombreux tournois, dépensait sans compter

et multipliait les largesses.

became Il s'éprit° de la femme de son voisin.
enamoured of
requests Toutes ses requêtes et ses prières°,

25 mais aussi ses grands mérites

finirent par lui valoir l'amour passionné de la dame:

c'est qu'elle n'entendait dire de lui que du bien,

et aussi qu'il habitait tout près d'elle.

Ils s'aimèrent donc avec prudence,

30 prenant soin de se cacher

et de n'être pas surpris

ni soupçonnés:

ce qui leur était facile,

car leurs demeures étaient toutes proches,

35 leurs maisons voisines,

ainsi que les grandes salles de leurs donjons.

Nulle barrière, nulle autre séparation

qu'un grand mur de pierre grise.

De la fenêtre de sa chambre,

40 la dame, debout à sa fenêtre,

pouvait parler à son ami,

de l'autre côté, et il lui répondait.

Ils pouvaient échanger des cadeaux

qu'ils se lançaient d'une fenêtre à l'autre.

45 Rien ne troublait donc

leur bonheur

que l'impossibilité de se rejoindre

as they pleased à leur guise°;

car la dame était surveillée de près

50 quand son ami était dans le pays.

Mais ils se consolaient

en se parlant,

de nuit et de jour:

personne ne pouvait les empêcher

55 de venir à la fenêtre

et de se voir de loin.

Ils se sont donc longtemps aimés,

jusqu'à un printemps:

meadows bois et prés° avaient reverdi

60 et les jardins étaient fleuris.

Les oiseaux chantaient doucement

leur joie dans les fleurs.

Quand on aime,
on ne peut alors penser qu'à l'amour.
65 Le chevalier, en vérité,
s'y abandonne de tout son cœur,
tout comme la dame, de l'autre côté du mur,
qui échange avec lui paroles et regards.
La nuit, au clair de lune,
70 quand son mari était couché,
elle se levait de son lit,
prenait son manteau
et venait à la fenêtre,
pour voir son ami, dont elle savait
75 qu'il en faisait tout autant:
elle restait éveillée la plus grande partie de la nuit.
Ils goûtaient le plaisir de se voir,
puisqu'ils ne pouvaient avoir plus.
Mais la dame, à force de se lever pour venir à la fenêtre,
provoked 80 suscita° la colère de son mari
qui lui demanda à plusieurs reprises
pourquoi elle se levait et où elle allait.
«Seigneur, lui répond la dame,
il ne connaît pas la joie en ce monde,
85 celui qui n'entend pas le rossignol chanter:
voilà pourquoi je vais à ma fenêtre.
La nuit, son chant si doux
me remplit d'un tel bonheur,
je désire tant l'écouter
90 que je ne peux pas fermer l'œil.»
À ces mots, le mari,
mocking furieux, a un sourire moqueur°:
il décide
de prendre le rossignol au piège.
95 Tous les serviteurs de la maison
se mettent à fabriquer pièges, filets et lacets
qu'ils disposent dans le jardin.
hazel trees/ Dans tous les noisetiers°, dans tous les châtaigniers°
chestnut trees
bird lime ils mettent des lacets ou de la glu°,
100 si bien qu'ils ont capturé le rossignol
qu'ils ont remis vivant à leur maître.
Celui-ci, tout heureux
de le tenir,
entre dans la chambre de la dame.
105 «Dame, dit-il, où êtes-vous donc?
Venez me voir!
J'ai capturé le rossignol
qui vous a tant fait veiller!
from now on Désormais° vous pouvez dormir tranquille,
110 il ne vous réveillera plus!»
Triste et peinée,

        la dame, à ces mots,

        demande l'oiseau à son mari

        qui le tue par pure méchanceté,

115 en lui tordant le cou:

soul   il avait bien l'âme° d'un vilain!

        Il jette sur la dame le cadavre,

stains   qui tache° de sang sa robe,

        sur le devant, juste à l'endroit du cœur.

120 Puis il quitte la chambre.

        Alors la dame prend le petit cadavre,

curses   pleure tendrement et maudit°

betrayed tous ceux qui ont trahi° le rossignol

        en fabriquant pièges et lacets:

deprived 125 ils l'ont privée° de sa joie.

        «Hélas, dit-elle, je suis bien malheureuse!

        Je ne pourrai plus me lever la nuit

        pour me tenir à la fenêtre

        et continuer à voir mon ami.

130 Je sais bien qu'il va croire

neglect   que je le délaisse°.

        Il faut trouver une solution.

        Je vais lui envoyer le rossignol

        et lui faire savoir l'aventure.»

135 Dans une étoffe de soie

        sur laquelle elle a brodé leur histoire en lettres d'or,

        elle a enveloppé l'oiseau.

        Elle a appelé un serviteur,

        lui a confié son message

140 et l'a envoyé à son ami.

        Celui-ci arrive chez le chevalier,

        lui transmet le salut de sa dame

        et lui délivre son message

        en lui présentant le rossignol.

145 Il a tout raconté

        et le chevalier l'a bien écouté.

        L'aventure le remplit de chagrin.

act   Mais il a vite fait d'agir° en homme courtois.

        Il a fait forger un coffret,

iron/steel 150 qu'il n'a pas voulu de fer° ni d'acier°,

set in   mais d'or fin serti° des pierres

        les plus précieuses,

lid   avec un couvercle° bien fixé:

        il y a placé le rossignol

seal 155 puis il a fait sceller° cette châsse

        que désormais il a toujours gardée près de lui.

        On raconta cette aventure

        qui ne put rester longtemps cachée.

made   Les Bretons en firent° un lai

160 que l'on appelle *Le rossignol*. ∎

Traduction de Laurence Harf-Lancner

Analyse

1 **Choix multiple** Choisissez la bonne réponse.

1. Le rossignol est un oiseau qui...
   a. parle breton.
   b. attrape les souris (*mice*).
   c. chante la nuit.

2. La dame tombe amoureuse du chevalier célibataire pour...
   a. son mérite.
   b. sa beauté.
   c. sa largesse.

3. Les deux seigneurs qui habitent la région de Saint-Malo sont deux...
   a. vilains.
   b. chevaliers de renom.
   c. célibataires.

4. La dame explique à son mari jaloux qu'elle se lève la nuit pour...
   a. écouter le rossignol chanter.
   b. donner à manger au rossignol.
   c. attraper le rossignol au piège.

5. La dame envoie le cadavre du rossignol à son amant pour lui montrer...
   a. la fin de leur histoire d'amour.
   b. la bonté de son mari.
   c. ses prouesses à la chasse.

2 **Le bon ordre** Numérotez les phrases pour remettre les actions du récit dans le bon ordre.

____ a. La dame ne pourra plus communiquer avec son amant.

____ b. Ils échangent des cadeaux et des mots d'amour.

____ c. La dame invente le prétexte d'écouter un rossignol chanter.

____ d. Le mari est jaloux du «rossignol» et le tue.

____ e. Le mari de la dame finit par lui demander des explications.

____ f. L'amant conserve le rossignol dans un coffret en or.

____ g. Les amants se voient la nuit, des fenêtres de leurs demeures.

____ h. La dame mariée s'éprend du chevalier courtois.

____ i. La dame envoie le cadavre du rossignol à son amant.

____ j. Un chevalier courtois fait la cour à une dame mariée.

3 **Les personnages** Faites correspondre chaque description avec le personnage décrit.

Descriptions	La dame	L'amant	Le mari
1. Aimé(e) des gens du pays			
2. Aime se faire admirer			
3. Montre ses qualités de chasseur			
4. Communique en cachette			
5. Est victime d'une trahison			

4 **Compréhension** Répondez à ces questions.

1. Le mari se rend-il compte que sa femme est amoureuse d'un autre homme? Comment le savez-vous?

2. Comment la femme et son mari communiquent-ils entre eux? Pourquoi?

3. Quel est le rôle du rossignol dans le poème? Justifiez vos réponses.

4. Pourquoi la dame annonce-t-elle la fin de sa relation avec son amant?

5. Étant donné que le divorce n'était pas une option au Moyen Âge, le mari agit-il de la façon la plus juste possible? Expliquez.

5 **L'original** À deux, lisez ces vers de la version originale du poème en ancien français. Ensuite, suivez les instructions.

> La dame prent le cors petit.
> Durement plure e si maldit
> tuz cels ki l'aüstic traïrent,
> les engins et les laçuns firent,
> kar mult li unt toleit grant hait.

- Identifiez les mots que vous comprenez sans l'aide de la traduction en français moderne.
- Identifiez les rimes dans la version médiévale.
- Expliquez pourquoi ces rimes ne se trouvent pas dans la version moderne.
- Expliquez ce que symbolisent les **engins** (*pièges*) et les **laçuns** (*lacets*) qui ont capturé le rossignol.

6 **Une autre perspective** Imaginez que vous puissiez voyager dans le temps et parler à une femme du XIIe siècle. À deux, préparez votre dialogue en suivant ces instructions.

- Parlez d'abord du rôle des femmes au XIIe siècle.
- Discutez des aspects positifs et négatifs de leur vie.
- Parlez de l'évolution du rôle des femmes au XXIe siècle.
- Suggérez des moyens utiles pour lutter contre les limites imposées aux femmes des deux époques.

7 **Des exigences** Écrivez la suite de l'histoire en rédigeant une lettre d'après un de ces deux scénarios.

- La dame du poème décide de pardonner à son mari si celui-ci peut remplir trois conditions.
- Le mari du poème décide de pardonner à sa femme si celle-ci peut remplir trois conditions.

:🔊: Practice more at **face-a-face.vhlcentral.com**.

Préparation Audio: Vocabulary

À propos de l'auteur

Georges Wolinski est un dessinateur français né le 28 juin 1934 en Tunisie. Il se tourne rapidement vers le dessin après avoir fait des études d'architecture. En 1960, il publie ses premiers travaux dans le journal satirique *Hara-Kiri*, où Wolinski développe sa fibre protestataire et satirique. En 1968, il fonde le périodique politique *L'Enragé* puis collabore à deux autres journaux engagés (*socially involved*) bien connus des Français: *Charlie Hebdo* et *Charlie Mensuel*. En 2005, Wolinski reçoit le Grand Prix de la ville d'Angoulême, lors du Festival international de la bande dessinée d'Angoulême.

Vocabulaire de la bande dessinée	Vocabulaire utile	
même pas *not even*	**un accueil** *reception, welcome*	**les papiers d'identité** *identification*
mériter *to deserve*	**ailleurs** *elsewhere*	**le permis de travail** *work permit*
des tas de *loads of*	**engager** *to hire*	

1 **Moment de détente** Les Français ont la réputation d'aimer faire la conversation. À deux, choisissez les conditions d'une bonne conversation. Ensuite, justifiez vos réponses.

- Regarder ailleurs
- Interrompre son ami(e)
- S'asseoir à la terrasse d'un café
- Prendre un verre
- Inviter d'autres personne à se joindre à la conversation
- Rester seul dans son coin
- Dire bonjour en passant
- Écouter son ami(e) parler
- Regarder la télévision
- Offrir quelque chose à manger

2 **Entre amis** Par petits groupes, dites à vos camarades si vous retrouvez souvent des amis juste pour bavarder. Où allez-vous? Est-il nécessaire de boire ou de manger quelque chose? De quoi parlez-vous?

Analyse

1 **Compréhension** Répondez aux questions.

1. De quoi les personnages parlent-ils? Que font-ils en même temps qu'ils bavardent? Selon vous, où peuvent-ils être?
2. Qui parle le plus? Que dit ce personnage?
3. Pourquoi le second personnage parle-t-il moins que le premier? Quelles sont ses opinions sur le sujet de la conversation, à votre avis?
4. Quel est le ton de la bande dessinée? Qu'est-ce que Wolinski cherche à montrer? D'après vous, réussit-il à avoir un ton humoristique?

2 **Au contraire** Par petits groupes, improvisez une scène où une troisième personne se joint à la conversation pour exprimer des opinions opposées. Présentez vos dialogues à la classe.

 Practice more at **face-a-face.vhlcentral.com.**

L'ENRAGÉ
de Georges Wolinski

Cause Toujours! by Wolinski © Glénat Éditions / Drugstore / 1997

Un essai comparatif

Vous allez choisir un pays francophone et préparer un essai dans lequel vous comparerez certains aspects de son système de sécurité sociale avec celui de votre pays.

Plan de rédaction

Commencez par sélectionner un pays francophone qui vous intéresse pour votre recherche. Suivez ensuite ces étapes de préparation et de rédaction.

Planifiez et préparez-vous à écrire

1 Stratégie: Faire des recherches générales sur le sujet puis en choisir un aspect particulier

- Commencez par faire des recherches générales sur les systèmes de sécurité sociale du pays choisi et de votre propre pays.
- Choisissez un aspect qui vous intéresse particulièrement, puis approfondissez vos recherches sur cet aspect précis.
- Le but de votre rédaction étant d'écrire un essai comparatif, assurez-vous bien de trouver des informations qui vous permettront de comparer les deux systèmes.
- Utilisez un tableau pour organiser les résultats de votre recherche de façon logique en vue d'une comparaison. Suivez ce modèle.

Aspect choisi: les programmes d'assistance	
France	**États-Unis**
allocation de solidarité aux personnes âgées	SSI (Supplemental Security Income)
allocations familiales, allocations logement	aide aux familles ayant des enfants à charge, tickets pour l'achat de nourriture (*foodstamps*), Section 8

2 Stratégie: Trouver des informations supplémentaires et les organiser Pour chaque programme de votre tableau initial, trouvez des informations supplémentaires qui vous permettront de faire une comparaison détaillée. Utilisez un nouveau tableau.

	France	États-Unis	Mes observations
allocations chômage	**Conditions:** avoir travaillé un certain temps, … **Rémunération:** variable **Durée:** jusqu'à 23 mois	**Conditions:** se retrouver involontairement au chômage, … **Rémunération:** variable **Durée:** 26 semaines	• On a droit aux allocations chômage pendant plus longtemps en France.
RSA (revenu de solidarité active)	**Conditions:** être français ou titulaire d'un titre de séjour autorisant à travailler...		• On n'a pas besoin d'avoir travaillé...

Écrivez

3 **Votre essai comparatif** Maintenant, composez votre essai. Suivez ce plan et utilisez les informations de vos tableaux. N'oubliez pas que le but est de comparer certains aspects des deux systèmes de sécurité sociale. Employez des comparatifs et des superlatifs.

aussi	moindre(s)
autant	moins
bon(ne)(s)	peu
mauvais(e)(s)	pire(s)
meilleur(e)(s)	plus
mieux	

- **Introduction:** Expliquez en termes généraux ce dont vous allez parler.
- **Développement:** Décrivez et comparez en détails plusieurs aspects des deux systèmes et donnez vos observations personnelles.
- **Conclusion:** Résumez vos observations les plus importantes puis terminez en donnant votre opinion personnelle sur ces deux systèmes.

Révisez et lisez

4 **Révision** Demandez à un(e) caramade de lire votre essai et de vous faire des suggestions pour l'améliorer. Révisez-le en incorporant ses suggestions et en faisant attention à ces éléments.

- Votre introduction explique-t-elle de façon claire ce dont vous allez parler?
- Votre développement est-il organisé logiquement et présente-t-il une comparaison de certains aspects des deux systèmes?
- Votre conclusion donne-t-elle votre opinion personnelle sur les systèmes comparés?
- La grammaire et l'orthographe sont-elles correctes? Vérifiez bien l'emploi du comparatif et du superlatif.

5 **Lecture** Mettez-vous en petits groupes et, à tour de rôle, lisez votre essai à vos camarades. Ils vous poseront des questions puis résumeront deux ou trois choses intéressantes qu'ils ont apprises en vous écoutant.

La société

On dit que les jeunes de 15 à 24 ans constituent une génération en transition. En France, on entend parler de **génération techno**, de **génération alter ego** ou de **génération zapping**.

Il y a, en France, à peu près 7,8 millions de jeunes entre 15 et 24 ans.

Les 15 à 24 ans ont grandi dans une période marquée par la technologie et la mondialisation: près de 80% d'entre eux ont un ordinateur et ils représentent près de 50% des blogueurs.

Les trois-quarts des 15 à 24 ans habitent encore chez leurs parents.

Les 15 à 24 ans sont nés français mais ont grandi européens.

La majorité des 15 à 24 ans considère la spiritualité importante mais ils ne sont pas religieux.

Ils sont plus de 9 sur 10 à posséder un téléphone portable.

Les 15 à 24 ans veulent vivre toutes sortes d'expériences et connaître d'autres cultures. Ils sont ouverts et tolérants.

La préservation de l'environnement est importante pour eux.

Ils font partie de la civilisation du temps libre et des loisirs: pour la plupart d'entre eux, travailler est une nécessité qui ne doit pas réduire le temps de loisir. Ils consacrent en moyenne 100 euros par mois aux loisirs.

Les 15 à 24 ans sont moins idéalistes, plus pessimistes, plus individualistes et plus pragmatiques que leurs parents.

Les 15 à 24 ans se disent plus touchés que leurs aînés par les difficultés de trouver un emploi, par la compétition et l'instabilité sociale.

Adapté de Gérard Mermet, *Francoscopie 2007*.

1 Dans cette activité, vous allez travailler par petits groupes pour comparer votre génération aux jeunes Français du même âge, en vous basant sur les informations et les statistiques données.

2 Utilisez un tableau à trois colonnes pour organiser vos idées. Le groupe discute de chaque idée pendant quelques minutes puis vous notez vos remarques principales.

Idée/sujet	Les jeunes Français	Les jeunes Américains
informatique	• 80% ont un ordinateur • 50% sont blogueurs	• Nous avons tous/toutes un ordinateur dans notre groupe. • Un(e) étudiant(e) sur les cinq dans notre groupe est blogueur/blogueuse.
religion	Ils ne sont pas religieux.	Les jeunes Américains sont plus religieux; beaucoup vont à l'église le dimanche.
pessimisme	Ils sont plus pessimistes que leurs parents.	Nous sommes aussi plus pessimistes que nos parents.
Autres		

3 Les groupes vont analyser les différentes remarques notées dans leur tableau pour en tirer des conclusions. Ils vont préparer un résumé qu'un(e) volontaire va ensuite présenter oralement à la classe.

> Modèle   **—Dans l'ensemble, nous pensons que les jeunes Américains s'intéressent autant à l'informatique et aux télécommunications que les jeunes Français...**
> **—Par contre, nous sommes plus religieux...**

4 Par petits groupes, discutez pour trouver un nom qui décrive votre génération. Donnez les raisons de votre choix. Ensuite la classe votera pour décider quel est le meilleur nom.

Tables de conjugaison

Guide to the Verb Lists and Tables

The list of verbs below includes common regular, irregular, reflexive, and spelling-change verbs. Each verb is followed by a model verb that has the same conjugation pattern. The number in parentheses indicates where in the verb tables (pages 205–216) you can find the model verb. Regular **-er**, **-ir**, and **-re** verbs are conjugated like **parler** (1), **finir** (2) and **vendre** (3), respectively. The phrase *p.c. with être* after a verb means that it is conjugated with **être** in the **passé composé** and other compound tenses. (See page 206.) Reminder: All reflexive (pronominal) verbs use **être** as their auxiliary verb, and they are alphabetized under the non-reflexive infinitive.

accueillir like ouvrir (34)

s'acharner like se laver (4)

acheter (7)

s'adapter like se laver (4)

s'adresser like se laver (4)

agacer like commencer (9)

aller (13); **p.c.** with **être**

s'améliorer like se laver (4)

amener like acheter (7)

s'amuser like se laver (4)

apercevoir like recevoir (40)

s'apercevoir like recevoir (40)
 except **p.c.** with **être**

appartenir like tenir (48)

appeler (8)

apprendre like prendre (39)

s'appuyer like employer (10)
 except **p.c.** with **être**

s'arrêter like se laver (4)

arriver like parler (1) *except* **p.c.**
 with **être**

s'asseoir (14); **p.c.** with **être**

s'assimiler like se laver (4)

s'associer like se laver (4)

atteindre like éteindre (26)

s'attendre like vendre (3)
 except **p.c.** with **être**

avancer like commencer (9)

avoir (5)

se balancer like commencer (9)
 except **p.c.** with **être**

balayer like employer (10)

 except **y** to **i** change optional

se battre (15); **p.c.** with **être**

se blesser like se laver (4)

boire (16)

se brosser like se laver (4)

se casser like se laver (4)

célébrer like préférer (12)

se coiffer like se laver (4)

combattre like se battre (15)
 except **p.c.** with **avoir**

commencer (9)

se comporter like se laver (4)

comprendre like prendre (39)

conduire (17)

connaître (18)

se connecter like se laver (4)

se consacrer like se laver (4)

considérer like préférer (12)

construire like conduire (17)

convaincre like vaincre (49)

se coucher like se laver (4)

se couper like se laver (4)

courir (19)

couvrir like ouvrir (34)

craindre like éteindre (26)

croire (20)

se croiser like se laver (4)

déblayer like essayer (10)

se débrouiller like se laver (4)

se décourager like manger (11)
 except **p.c.** with **être**

découvrir like ouvrir (34)

décrire like écrire (23)

se demander like se laver (4)

déménager like manger (11)

se dépasser like se laver (4)

se dépêcher like se laver (4)

se déplacer like commencer (9)

déranger like manger (11)

se dérouler like se laver (4)

descendre like vendre (3)
 except **p.c.** with **être**; **p.c.** w/
 avoir if takes a direct object

se déshabiller like se laver (4)

se détendre like vendre (3)
 except **p.c.** with **être**

détruire like conduire (17)

devenir like venir (51); **p.c.** with
 être

devoir (21)

dire (22)

diriger like manger (11)

disparaître like connaître (18)

se disputer like se laver (4)

se divertir like finir (2) *except*
 p.c. with **être**

divorcer like commencer (9)

dormir like partir (35) *except*
 p.c. with **avoir**

se douter like se laver (4)

écrire (23)

effacer like commencer (9)

élever like acheter (7)

élire like lire (30)

s'embrasser like se laver (4)

emménager like manger (11)

emmener like acheter (7)

émouvoir (24)

employer (10)

s'endormir like partir (35); **p.c.**
 with **être**

enlever like acheter (7)

s'énerver like se laver (4)

s'enfoncer like commencer (9)
 except **p.c.** with **être**

s'engager like manger (11)
 except **p.c.** with **être**

ennuyer like employer (10)

s'ennuyer like employer (10)
 except **p.c.** with **être**

s'enrichir like finir (2) *except*
 p.c. with **être**

s'entendre like vendre (3)
 except **p.c.** with **être**

s'étonner like se laver (4)

s'entourer like se laver (4)

entreprendre like prendre (39)

entrer like parler (1) *except* **p.c.**
 with **être**

entretenir like tenir (48)

s'entretenir like tenir (48)
 except **p.c.** with **être**

envoyer (25)

épeler like appeler (8)

espérer like préférer (12)

essayer like employer (10)
 except **y** to **i** change optional

essuyer like employer (10)

s'établir like finir (2) *except* **p.c.** with **être**

éteindre (26)

s'étendre like vendre (3) *except* **p.c.** with **être**

être (6)

s'excuser like se laver (4)

exiger like manger (11)

se fâcher like se laver (4)

faire (27)

falloir (28)

se fiancer like commencer (9) *except* **p.c.** with **être**

finir (2)

forcer like commencer (9)

se fouler like se laver (4)

fuir (29)

s'habiller like se laver (4)

s'habituer like se laver (4)

harceler like acheter (7)

s'informer like se laver (4)

s'inquiéter like préférer (12) *except* **p.c.** with **être**

s'inscrire like écrire (23) *except* **p.c.** with **être**

s'installer like se laver (4)

interdire like dire (22) *except* **vous interdisez** (present) and **interdisez** (imperative)

s'intégrer like préférer (12) *except* **p.c.** with **être**

s'intéresser like se laver (4)

s'investir like finir (2) *except* **p.c.** with **être**

jeter like appeler (8)

lancer like commencer (9)

se lancer like commencer (9) *except* **p.c.** with **être**

se laver (4)

lever like acheter (7)

se lever like acheter (7) *except* **p.c.** with **être**

se libérer like se laver (4)

lire (30)

loger like manger (11)

maintenir like tenir (48)

manger (11)

se maquiller like se laver (4)

se marier like se laver (4)

se méfier like se laver (4)

menacer like commencer (9)

mener like acheter (7)

mentir like partir (35) *except* **p.c.** with **avoir**

mettre (31)

se mettre like mettre (31) *except* **p.c.** with **être**

monter like parler (1) *except* **p.c.** with **être; p.c.** w/**avoir** if takes a direct object

se moquer like se laver (4)

mourir (32); **p.c.** with **être**

nager like manger (11)

naître (33); **p.c.** with **être**

nettoyer like employer (10)

nuire like conduire (17)

obtenir like tenir (48)

s'occuper like se laver (4)

offrir like ouvrir (34)

s'orienter like se laver (4)

ouvrir (34)

paraître like connaître (18)

parcourir like courir (19)

parler (1)

partager like manger (11)

partir (35); **p.c.** with **être**

parvenir like venir (51)

passer like parler (1) *except* **p.c.** with **être**

payer like employer (10) *except* **y** to **i** change optional

se peigner like se laver (4)

percevoir like recevoir (40)

permettre like mettre (31)

peser like acheter (7)

placer like commencer (9)

se plaindre like éteindre (26) *except* **p.c.** with **être**

plaire (36)

pleuvoir (37)

plonger like manger (11)

posséder like préférer (12)

pouvoir (38)

prédire like dire (22) *except* **vous prédisez** (present) and **prédisez** (imperative)

préférer (12)

prendre (39)

prévenir like venir (51) *except*

p.c. with **avoir**

prévoir like voir (53)

produire like conduire (17)

projeter like appeler (8)

se promener like acheter (7) *except* **p.c.** with **être**

promettre like mettre (31)

protéger like préférer (12) *except* takes **e** between **g** and vowels **a** and **o**

provenir like venir (51)

ranger like manger (11)

rappeler like appeler (8)

se rappeler like appeler (8) *except* **p.c.** with **être**

se raser like se laver (4)

se rassurer like se laver (4)

se rebeller like se laver (4)

recevoir (40)

se réconcilier like se laver (4)

reconnaître like connaître (18)

réduire like conduire (17)

régner like préférer (12)

rejeter like appeler (8)

rejoindre (41)

se relever like acheter (7) *except* **p.c.** with **être**

remplacer like commencer (9)

renouveler like appeler (8)

rentrer like parler (1) *except* **p.c.** with **être**

renvoyer like envoyer (25)

répéter like préférer (12)

se reposer like se laver (4)

reprendre like prendre (39)

résoudre (42)

ressentir like partir (35) *except* **p.c.** with **avoir**

rester like parler (1) *except* **p.c.** with **être**

retenir like tenir (48)

retourner like parler (1) *except* **p.c.** with **être**

se retourner like se laver (4)

retransmettre like mettre (31)

se réunir like finir (2) *except* **p.c.** with **être**

se réveiller like se laver (4)

revenir like venir (51); **p.c.** with **être**

revoir like voir (53)

se révolter like se laver (4)

rire (43)

rompre (44)

savoir (45)

se sécher like préférer (12) *except* **p.c.** with **être**

séduire like conduire (17)

sentir like partir (35) *except* **p.c.** with **avoir**

servir like partir (35) *except* **p.c.** with **avoir**

se servir like partir (35); **p.c.** with **être**

sortir like partir (35); **p.c.** with **être**

se soucier like se laver (4)

souffrir like ouvrir (34)

soulager like manger (11)

soulever like acheter (7)

sourire like rire (43)

soutenir like tenir (48)

se souvenir like venir (51); **p.c.** with **être**

subvenir like venir (51) *except* **p.c.** with **avoir**

suffire like lire (30)

suggérer like préférer (12)

suivre (46)

surprendre like prendre (39)

survivre like vivre (52)

se taire (47)

télécharger like manger (11)

tenir (48)

tomber like parler (1) *except* **p.c.** with **être**

traduire like conduire (17)

se tromper like se laver (4)

se trouver like se laver (4)

vaincre (49)

valoir (50)

vendre (3)

venir (51); **p.c.** with **être**

vivre (52)

voir (53)

vouloir (54)

voyager like manger (11)

Tables de conjugaison

Regular verbs

Infinitive / Present participle / Past participle / Past infinitive	Subject Pronouns	INDICATIVE Present	INDICATIVE Passé simple	INDICATIVE Imperfect	INDICATIVE Future	CONDITIONAL Present	SUBJUNCTIVE Present	IMPERATIVE
1 parler *(to speak)* parlant parlé avoir parlé	je	parle	parlai	parlais	parlerai	parlerais	parle	
	tu	parles	parlas	parlais	parleras	parlerais	parles	parle
	il/elle/on	parle	parla	parlait	parlera	parlerait	parle	
	nous	parlons	parlâmes	parlions	parlerons	parlerions	parlions	parlons
	vous	parlez	parlâtes	parliez	parlerez	parleriez	parliez	parlez
	ils/elles	parlent	parlèrent	parlaient	parleront	parleraient	parlent	
2 finir *(to finish)* finissant fini avoir fini	je	finis	finis	finissais	finirai	finirais	finisse	
	tu	finis	finis	finissais	finiras	finirais	finisses	finis
	il/elle/on	finit	finit	finissait	finira	finirait	finisse	
	nous	finissons	finîmes	finissions	finirons	finirions	finissions	finissons
	vous	finissez	finîtes	finissiez	finirez	finiriez	finissiez	finissez
	ils/elles	finissent	finirent	finissaient	finiront	finiraient	finissent	
3 vendre *(to sell)* vendant vendu avoir vendu	je	vends	vendis	vendais	vendrai	vendrais	vende	
	tu	vends	vendis	vendais	vendras	vendrais	vendes	vends
	il/elle/on	vend	vendit	vendait	vendra	vendrait	vende	
	nous	vendons	vendîmes	vendions	vendrons	vendrions	vendions	vendons
	vous	vendez	vendîtes	vendiez	vendrez	vendriez	vendiez	vendez
	ils/elles	vendent	vendirent	vendaient	vendront	vendraient	vendent	

Reflexive (Pronominal)

INFINITIVE Present participle / Past participle / Past infinitive	Subject Pronouns	INDICATIVE Present	INDICATIVE Passé simple	INDICATIVE Imperfect	INDICATIVE Future	CONDITIONAL Present	SUBJUNCTIVE Present	IMPERATIVE
4 se laver *(to wash oneself)* se lavant lavé s'être lavé(e)(s)	je	me lave	me lavai	me lavais	me laverai	me laverais	me lave	
	tu	te laves	te lavas	te lavais	te laveras	te laverais	te laves	lave-toi
	il/elle/on	se lave	se lava	se lavait	se lavera	se laverait	se lave	
	nous	nous lavons	nous lavâmes	nous lavions	nous laverons	nous laverions	nous lavions	lavons-nous
	vous	vous lavez	vous lavâtes	vous laviez	vous laverez	vous laveriez	vous laviez	lavez-vous
	ils/elles	se lavent	se lavèrent	se lavaient	se laveront	se laveraient	se lavent	

Auxiliary verbs: *avoir* and *être*

5

Infinitive — Present participle / Past participle / Past infinitive	Subject Pronouns	INDICATIVE Present	Passé simple	Imperfect	Future	CONDITIONAL Present	SUBJUNCTIVE Present	IMPERATIVE
avoir *(to have)* ayant eu avoir eu	j'	ai	eus	avais	aurai	aurais	aie	
	tu	as	eus	avais	auras	aurais	aies	aie
	il/elle/on	a	eut	avait	aura	aurait	ait	
	nous	avons	eûmes	avions	aurons	aurions	ayons	ayons
	vous	avez	eûtes	aviez	aurez	auriez	ayez	ayez
	ils/elles	ont	eurent	avaient	auront	auraient	aient	

6

Infinitive — Present participle / Past participle / Past infinitive	Subject Pronouns	INDICATIVE Present	Passé simple	Imperfect	Future	CONDITIONAL Present	SUBJUNCTIVE Present	IMPERATIVE
être *(to be)* étant été avoir été	je (j')	suis	fus	étais	serai	serais	sois	
	tu	es	fus	étais	seras	serais	sois	sois
	il/elle/on	est	fut	était	sera	serait	soit	
	nous	sommes	fûmes	étions	serons	serions	soyons	soyons
	vous	êtes	fûtes	étiez	serez	seriez	soyez	soyez
	ils/elles	sont	furent	étaient	seront	seraient	soient	

Compound tenses

Subject pronouns	INDICATIVE Passé composé	Pluperfect	Future perfect	CONDITIONAL Past	SUBJUNCTIVE Past	
j'	ai	avais	aurai	aurais	aie	parlé fini vendu
tu	as	avais	auras	aurais	aies	
il/elle/on	a	avait	aura	aurait	ait	
nous	avons	avions	aurons	aurions	ayons	
vous	avez	aviez	aurez	auriez	ayez	
ils/elles	ont	avaient	auront	auraient	aient	
je (j')	suis	étais	serai	serais	sois	allé(e)(s)
tu	es	étais	seras	serais	sois	
il/elle/on	est	était	sera	serait	soit	
nous	sommes	étions	serons	serions	soyons	
vous	êtes	étiez	serez	seriez	soyez	
ils/elles	sont	étaient	seront	seraient	soient	

Verbs with spelling changes

Infinitive / Present participle / Past participle / Past infinitive	Subject Pronouns	INDICATIVE Present	Passé simple	Imperfect	Future	CONDITIONAL Present	SUBJUNCTIVE Present	IMPERATIVE
7 acheter *(to buy)* achetant acheté avoir acheté	j'	achète	achetai	achetais	achèterai	achèterais	achète	
	tu	achètes	achetas	achetais	achèteras	achèterais	achètes	achète
	il/elle/on	achète	acheta	achetait	achètera	achèterait	achète	
	nous	achetons	achetâmes	achetions	achèterons	achèterions	achetions	achetons
	vous	achetez	achetâtes	achetiez	achèterez	achèteriez	achetiez	achetez
	ils/elles	achètent	achetèrent	achetaient	achèteront	achèteraient	achètent	
8 appeler *(to call)* appelant appelé avoir appelé	j'	appelle	appelai	appelais	appellerai	appellerais	appelle	
	tu	appelles	appelas	appelais	appelleras	appellerais	appelles	appelle
	il/elle/on	appelle	appela	appelait	appellera	appellerait	appelle	
	nous	appelons	appelâmes	appelions	appellerons	appellerions	appelions	appelons
	vous	appelez	appelâtes	appeliez	appellerez	appelleriez	appeliez	appelez
	ils/elles	appellent	appelèrent	appelaient	appelleront	appelleraient	appellent	
9 commencer *(to begin)* commençant commencé avoir commencé	je	commence	commençai	commençais	commencerai	commencerais	commence	
	tu	commences	commenças	commençais	commenceras	commencerais	commences	commence
	il/elle/on	commence	commença	commençait	commencera	commencerait	commence	
	nous	commençons	commençâmes	commencions	commencerons	commencerions	commencions	commençons
	vous	commencez	commençâtes	commenciez	commencerez	commenceriez	commenciez	commencez
	ils/elles	commencent	commencèrent	commençaient	commenceront	commenceraient	commencent	
10 employer *(to use; to employ)* employant employé avoir employé	j'	emploie	employai	employais	emploierai	emploierais	emploie	
	tu	emploies	employas	employais	emploieras	emploierais	emploies	emploie
	il/elle/on	emploie	employa	employait	emploiera	emploierait	emploie	
	nous	employons	employâmes	employions	emploierons	emploierions	employions	employons
	vous	employez	employâtes	employiez	emploierez	emploieriez	employiez	employez
	ils/elles	emploient	employèrent	employaient	emploieront	emploieraient	emploient	
11 manger *(to eat)* mangeant mangé avoir mangé	je	mange	mangeai	mangeais	mangerai	mangerais	mange	
	tu	manges	mangeas	mangeais	mangeras	mangerais	manges	mange
	il/elle/on	mange	mangea	mangeait	mangera	mangerait	mange	
	nous	mangeons	mangeâmes	mangions	mangerons	mangerions	mangions	mangeons
	vous	mangez	mangeâtes	mangiez	mangerez	mangeriez	mangiez	mangez
	ils/elles	mangent	mangèrent	mangeaient	mangeront	mangeraient	mangent	

Verbs with spelling changes *(continued)*

Infinitive / Present participle / Past participle / Past infinitive	Subject Pronouns	INDICATIVE				CONDITIONAL	SUBJUNCTIVE	IMPERATIVE
		Present	Passé simple	Imperfect	Future	Present	Present	
12 préférer *(to prefer)* préférant préféré avoir préféré	je	préfère	préférai	préférais	préférerai	préférerais	préfère	
	tu	préfères	préféras	préférais	préféreras	préférerais	préfères	préfère
	il/elle/on	préfère	préféra	préférait	préférera	préférerait	préfère	
	nous	préférons	préférâmes	préférions	préférerons	préférerions	préférions	préférons
	vous	préférez	préférâtes	préfériez	préférerez	préféreriez	préfériez	préférez
	ils/elles	préfèrent	préférèrent	préféraient	préféreront	préféreraient	préfèrent	

Irregular verbs

Infinitive / Present participle / Past participle / Past infinitive	Subject Pronouns	INDICATIVE				CONDITIONAL	SUBJUNCTIVE	IMPERATIVE
		Present	Passé simple	Imperfect	Future	Present	Present	
13 aller *(to go)* allant allé être allé(e)(s)	je (j')	vais	allai	allais	irai	irais	aille	
	tu	vas	allas	allais	iras	irais	ailles	va
	il/elle/on	va	alla	allait	ira	irait	aille	
	nous	allons	allâmes	allions	irons	irions	allions	allons
	vous	allez	allâtes	alliez	irez	iriez	alliez	allez
	ils/elles	vont	allèrent	allaient	iront	iraient	aillent	
14 s'asseoir *(to sit down, to be seated)* s'asseyant assis s'être assis(e)(s)	je	m'assieds	m'assis	m'asseyais	m'assiérai	m'assiérais	m'asseye	
	tu	t'assieds	t'assis	t'asseyais	t'assiéras	t'assiérais	t'asseyes	assieds-toi
	il/elle/on	s'assied	s'assit	s'asseyait	s'assiéra	s'assiérait	s'asseye	
	nous	nous asseyons	nous assîmes	nous asseyions	nous assiérons	nous assiérions	nous asseyions	asseyons-nous
	vous	vous asseyez	vous assîtes	vous asseyiez	vous assiérez	vous assiériez	vous asseyiez	asseyez-vous
	ils/elles	s'asseyent	s'assirent	s'asseyaient	s'assiéront	s'assiéraient	s'asseyent	
15 se battre *(to fight)* se battant battu s'être battu(e)(s)	je	me bats	me battis	me battais	me battrai	me battrais	me batte	
	tu	te bats	te battis	te battais	te battras	te battrais	te battes	bats-toi
	il/elle/on	se bat	se battit	se battait	se battra	se battrait	se batte	
	nous	nous battons	nous battîmes	nous battions	nous battrons	nous battrions	nous battions	battons-nous
	vous	vous battez	vous battîtes	vous battiez	vous battrez	vous battriez	vous battiez	battez-vous
	ils/elles	se battent	se battirent	se battaient	se battront	se battraient	se battent	

Infinitive / Present participle / Past participle / Past infinitive	Subject Pronouns	INDICATIVE Present	Passé simple	Imperfect	Future	CONDITIONAL Present	SUBJUNCTIVE Present	IMPERATIVE
16 boire *(to drink)*	je	bois	bus	buvais	boirai	boirais	boive	
	tu	bois	bus	buvais	boiras	boirais	boives	bois
	il/elle/on	boit	but	buvait	boira	boirait	boive	
buvant	nous	buvons	bûmes	buvions	boirons	boirions	buvions	buvons
bu	vous	buvez	bûtes	buviez	boirez	boiriez	buviez	buvez
avoir bu	ils/elles	boivent	burent	buvaient	boiront	boiraient	boivent	
17 conduire *(to drive; to lead)*	je	conduis	conduisis	conduisais	conduirai	conduirais	conduise	
	tu	conduis	conduisis	conduisais	conduiras	conduirais	conduises	conduis
	il/elle/on	conduit	conduisit	conduisait	conduira	conduirait	conduise	
conduisant	nous	conduisons	conduisîmes	conduisions	conduirons	conduirions	conduisions	conduisons
conduit	vous	conduisez	conduisîtes	conduisiez	conduirez	conduiriez	conduisiez	conduisez
avoir conduit	ils/elles	conduisent	conduisirent	conduisaient	conduiront	conduiraient	conduisent	
18 connaître *(to know, to be acquainted with)*	je	connais	connus	connaissais	connaîtrai	connaîtrais	connaisse	
	tu	connais	connus	connaissais	connaîtras	connaîtrais	connaisses	connais
	il/elle/on	connaît	connut	connaissait	connaîtra	connaîtrait	connaisse	
connaissant	nous	connaissons	connûmes	connaissions	connaîtrons	connaîtrions	connaissions	connaissons
connu	vous	connaissez	connûtes	connaissiez	connaîtrez	connaîtriez	connaissiez	connaissez
avoir connu	ils/elles	connaissent	connurent	connaissaient	connaîtront	connaîtraient	connaissent	
19 courir *(to run)*	je	cours	courus	courais	courrai	courrais	coure	
	tu	cours	courus	courais	courras	courrais	coures	cours
	il/elle/on	court	courut	courait	courra	courrait	coure	
courant	nous	courons	courûmes	courions	courrons	courrions	courions	courons
couru	vous	courez	courûtes	couriez	courrez	courriez	couriez	courez
avoir couru	ils/elles	courent	coururent	couraient	courront	courraient	courent	
20 croire *(to believe)*	je	crois	crus	croyais	croirai	croirais	croie	
	tu	crois	crus	croyais	croiras	croirais	croies	crois
	il/elle/on	croit	crut	croyait	croira	croirait	croie	
croyant	nous	croyons	crûmes	croyions	croirons	croirions	croyions	croyons
cru	vous	croyez	crûtes	croyiez	croirez	croiriez	croyiez	croyez
avoir cru	ils/elles	croient	crurent	croyaient	croiront	croiraient	croient	

21 · devoir *(to have to; to owe)* · devant · dû · avoir dû

Infinitive	Subject Pronouns	INDICATIVE Present	Passé simple	Imperfect	Future	CONDITIONAL Present	SUBJUNCTIVE Present	IMPERATIVE
	je	dois	dus	devais	devrai	devrais	doive	
	tu	dois	dus	devais	devras	devrais	doives	dois
	il/elle/on	doit	dut	devait	devra	devrait	doive	
	nous	devons	dûmes	devions	devrons	devrions	devions	devons
	vous	devez	dûtes	deviez	devrez	devriez	deviez	devez
	ils/elles	doivent	durent	devaient	devront	devraient	doivent	

22 · dire *(to say, to tell)* · disant · dit · avoir dit

Infinitive	Subject Pronouns	INDICATIVE Present	Passé simple	Imperfect	Future	CONDITIONAL Present	SUBJUNCTIVE Present	IMPERATIVE
	je	dis	dis	disais	dirai	dirais	dise	
	tu	dis	dis	disais	diras	dirais	dises	dis
	il/elle/on	dit	dit	disait	dira	dirait	dise	
	nous	disons	dîmes	disions	dirons	dirions	disions	disons
	vous	dites	dîtes	disiez	direz	diriez	disiez	dites
	ils/elles	disent	dirent	disaient	diront	diraient	disent	

23 · écrire *(to write)* · écrivant · écrit · avoir écrit

Infinitive	Subject Pronouns	INDICATIVE Present	Passé simple	Imperfect	Future	CONDITIONAL Present	SUBJUNCTIVE Present	IMPERATIVE
	j'	écris	écrivis	écrivais	écrirai	écrirais	écrive	
	tu	écris	écrivis	écrivais	écriras	écrirais	écrives	écris
	il/elle/on	écrit	écrivit	écrivait	écrira	écrirait	écrive	
	nous	écrivons	écrivîmes	écrivions	écrirons	écririons	écrivions	écrivons
	vous	écrivez	écrivîtes	écriviez	écrirez	écririez	écriviez	écrivez
	ils/elles	écrivent	écrivirent	écrivaient	écriront	écriraient	écrivent	

24 · émouvoir *(to move)* · émouvant · ému · avoir ému

Infinitive	Subject Pronouns	INDICATIVE Present	Passé simple	Imperfect	Future	CONDITIONAL Present	SUBJUNCTIVE Present	IMPERATIVE
	j'	émeus	émus	émouvais	émouvrai	émouvrais	émeuve	
	tu	émeus	émus	émouvais	émouvras	émouvrais	émeuves	émeus
	il/elle/on	émeut	émut	émouvait	émouvra	émouvrait	émeuve	
	nous	émouvons	émûmes	émouvions	émouvrons	émouvrions	émouvions	émouvons
	vous	émouvez	émûtes	émouviez	émouvrez	émouvriez	émouviez	émouvez
	ils/elles	émeuvent	émurent	émouvaient	émouvront	émouvraient	émeuvent	

25 · envoyer *(to send)* · envoyant · envoyé · avoir envoyé

Infinitive	Subject Pronouns	INDICATIVE Present	Passé simple	Imperfect	Future	CONDITIONAL Present	SUBJUNCTIVE Present	IMPERATIVE
	j'	envoie	envoyai	envoyais	enverrai	enverrais	envoie	
	tu	envoies	envoyas	envoyais	enverras	enverrais	envoies	envoie
	il/elle/on	envoie	envoya	envoyait	enverra	enverrait	envoie	
	nous	envoyons	envoyâmes	envoyions	enverrons	enverrions	envoyions	envoyons
	vous	envoyez	envoyâtes	envoyiez	enverrez	enverriez	envoyiez	envoyez
	ils/elles	envoient	envoyèrent	envoyaient	enverront	enverraient	envoient	

Infinitive / Present participle / Past participle / Past infinitive	Subject Pronouns	INDICATIVE				CONDITIONAL	SUBJUNCTIVE	IMPERATIVE
		Present	Passé simple	Imperfect	Future	Present	Present	
26 éteindre *(to turn off)* éteignant éteint avoir étient	j'	éteins	éteignis	éteignais	éteindrai	éteindrais	éteigne	
	tu	éteins	éteignis	éteignais	éteindras	éteindrais	éteignes	éteins
	il/elle/on	éteint	éteignit	éteignait	éteindra	éteindrait	éteigne	
	nous	éteignons	éteignîmes	éteignions	éteindrons	éteindrions	éteignions	éteignons
	vous	éteignez	éteignîtes	éteigniez	éteindrez	éteindriez	éteigniez	éteignez
	ils/elles	éteignent	éteignirent	éteignaient	éteindront	éteindraient	éteignent	
27 faire *(to do; to make)* faisant fait avoir fait	je	fais	fis	faisais	ferai	ferais	fasse	
	tu	fais	fis	faisais	feras	ferais	fasses	fais
	il/elle/on	fait	fit	faisait	fera	ferait	fasse	
	nous	faisons	fîmes	faisions	ferons	ferions	fassions	faisons
	vous	faites	fîtes	faisiez	ferez	feriez	fassiez	faites
	ils/elles	font	firent	faisaient	feront	feraient	fassent	
28 falloir *(to be necessary)* fallu avoir fallu	il	faut	fallut	fallait	faudra	faudrait	faille	
29 fuir *(to flee)* fuyant fui avoir fui	je	fuis	fuis	fuyais	fuirai	fuirais	fuie	
	tu	fuis	fuis	fuyais	fuiras	fuirais	fuies	fuis
	il/elle/on	fuit	fuit	fuyait	fuira	fuirait	fuie	
	nous	fuyons	fuîmes	fuyions	fuirons	fuirions	fuyions	fuyons
	vous	fuyez	fuîtes	fuyiez	fuirez	fuiriez	fuyiez	fuyez
	ils/elles	fuient	fuirent	fuyaient	fuiront	fuiraient	fuient	
30 lire *(to read)* lisant lu avoir lu	je	lis	lus	lisais	lirai	lirais	lise	
	tu	lis	lus	lisais	liras	lirais	lises	lis
	il/elle/on	lit	lut	lisait	lira	lirait	lise	
	nous	lisons	lûmes	lisions	lirons	lirions	lisions	lisons
	vous	lisez	lûtes	lisiez	lirez	liriez	lisiez	lisez
	ils/elles	lisent	lurent	lisaient	liront	liraient	lisent	

Infinitive / Present participle / Past participle / Past infinitive	Subject Pronouns	INDICATIVE				CONDITIONAL	SUBJUNCTIVE	IMPERATIVE
		Present	Passé simple	Imperfect	Future	Present	Present	
31 mettre *(to put)* mettant mis avoir mis	je	mets	mis	mettais	mettrai	mettrais	mette	
	tu	mets	mis	mettais	mettras	mettrais	mettes	mets
	il/elle/on	met	mit	mettait	mettra	mettrait	mette	
	nous	mettons	mîmes	mettions	mettrons	mettrions	mettions	mettons
	vous	mettez	mîtes	mettiez	mettrez	mettriez	mettiez	mettez
	ils/elles	mettent	mirent	mettaient	mettront	mettraient	mettent	
32 mourir *(to die)* mourant mort être mort(e)(s)	je	meurs	mourus	mourais	mourrai	mourrais	meure	
	tu	meurs	mourus	mourais	mourras	mourrais	meures	meurs
	il/elle/on	meurt	mourut	mourait	mourra	mourrait	meure	
	nous	mourons	mourûmes	mourions	mourrons	mourrions	mourions	mourons
	vous	mourez	mourûtes	mouriez	mourrez	mourriez	mouriez	mourez
	ils/elles	meurent	moururent	mouraient	mourront	mourraient	meurent	
33 naître *(to be born)* naissant né être né(e)(s)	je	nais	naquis	naissais	naîtrai	naîtrais	naisse	
	tu	nais	naquis	naissais	naîtras	naîtrais	naisses	nais
	il/elle/on	naît	naquit	naissait	naîtra	naîtrait	naisse	
	nous	naissons	naquîmes	naissions	naîtrons	naîtrions	naissions	naissons
	vous	naissez	naquîtes	naissiez	naîtrez	naîtriez	naissiez	naissez
	ils/elles	naissent	naquirent	naissaient	naîtront	naîtraient	naissent	
34 ouvrir *(to open)* ouvrant ouvert avoir ouvert	j'	ouvre	ouvris	ouvrais	ouvrirai	ouvrirais	ouvre	
	tu	ouvres	ouvris	ouvrais	ouvriras	ouvrirais	ouvres	ouvre
	il/elle/on	ouvre	ouvrit	ouvrait	ouvrira	ouvrirait	ouvre	
	nous	ouvrons	ouvrîmes	ouvrions	ouvrirons	ouvririons	ouvrions	ouvrons
	vous	ouvrez	ouvrîtes	ouvriez	ouvrirez	ouvririez	ouvriez	ouvrez
	ils/elles	ouvrent	ouvrirent	ouvraient	ouvriront	ouvriraient	ouvrent	
35 partir *(to leave)* partant parti être parti(e)(s)	je	pars	partis	partais	partirai	partirais	parte	
	tu	pars	partis	partais	partiras	partirais	partes	pars
	il/elle/on	part	partit	partait	partira	partirait	parte	
	nous	partons	partîmes	partions	partirons	partirions	partions	partons
	vous	partez	partîtes	partiez	partirez	partiriez	partiez	partez
	ils/elles	partent	partirent	partaient	partiront	partiraient	partent	

	Infinitive / Present participle / Past participle / Past infinitive	Subject Pronouns	INDICATIVE				CONDITIONAL	SUBJUNCTIVE	IMPERATIVE
			Present	Passé simple	Imperfect	Future	Present	Present	
36	plaire *(to please)* plaisant plu avoir plu	je	plais	plus	plaisais	plairai	plairais	plaise	
		tu	plais	plus	plaisais	plairas	plairais	plaises	plais
		il/elle/on	plaît	plut	plaisait	plaira	plairait	plaise	
		nous	plaisons	plûmes	plaisions	plairons	plairions	plaisions	plaisons
		vous	plaisez	plûtes	plaisiez	plairez	plairiez	plaisiez	plaisez
		ils/elles	plaisent	plurent	plaisaient	plairont	plairaient	plaisent	
37	pleuvoir *(to rain)* pleuvant plu avoir plu	il	pleut	plut	pleuvait	pleuvra	pleuvrait	pleuve	
38	pouvoir *(to be able)* pouvant pu avoir pu	je	peux	pus	pouvais	pourrai	pourrais	puisse	
		tu	peux	pus	pouvais	pourras	pourrais	puisses	
		il/elle/on	peut	put	pouvait	pourra	pourrait	puisse	
		nous	pouvons	pûmes	pouvions	pourrons	pourrions	puissions	
		vous	pouvez	pûtes	pouviez	pourrez	pourriez	puissiez	
		ils/elles	peuvent	purent	pouvaient	pourront	pourraient	puissent	
39	prendre *(to take)* prenant pris avoir pris	je	prends	pris	prenais	prendrai	prendrais	prenne	
		tu	prends	pris	prenais	prendras	prendrais	prennes	prends
		il/elle/on	prend	prit	prenait	prendra	prendrait	prenne	
		nous	prenons	prîmes	prenions	prendrons	prendrions	prenions	prenons
		vous	prenez	prîtes	preniez	prendrez	prendriez	preniez	prenez
		ils/elles	prennent	prirent	prenaient	prendront	prendraient	prennent	
40	recevoir *(to receive)* recevant reçu avoir reçu	je	reçois	reçus	recevais	recevrai	recevrais	reçoive	
		tu	reçois	reçus	recevais	recevras	recevrais	reçoives	reçois
		il/elle/on	reçoit	reçut	recevait	recevra	recevrait	reçoive	
		nous	recevons	reçûmes	recevions	recevrons	recevrions	recevions	recevons
		vous	recevez	reçûtes	receviez	recevrez	receviez	receviez	recevez
		ils/elles	reçoivent	reçurent	recevaient	recevront	recevraient	reçoivent	

Infinitive / Present participle / Past participle / Past infinitive	Subject Pronouns	INDICATIVE Present	Passé simple	Imperfect	Future	CONDITIONAL Present	SUBJUNCTIVE Present	IMPERATIVE
41 rejoindre (to join) / rejoignant / rejoint / avoir rejoint	je	rejoins	rejoignis	rejoignais	rejoindrai	rejoindrais	rejoigne	
	tu	rejoins	rejoignis	rejoignais	rejoindras	rejoindrais	rejoignes	rejoins
	il/elle/on	rejoint	rejoignit	rejoignait	rejoindra	rejoindrait	rejoigne	
	nous	rejoignons	rejoignîmes	rejoignions	rejoindrons	rejoindrions	rejoignions	rejoignons
	vous	rejoignez	rejoignîtes	rejoigniez	rejoindrez	rejoindriez	rejoigniez	rejoignez
	ils/elles	rejoignent	rejoignirent	rejoignaient	rejoindront	rejoindraient	rejoignent	
42 résoudre (to solve) / résolvant / résolu / avoir résolu	je	résous	résolus	résolvais	résoudrai	résoudrais	résolve	
	tu	résous	résolus	résolvais	résoudras	résoudrais	résolves	résous
	il/elle/on	résout	résolut	résolvait	résoudra	résoudrait	résolve	
	nous	résolvons	résolûmes	résolvions	résoudrons	résoudrions	résolvions	résolvons
	vous	résolvez	résolûtes	résolviez	résoudrez	résoudriez	résolviez	résolvez
	ils/elles	résolvent	résolurent	résolvaient	résoudront	résoudraient	résolvent	
43 rire (to laugh) / riant / ri / avoir ri	je	ris	ris	riais	rirai	rirais	rie	
	tu	ris	ris	riais	riras	rirais	ries	ris
	il/elle/on	rit	rit	riait	rira	rirait	rie	
	nous	rions	rîmes	riions	rirons	ririons	riions	rions
	vous	riez	rîtes	riiez	rirez	ririez	riiez	riez
	ils/elles	rient	rirent	riaient	riront	riraient	rient	
44 rompre (to break) / rompant / rompu / avoir rompu	je	romps	rompis	rompais	romprai	romprais	rompe	
	tu	romps	rompis	rompais	rompras	romprais	rompes	romps
	il/elle/on	rompt	rompit	rompait	rompra	romprait	rompe	
	nous	rompons	rompîmes	rompions	romprons	romprions	rompions	rompons
	vous	rompez	rompîtes	rompiez	romprez	rompriez	rompiez	rompez
	ils/elles	rompent	rompirent	rompaient	rompront	rompraient	rompent	
45 savoir (to know) / sachant / su / avoir su	je	sais	sus	savais	saurai	saurais	sache	
	tu	sais	sus	savais	sauras	saurais	saches	sache
	il/elle/on	sait	sut	savait	saura	saurait	sache	
	nous	savons	sûmes	savions	saurons	saurions	sachions	sachons
	vous	savez	sûtes	saviez	saurez	sauriez	sachiez	sachez
	ils/elles	savent	surent	savaient	sauront	sauraient	sachent	

Infinitive / Present participle / Past participle / Past infinitive	Subject Pronouns	INDICATIVE Present	Passé simple	Imperfect	Future	CONDITIONAL Present	SUBJUNCTIVE Present	IMPERATIVE
46 suivre (to follow) / suivant / suivi / avoir suivi	je	suis	suivis	suivais	suivrai	suivrais	suive	
	tu	suis	suivis	suivais	suivras	suivrais	suives	suis
	il/elle/on	suit	suivit	suivait	suivra	suivrait	suive	
	nous	suivons	suivîmes	suivions	suivrons	suivrions	suivions	suivons
	vous	suivez	suivîtes	suiviez	suivrez	suivriez	suiviez	suivez
	ils/elles	suivent	suivirent	suivaient	suivront	suivraient	suivent	
47 se taire (to be quiet) / se taisant / tu / s'être tu(e)(s)	je	me tais	me tus	me taisais	me tairai	me tairais	me taise	
	tu	te tais	te tus	te taisais	te tairas	te tairais	te taises	tais-toi
	il/elle/on	se tait	se tut	se taisait	se taira	se tairait	se taise	
	nous	nous taisons	nous tûmes	nous taisions	nous tairons	nous tairions	nous taisions	taisons-nous
	vous	vous taisez	vous tûtes	vous taisiez	vous tairez	vous tairiez	vous taisiez	taisez-vous
	ils/elles	se taisent	se turent	se taisaient	se tairont	se tairaient	se taisent	
48 tenir (to hold) / tenant / tenu / avoir tenu	je	tiens	tins	tenais	tiendrai	tiendrais	tienne	
	tu	tiens	tins	tenais	tiendras	tiendrais	tiennes	tiens
	il/elle/on	tient	tint	tenait	tiendra	tiendrait	tienne	
	nous	tenons	tînmes	tenions	tiendrons	tiendrions	tenions	tenons
	vous	tenez	tîntes	teniez	tiendrez	tiendriez	teniez	tenez
	ils/elles	tiennent	tinrent	tenaient	tiendront	tiendraient	tiennent	
49 vaincre (to defeat) / vainquant / vaincu / avoir vaincu	je	vaincs	vainquis	vainquais	vaincrai	vaincrais	vainque	
	tu	vaincs	vainquis	vainquais	vaincras	vaincrais	vainques	vaincs
	il/elle/on	vainc	vainquit	vainquait	vaincra	vaincrait	vainque	
	nous	vainquons	vainquîmes	vainquions	vaincrons	vaincrions	vainquions	vainquons
	vous	vainquez	vainquîtes	vainquiez	vaincrez	vaincriez	vainquiez	vainquez
	ils/elles	vainquent	vainquirent	vainquaient	vaincront	vaincraient	vainquent	
50 valoir (to be worth) / valant / valu / avoir valu	je	vaux	valus	valais	vaudrai	vaudrais	vaille	
	tu	vaux	valus	valais	vaudras	vaudrais	vailles	vaux
	il/elle/on	vaut	valut	valait	vaudra	vaudrait	vaille	
	nous	valons	valûmes	valions	vaudrons	vaudrions	valions	valons
	vous	valez	valûtes	valiez	vaudrez	vaudriez	valiez	valez
	ils/elles	valent	valurent	valaient	vaudront	vaudraient	vaillent	

Infinitive / Present participle / Past participle / Past infinitive	Subject Pronouns	INDICATIVE Present	Passé simple	Imperfect	Future	CONDITIONAL Present	SUBJUNCTIVE Present	IMPERATIVE
51 venir *(to come)* venant venu être venu(e)(s)	je	viens	vins	venais	viendrai	viendrais	vienne	
	tu	viens	vins	venais	viendras	viendrais	viennes	viens
	il/elle/on	vient	vint	venait	viendra	viendrait	vienne	
	nous	venons	vînmes	venions	viendrons	viendrions	venions	venons
	vous	venez	vîntes	veniez	viendrez	viendriez	veniez	venez
	ils/elles	viennent	vinrent	venaient	viendront	viendraient	viennent	
52 vivre *(to live)* vivant vécu avoir vécu	je	vis	vécus	vivais	vivrai	vivrais	vive	
	tu	vis	vécus	vivais	vivras	vivrais	vives	vis
	il/elle/on	vit	vécut	vivait	vivra	vivrait	vive	
	nous	vivons	vécûmes	vivions	vivrons	vivrions	vivions	vivons
	vous	vivez	vécûtes	viviez	vivrez	vivriez	viviez	vivez
	ils/elles	vivent	vécurent	vivaient	vivront	vivraient	vivent	
53 voir *(to see)* voyant vu avoir vu	je	vois	vis	voyais	verrai	verrais	voie	
	tu	vois	vis	voyais	verras	verrais	voies	vois
	il/elle/on	voit	vit	voyait	verra	verrait	voie	
	nous	voyons	vîmes	voyions	verrons	verrions	voyions	voyons
	vous	voyez	vîtes	voyiez	verrez	verriez	voyiez	voyez
	ils/elles	voient	virent	voyaient	verront	verraient	voient	
54 vouloir *(to want, to wish)* voulant voulu avoir voulu	je	veux	voulus	voulais	voudrai	voudrais	veuille	
	tu	veux	voulus	voulais	voudras	voudrais	veuilles	veuille
	il/elle/on	veut	voulut	voulait	voudra	voudrait	veuille	
	nous	voulons	voulûmes	voulions	voudrons	voudrions	voulions	veuillons
	vous	voulez	voulûtes	vouliez	voudrez	voudriez	vouliez	veuillez
	ils/elles	veulent	voulurent	voulaient	voudront	voudraient	veuillent	

Introduction au vocabulaire

Vocabulaire actif

Ce lexique contient les mots et les expressions présentés comme vocabulaire actif dans **FACE-À-FACE**.
Les numéros indiquent la leçon dans laquelle est présenté chaque mot ou expression.

Abréviations employées dans le lexique

adj.	adjectif	*interj.*	interjection	*pl.*	pluriel
adv.	adverbe	*inv.*	invariable	*prép.*	préposition
fam.	familier	*loc.*	locution	*sing.*	singulier
f.	féminin	*m.*	masculin	*v.*	verbe

Français-Anglais

A

à bout de souffle *loc.* breathless **2**
à fond *loc.* to the max **3**
à pas de loup *loc.* stealthily **3**
abattre *v.* to cut down **5**
abonnement *m.* subscription **2**
aborder *v.* to approach **4**
aboyer *v.* to bark **2**
abrité(e) *adj.* sheltered **4**
accablant(e) *adj.* overwhelming **4**
accourir *v.* to come running **4**
accro (à) *adj. inv.* hooked (on), infatuated (with) **2**
accueil *m.* reception, welcome **6**
affaires *f. pl.* belongings **6**
affiche *f.* poster **2, 6**
agence pour l'emploi *f.* employment office **6**
agenouillé(e) *adj.* kneeling **5**
ailleurs *adv.* elsewhere **6**
aimable *adj.* kind **1**
algues *f. pl.* algae **5**
aliment *m.* food **2**
allumer *v.* to turn on **2**
âme *f.* soul **1**
amical(e) *adj.* friendly **1**
amitié *f.* friendship **1**
amour *m.* love **1**
âne *m.* donkey **3**
animal de basse-cour *m.* farmyard animal **1**
animal domestique *m.* pet **1**
animateur/animatrice *m., f.* (TV/radio) host **2**
annonce publicitaire *f.* commercial **2**
annuel(le) *adj.* yearly **2**
apprivoiser *v.* to tame **1**
appuyer sur *v.* to press **2**
arrêter *v.* to arrest **6**
arroser *v.* to water **1**
assistant(e) social(e) *m., f.* social worker **6**

assujettir *v.* to subject **4**
atelier clandestin *m.* sweat shop **5**
attaché(e) de presse *m., f.* press secretary **2**
atteindre *v.* to reach **2**
atterrir *v.* to land **4**
au lieu de *loc.* instead of **3**
s'avérer *v.* to turn out **2**
avocat(e) *m., f.* lawyer **5**
avouer *v.* to confess **3**

B

bague *f.* ring **1**
baisse *f.* drop **5**
baisser le son *v.* to turn down the sound **3**
barrière de corail *f.* coral reef **5**
bassesse *f.* baseness **3**
bâtons *m. pl.* ski poles **3**
battre *v.* to beat **1**
se battre *v.* fight **5**
bavarder *v.* to chat **2**
beau-père *m.* stepfather **4**
beignet *m.* donut **6**
bétail *m.* cattle **5**
béton *m.* concrete **4**
betterave *f.* beet **4**
bidon *m.* container **2**
bidonville *m.* slum **4**
bien *m.* good **5**
biens *m. pl.* possessions **4**
bijoux *m. pl.* jewelry **4**
bimensuel(le) *adj.* semimonthly **2**
bitume *m.* asphalt **4**
blessé(e) *adj.* injured **1**
bois *m.* firewood **2**
boussole *f.* compass (magnetic) **4**
se brancher *v.* to connect **2**
broder *v.* to embroider **6**
bruit *m.* noise **3**

C

cacher *v.* to hide **3**
cadeau *m.* gift **3**

caillou *m.* stone, pebble **5**
caisse (fam.) *f.* car **6**
caméra cachée *f.* hidden camera **3**
camion-citerne *m.* tank truck **2**
canal *m.* canal **2**
canalisation *f.* pipe **5**
capter (fam.) *v.* to understand **4**
carnet d'adresses *m.* address book **2**
carrefour *m.* intersection **2**
carte *f.* map **4**
carte de séjour *f.* residence permit **6**
carton *m.* cardboard box **6**
casque *m.* helmet **5**
cauchemar *m.* nightmare **5**
c'est bien les humains *loc.* that's typical of humans **2**
ceinture *f.* belt **4**
chantier *m.* construction site **5, 6**
chariot *m.* cart **6**
charpente de calcaire *f.* calcium frame **5**
châsse *f.* reliquary **6**
chasse-neige *m.* snow plow **3**
chasseur/chasseuse *m., f.* hunter **1**
chaussée *f.* road surface **2**
cheminée *f.* chimney **3**
cher/chère *adj.* dear **1**
chevalier *m.* knight **6**
chômage *m.* unemployment **3**
chômeur/chômeuse *m., f.* unemployed person **3**
chute *f.* fall **5**
cible *f.* target **2**
circulation *f.* traffic **1**
citoyen(ne) *m., f.* citizen **6**
claquement *m.* slam **3**
clavier *m.* keyboard **2**
clos(e) *adj.* closed **3**
coffret *m.* (treasure) box **4, 6**
collier *m.* collar **2**
colon *m.* settler, colonist **4**
commettre un crime *v.* to commit a crime **6**
communication *f.* air time **2**
compas *m.* compass (geometry) **4**

comploter *v.* to plot **2**
concours *m.* contest, sweepstakes **2**
congolais(e) *adj.* Congolese **6**
conseiller *v.* to advise **1**
constater *v.* to notice **3**
conte *m.* tale **1, 5**
contrarié(e) *adj.* upset **3**
contrôleur/contôleuse *m., f.*
  conductor **4**
corail (coraux) *m.* coral **5**
corallien(ne) *adj.* (of) coral **5**
cornichon *m.* gherkin **1**
corrompre *v.* to corrupt **4**
corrompu(e) *adj.* corrupted **4**
coude *m.* elbow **3**
couler à flots *v.* to earn a lot of
  money **6**
couloir *m.* passage **4**
coup de feu *m.* gunshot **2**
coup de pied *m.* kick **2**
coutume *f.* custom **1, 5**
couture *f.* seam **1**
couvercle *m.* lid **2**
couverture *f.* front cover **2**, blanket **6**
crado *adj. inv.* gross, nasty **1**
creuser *v.* to dig **6**
croire au Père Noël *v.* to believe in
  Santa Claus **3**
croiser *v.* to cross **3**
croix *f.* cross **3**
croquer *v.* to bite into **6**
cueillir *v.* to pick **4**
culotte *f.* panties **1**

D

debout *adv.* standing **6**
déca *m.* decaffeinated coffee **2**
déchets *m. pl.* waste (material) **5**
déchetterie *f.* recycling site **5**
déçu(e) *adj.* disappointed **1**
dédaigneux/dédaigneuse *adj.*
  disdainful **4**
défaut *m.* defect **1**
défi *m.* challenge **5**
dégâts *m. pl.* damage **5**
déménager *v.* to move **4**
demeure *f.* residence **4**
démuni(e) *adj.* penniless **4**
déplacé(e) *adj.* moved **5**
déporter *v.* to deport **6**
déprécier *v.* to cheapen **4**
déranger *v.* disturb **3**
dérober *v.* to steal **1**
dès lors *loc.* since then **1**
des tas de *loc.* loads of **6**
désapprouver *v.* to disapprove **3**
détenu(e) *adj.* detained **6**
deux chevaux (2CV) *f.* older Citroën
  economy car **6**
développement durable *m.*
  sustainable growth **5**
(in)digne *adj.* (un)worthy **4**
donjon *m.* tower, keep **6**

doué(e) *adj.* gifted **1**
doux/douce *adj.* sweet **1**
drapeau *m.* flag **3**
duperie *f.* deception **4**

E

échantillon *m.* sample **3**
échelle *f.* ladder **6**
écologie *f.* ecology **5**
écran *m.* screen **2**
s'écraser *v.* to crash **5**
effacer *v.* to erase **1**
effet de serre *m.* greenhouse effect **5**
élire *v.* to elect **5**
éloignement *m.* distance,
  estrangement **4**
s'éloigner *v.* to move away **4**
emballer *v.* to pack **6**
émettre *v.* to produce, to emit **5**
empêcher *v.* to prevent **5**
empreinte *f.* stamp, mark **3**
en cachette *loc.* secretly **6**
en chair et en os *loc.* in person **5**
en or *loc.* made of gold **4**
en sueur *loc.* sweating **5**
en voie d'extinction *loc.*
  endangered **5**
enfler *v.* to swell **6**
enfoui(e) *adj.* buried **4**
engager *v.* to hire **6**
ennemi(e) *m., f.* enemy **1**
enregistrer *v.* to record **2**
s'entendre bien *v.* to get along **1**
entraîner *v.* to cause **5**
entre la vie et la mort *loc.* between
  life and death **1**
entretenir *v.* to sustain **1**
envoi *m.* sending **2**
épanoui(e) *adj.* well-adjusted **2**
s'épanouir *v.* to flourish **5**
éreinté(e) *adj.* exhausted **2**
escalator *m.* escalator **4**
esclavage *m.* slavery **4**
esclave *m., f.* slave **4**
espèce *f.* species **5**
éteindre *v.* to extinguish **1**, to turn off **2**
étoffe *f.* fabric **6**
être au courant (de) *v.* to know, to
  be aware (of) **4**
être de mauvais poil *v.* to be in a
  bad mood **3**
(ne pas) être dupe *v.* (not) to be
  fooled **3**
être muté(e) *v.* to be transfered (for
  a job) **4**
évasion *f.* escape **4**
éveil *m.* awakening **3**
éveillé(e) *adj.* awake **6**
ex-femme *f.* ex-wife **4**
exécuter *v.* to execute **6**
exploitation minière *f.* mining **5**
extraverti(e) *adj.* extroverted **2**

F

faculté (fac) *f.* university **6**
faille *f.* flaw **5**
faire la cour *v.* to court **6**
faire l'innocent(e) *v.* to play dumb **3**
faire obéir *v.* make obey **3**
faire plaisir à quelqu'un *v.* to make
  someone happy **3**
se faire prendre à son propre jeu
  v. to get caught in one's own lies **3**
faire semblant *v.* to pretend **3**
famille recomposée *f.* reconstituted
  family **4**
(la) faune et la flore *loc.* wildlife **5**
fée *f.* fairy **3**
se fiancer *v.* to get engaged **1**
fidèle *adj.* faithful **1**
filet *m.* net **6**
flou(e) *adj.* blurry, out of focus **1**
fond d'écran *m.* computer wallpaper **2**
fonds marins *m. pl.* marine
  environment **5**
fort(e) *adj.* loud **3**
fossé des générations *m.* generation
  gap **3**
foule *f.* crowd **4**
four *m.* oven **6**
foyer d'accueil *m.* homeless shelter **6**
fraîcheur *f.* freshness **4**
frémir *v.* to shudder **5**
se fréquenter *v.* to date **1**
fromage de brebis *m.* sheep's milk
  cheese **6**
frontière *f.* border **3**
fumée *f.* smoke **5**
funeste *adj.* unfortunate, dire **4**
fusil *m.* gun **1**

G

gamin(e) *m., f.* kid **2**
gaspiller *v.* to squander **5**
geler *v.* to freeze **4**
gencives *f. pl.* gums **6**
gêné(e) *adj.* embarrassed **1**
gonflable *adj.* inflatable **1**
gorgée *f.* sip **2**
gras(se) *adj.* boldface **2**
gratuit(e) *adj.* free (of cost) **2**
grève *f.* strike **5**
guérir *v.* to cure **5**

H

haine *f.* hatred **3**
hausse *f.* increase **5**
hebdomadaire *adj.* weekly **2**
hormone de croissance *f.* growth
  hormone **5**
hotte *f.* Santa's bag **3**

I

icône *f.* icon **2**

immigré(e) *m., f.* immigrant **6**
infidélité *f.* infidelity **6**
insolent(e) *adj.* rude **3**
inspecteur/inspectrice de police
  m., f. police detective **6**
interdit(e) *adj.* forbidden **5**
interrupteur *m.* light switch **3**
inutile *adj.* useless **1**
introverti(e) *adj.* introverted **2**

jeu vidéo *m.* video game **3**
se joindre *v.* to join **1**
jouir de *v.* to enjoy **4**

labourer *v.* to plow **4**
lacet *m.* snare **6**
lâche *adj.* cowardly **4**
lai *m.* lay (medieval poem) **6**
se laisser faire *v.* to let oneself be
  taken advantage of **2**
languissant(e) *adj.* melancholic **1**
laüstic *m.* nightingale **6**
lien *m.* link **1**
loi *f.* law **5**
longue-vue *f.* field glass **4**
louper (fam.) *v.* to miss **4**

mâchoire *f.* jaw **6**
maison de disques *f.* record label,
  record producer **2**
maître-nageur *m.* swimming
  instructor **1**
maladif/maladive *adj.* sickly **4**
manifestation *f.* demonstration **5**
manquer à quelqu'un *v.* to be missed
  (by someone) **4**
marque *f.* brand **6**
marteau-piqueur *m.* pneumatic
  drill **6**
masque à gaz *m.* gas mask **5**
maturité *f.* maturity **3**
mec (fam.) *m.* guy, dude **1, 4**
méchanceté *f.* malice **6**
se méfier de *v.* to distrust **6**
se mêler *v.* to mix **1**
même pas *loc.* not even **6**
menaçant(e) *adj.* threatening **4**
mendier *v.* to beg **6**
mensonge *m.* lie **3**
mensuel(le) *adj.* monthly **2**
mériter *v.* to deserve **6**
mettre le son *v.* to turn the sound **3**
meurtre *m.* murder **4**
meurtrier/meurtrière *adj.* murderous **4**
mijoter *v.* to marinate, to simmer **2**
militer *v.* to campaign **5**
minorité *f.* minority **6**
mobicarte *f.* prepaid card **2**
mobile *m.* cell phone **2**

mon vieux *m.* buddy **2**
mondialisation *f.* globalization **5**
mordre *v.* to bite **1**

naturalisation *f.* naturalization **6**
n'importe quand *loc.* anytime **1, 2**
nocif/nocive *adj.* harmful **5**
Nouvelle-Calédonie *f.* New
  Caledonia **4**
noyé(e) *adj.* drowned **4**
nul(le) *adj.* dumb **3**
numérique *adj.* digital **2**

obéir (à) *v.* to obey **3**
offrir *v.* to give (as a gift) **1**
ogre/ogresse *m., f.* ogre **5**
olivier *m.* olive tree **1**
ombre *f.* shade **5**
on a beau dire tout ce qu'on voudra
  loc. no matter what anyone says **5**
ordure *f.* filth, piece of trash **4**
organisation non gouvernementale
  (ONG) *f.* non-governmental
  organization (NGO) **5**
oser *v.* to dare **2**
outil *m.* tool **6**
ouvrier/ouvrière *m., f.* factory
  worker **5**

panneau *m.* sign **6**
panneau solaire *m.* solar panel **5**
papa poule *m.* stay-at-home father **3**
papiers d'identité *m. pl.*
  identification **6**
papillon *m.* butterfly **5**
pardonner *v.* to forgive **4**
partout *adv.* everywhere **1**
patron(ne) *m., f.* boss **3**
patte *f.* paw **2**
pays d'accueil *m.* host country **6**
peloton d'exécution *m.* firing squad **6**
pensées vagabondes *f. pl.*
  wandering thoughts **1**
perceuse électrique *f.* drill **6**
permis de travail *m.* work permit **6**
perte *f.* loss **1**
Petit Chaperon rouge *m.* Little Red
  Riding Hood **5**
piège *m.* trap **6**
piéton(ne) *m., f.* pedestrian **2**
pigiste *m., f.* freelancer **3**
piste d'atterrissage *f.* runway **4**
plier *v.* to fold **6**
plonger *v.* to dive **5**
poinçonner *v.* to punch (a ticket) **4**
poireauter *v.* to wait **1**
porter secours *v.* to aid **1**
pot d'échappement *m.* exhaust pipe **5**
pouce *m.* thumb **2**

poupon *m.* baby doll **5**
pouponnière *f.* day care center **5**
pourri(e) *adj.* outdated **1**
poursuite *f.* chase **6**
poursuivre *v.* to pursue **4**
précaire *adj.* precarious **6**
précieux/précieuse *adj.* precious **4**
prétendre *v.* to claim **5**
prévoir *v.* to foresee, to predict, to
  plan **1, 5**
proche *m., f.* loved one **1, 2**
produits biologiques *m. pl.* organic
  produce **5**

quai *m.* platform **4**
quand même *loc.* still **5**
se quitter *v.* to leave one another **1**
quotidien *m.* daily newspaper **2**

ramasser *v.* to pick up **5**
rame *f.* subway train **4**
rater *v.* to miss **4**
réaliser un rêve *v.* to realize a
  dream **3**
recharger *v.* to recharge **2**
réchauffement *m.* warming **5**
récif *m.* reef **5**
recoudre *v.* to sew up **1**
recyclage *m.* recycling **5**
refroidir *v.* to cool down **6**
réfugié(e) (politique) *m., f.*
  (political) refugee **6**
relents *m. pl.* bad odors **2**
se remarier *v.* to remarry **4**
rempli(e) à ras bord *adj.* filled to the
  brim **3**
renard *m.* fox **1**
renne *m.* reindeer **3**
renommé(e) *adj.* famous **6**
se répandre *v.* to spill **2**
répertoire *m.* phonebook **2**
réseau *m.* network **2**
se résigner *v.* to resign oneself **6**
respirer *v.* to breathe **5**
ressource naturelle *f.* natural
  resource **5**
rêve *m.* dream **1**
rien à faire *loc.* it's no use **3**
rivage *m.* shore **4**
rive *f.* river bank **4**
rossignol *m.* nightingale **6**
rouquin(e) *m., f.* redhead **5**
routard(e) *m., f.* backpacker **4**
roux/rousse *adj.* red-haired **5**

sable *m.* sand **4**
sac de couchage *m.* sleeping bag **4**
sagesse *f.* wisdom **6**
sain(e) *adj.* sane, healthy **2**

Salam Aleikum (arabe) *loc.* hello **3**
salir *v.* to dirty **4**
salopette *f.* overalls **5**
sanglot *m.* sob **3**
sans-papiers *m.* illegal immigrant **6**
sapeur(-pompier) *m.* firefighter **2**
sauf *prép.* except **1**
sauvage *adj.* wild **1**
SDF (sans domicile fixe) *m., f.* homeless person **6**
secours *m.* help, emergency personnel, aid **1, 5**
seigneur *m.* lord **6**
semblable *adj.* similar **1**
semis *m.* seedbed **4**
sentiments *m. pl.* feelings **2**
septante-neuf (Suisse) *loc.* seventy-nine **3**
serrer dans ses bras *v.* to embrace **4**
siège *m.* seat **2**
singe *m.* monkey **3**
SMS *m.* text message (Short Message Service) **2**
soie *f.* silk **6**
soigner *v.* to take care **1**
somnifères *m. pl.* sleeping pills **3**
sourire *m.* smile **5**
soutenir *v.* to support **4**
station de ski *f.* ski resort **3**
suivre *v.* to follow **3**
surveillé(e) *adj.* supervised **6**

T

se taire *v.* to become quiet **1**
tandis que *adv.* while **3**
taper *v.* to type **2**
témoin *m.* witness **1**
terminus *m.* end of the line **4**
terroir *m.* land **4**
texto *m.* text message **2**
timidité *f.* shyness **2**
tireur *m.* sniper **2**
titre de séjour *m.* residence permit **6**
titre de transport *m.* train ticket **4**
tomber amoureux/amoureuse *v.* to fall in love **2**
tordre *v.* to wring **6**
touche *f.* key **2**
tournoi *m.* tournament **6**
tourterelle *f.* turtle dove **5**
tousser *v.* to cough **1**
traîneau *m.* sleigh **3**
travailleur/travailleuse indépendant(e) *m., f.* self-employed worker **3**
tribune *f.* platform **6**
tripoter *v.* to play with, to touch **1**
tromper *v.* to deceive **1, 3**
truc *m.* thing **1**
tuyau *m.* pipe **5**

U

une *f.* front page **2**
usine *f.* factory **5**

V

valider *v.* to enter **2**
vaisseau *m.* vessel **4**
se vanter *v.* to brag **1**
veau *m.* calf **2**
vedette *f.* star, celebrity **2**
veille *f.* day before **3**
veiller *v.* to stay up **6**
vengeance *f.* revenge **6**
se venger *v.* to take revenge **6**
venir chercher *v.* to pick up **3**
verdoyant(e) *adj.* lush **5**
Verts *m. pl.* green political party **5**
vexé(e) *adj.* upset, hurt **1**
vicié(e) *adj.* tainted, contaminated **4**
victime *f.* victim **1**
vide *adj.* empty **1**
vieillard *m.* old man **4**
vieux-jeu *adj. inv.* old-fashioned **3**
voir sa vie défiler devant ses yeux *v.* to see one's life flash before one's eyes **1**
vouer à *v.* to doom to **4**
vouloir bien faire *v.* to mean well **3**

W

wagon *m.* train car **4**

X

xénophobie *f.* xenophobia **6**

Z

zone littorale *f.* coastal area **5**

Anglais-Français

A

address book carnet d'adresses *m.* **2**
advise conseiller *v.* **1**
aid secours *m.* **5**
aid porter secours *v.* **1**
air time communication *f.* **2**
algae algues *f. pl.* **5**
anytime n'importe quand *loc.* **1, 2**
approach aborder *v.* **4**
arrest arrêter *v.* **6**
asphalt bitume *m.* **1**
awake éveillé(e) *adj.* **6**
awakening éveil *m.* **3**

B

baby doll poupon *m.* **5**
backpacker routard(e) *m., f.* **4**
bad odors relents *m. pl.* **2**
bark aboyer *v.* **2**
baseness bassesse *f.* **3**
be aware (of) être au courant (de) *v.* **4**
(not to) be fooled (ne pas) être dupe *v.* **3**
be in a bad mood être de mauvais poil *v.* **4**
be missed (by someone) manquer à quelqu'un *v.* **4**
be transfered (for a job) être muté(e) *v.* **4**
beat battre *v.* **1**
become quiet se taire *v.* **1**
beet betterave *f.* **4**
beg mendier *v.* **6**
believe in Santa Claus croire au Père Noël *v.* **3**
belongings affaires *f. pl.* **6**
belt ceinture *f.* **4**
between life and death entre la vie et la mort *loc.* **1**
bite mordre *v.* **1**
bite into croquer *v.* **6**
blanket couverture *f.* **6**
blurry flou(e) *adj.* **1**
boldface gras(se) *adj.* **2**
border frontière *f.* **3**
boss patron(ne) *m., f.* **3**
(treasure) box coffret *m.* **4, 6**
brag se vanter *v.* **1**
brand marque *f.* **6**
breathe respirer *v.* **5**
breathless à bout de souffle *loc.* **2**
buddy mon vieux *m.* **2**
buried enfoui(e) *adj.* **4**
butterfly papillon *m.* **5**

C

calcium frame charpente de calcaire *f.* **5**
calf veau *m.* **2**
campaign militer *v.* **5**
canal canal *m.* **2**
car caisse (fam.) *f.* **6**
cardboard box carton *m.* **6**
cart chariot *m.* **6**
cattle bétail *m.* **5**
cause entraîner *v.* **5**
celebrity vedette *f.* **2**
cell phone mobile *m.* **2**
challenge défi *m.* **5**
chase poursuite *f.* **6**
chat bavarder *v.* **2**
cheapen déprécier *v.* **4**
chimney cheminée *f.* **3**
citizen citoyen(ne) *m., f.* **6**
claim prétendre *v.* **5**
closed clos(e) *adj.* **3**
coastal area zone littorale *f.* **5**
collar collier *m.* **2**
colonist colon *m.* **4**
come running accourir *v.* **4**
commercial annonce publicitaire *f.* **2**
commit a crime commettre un crime *v.* **6**
compass (geometry) compas *m.* **4**
compass (magnetic) boussole *f.* **4**
computer wallpaper fond d'écran *m.* **2**
concrete béton *m.* **4**
conductor contrôleur/contrôleuse *m., f.* **4**
confess avouer *v.* **3**
Congolese congolais(e) *adj.* **6**
connect se brancher *v.* **2**
construction site chantier *m.* **5, 6**
container bidon *m.* **2**
contaminated vicié(e) *adj.* **4**
contest concours *m.* **2**
cool down refroidir *v.* **6**
coral corail (coraux) *m.* **5**
(of) coral corallien(ne) *adj.* **5**
coral reef barrière de corail *f.* **5**
corrupt corrompre *v.* **4**
corrupted corrompu(e) *adj.* **4**
cough tousser *v.* **1**
court faire la cour *v.* **6**
cowardly lâche *adj.* **4**
crash s'écraser *v.* **5**
cross croix *f.* **3**
cross croiser *v.* **3**
crowd foule *f.* **4**
cure guérir *v.* **5**
custom coutume *f.* **1, 5**
cut down abattre *v.* **5**

D

daily newspaper quotidien *m.* **2**
damage dégâts *m. pl.* **5**
dare oser *v.* **2**
date se fréquenter *v.* **1**
day before veille *f.* **3**
day care center pouponnière *f.* **5**
decaffeinated coffee déca *m.* **2**
dear cher/chère *adj.* **1**
deceive tromper *v.* **1, 3**
deception duperie *f.* **4**
defect défaut *m.* **1**
demonstration manifestation *f.* **5**
deport déporter *v.* **6**
deserve mériter *v.* **6**
detained détenu(e) *adj.* **6**
dig creuser *v.* **6**
digital numérique *adj.* **2**
dire funeste *adj.* **4**
dirty salir *v.* **4**
disappointed déçu(e) *adj.* **1**
disapprove désapprouver *v.* **3**
disdainful dédaigneux/dédaigneuse *adj.* **4**
distance éloignement *m.* **4**
distrust se méfier de *v.* **6**
disturb déranger *v.* **3**
dive plonger *v.* **5**
donkey âne *m.* **3**
donut beignet *m.* **6**
doom to vouer à *v.* **4**
dream rêve *m.* **1**
drill perceuse électrique *f.* **6**
drop baisse *f.* **5**
drowned noyé(e) *adj.* **4**
dude mec *m.* **1**
dumb nul(le) *adj.* **3**

E

earn a lot of money couler à flots *v.* **6**
ecology écologie *f.* **5**
elbow coude *m.* **3**
elect élire *v.* **5**
elsewhere ailleurs *adv.* **6**
embarrassed gêné(e) *adj.* **1**
embrace serrer dans ses bras *v.* **4**
embroider broder *v.* **6**
emergency personnel secours *m. pl.* **1**
emit émettre *v.* **5**
employment office agence pour l'emploi *f.* **6**
empty vide *adj.* **1**
end of the line terminus *m.* **4**
endangered en voie d'extinction *loc.* **5**
enemy ennemi(e) *m., f.* **1**
enjoy jouir de *v.* **4**
enter valider *v.* **2**
erase effacer *v.* **1**
escalator escalator *m.* **4**
escape évasion *f.* **4**
estrangement éloignement *m.* **4**
everywhere partout *adv.* **1**
ex-wife ex-femme *f.* **4**
except sauf *prép.* **1**
execute exécuter *v.* **6**
exhaust pipe pot d'échappement *m.* **5**

exhausted éreinté(e) *adj.* **2**
extinguish éteindre *v.* **1**
extroverted extraverti(e) *adj.* **2**

F

fabric étoffe *f.* **6**
factory usine *f.* **5**
factory worker ouvrier/ouvrière *m., f.* **5**
fairy fée *f.* **3**
faithful fidèle *adj.* **1**
fall chute *f.* **5**
fall in love tomber amoureux/amoureuse *v.* **2**
famous renommé(e) *adj.* **6**
farmyard animal animal de basse-cour *m.* **1**
feelings sentiments *m. pl.* **2**
field glass longue-vue *f.* **4**
fight se battre *v.* **5**
filled to the brim rempli(e) à ras bord *adj.* **3**
filth ordure *f.* **4**
firefighter sapeur(-pompier) *m.* **2**
firewood bois *m.* **2**
firing squad peloton d'exécution *m.* **6**
flag drapeau *m.* **3**
flaw faille *f.* **5**
flourish s'épanouir *v.* **5**
fold plier *v.* **6**
follow suivre *v.* **3**
food aliment *m.* **2**
forbidden interdit(e) *adj.* **5**
foresee prévoir *v.* **1**
forgive pardonner *v.* **4**
fox renard *m.* **1**
free (of cost) gratuit(e) *adj.* **2**
freelancer pigiste *m., f.* **3**
freeze geler *v.* **4**
freshness fraîcheur *f.* **4**
friendly amical(e) *adj.* **1**
friendship amitié *f.* **1**
front cover couverture *f.* **2**
front page une *f.* **2**

G

gas mask masque à gaz *m.* **5**
generation gap fossé des générations *m.* **3**
get along s'entendre bien *v.* **1**
get caught in one's own lies se faire prendre à son propre jeu *v.* **3**
get engaged se fiancer *v.* **1**
gherkin cornichon *m.* **2**
gift cadeau *m.* **3**
gifted doué(e) *adj.* **1**
give (as a gift) offrir *v.* **1**
globalization mondialisation *f.* **5**
good bien *m.* **5**
green political party Verts *m. pl.* **5**
greenhouse effect effet de serre *m.* **5**
gross crado *adj. inv.* **1**

growth hormone hormone de croissance *f.* **5**
gums gencives *f. pl.* **6**
gun fusil *m.* **1**
gunshot coup de feu *m.* **2**
guy mec (fam.) *m.* **1, 4**

H

harmful nocif/nocive *adj.* **5**
hatred haine *f.* **3**
healthy sain(e) *adj.* **2**
hello Salam Aleikum (arabe) *loc.* **3**
helmet casque *m.* **5**
help secours *m.* **1, 5**
hidden camera caméra cachée *f.* **3**
hide cacher *v.* **3**
hire engager *v.* **6**
homeless person SDF (sans domicile fixe) *m., f.* **6**
homeless shelter foyer d'accueil *m.* **6**
hooked (on) accro (à) *adj. inv.* **2**
(TV/radio) host animateur/animatrice *m., f.* **2**
host country pays d'accueil *m.* **6**
hunter chasseur/chasseuse *m., f.* **1**
hurt vexé(e) *adj.* **1**

I

icon icône *f.* **2**
identification papiers d'identité *m. pl.* **6**
illegal immigrant sans-papiers *m.* **6**
immigrant immigré(e) *m., f.* **6**
in person en chair et en os *loc.* **5**
increase hausse *f.* **5**
infatuated (with) accro (à) *adj. inv.* **2**
infidelity infidélité *f.* **6**
inflatable gonflable *adj.* **1**
injured blessé(e) *adj.* **1**
instead of au lieu de *loc.* **3**
intersection carrefour *m.* **2**
introverted introverti(e) *adj.* **2**
it's no use rien à faire *loc.* **3**

J

jaw mâchoire *f.* **6**
jewelry bijoux *m. pl.* **4**
join se joindre *v.* **1**

K

keep donjon *m.* **6**
key touche *f.* **2**
keyboard clavier *m.* **2**
kick coup de pied *m.* **2**
kid gamin(e) *m., f.* **2**
kind aimable *adj.* **1**
kneeling agenouillé(e) *adj.* **5**
knight chevalier *m.* **6**
know être au courant (de) *v.* **4**

L

ladder échelle *f.* **6**
land atterrir *v.* **4**, terroir *m.* **4**
law loi *f.* **5**
lawyer avocat(e) *m., f.* **5**
lay (medieval poem) lai *m.* **6**
leave one another se quitter *v.* **1**
let oneself be taken advantage of se laisser faire *v.* **2**
lid couvercle *m.* **2**
lie mensonge *m.* **3**
light switch interrupteur *m.* **3**
link lien *m.* **1**
Little Red Riding Hood Petit Chaperon rouge *m.* **5**
loads of des tas de *loc.* **6**
lord seigneur *m.* **6**
loss perte *f.* **1**
loud fort(e) *adj.* **3**
love amour *m.* **1**
loved one proche *m., f.* **1, 2**
lush verdoyant(e) *adj.* **5**

M

made of gold en or *loc.* **4**
make obey faire obéir *v.* **3**
make someone happy faire plaisir à quelqu'un *v.* **3**
malice méchanceté *f.* **6**
map carte *f.* **4**
marinate mijoter *v.* **2**
marine environment fonds marins *m. pl.* **5**
mark empreinte *f.* **3**
maturity maturité *f.* **3**
mean well vouloir bien faire *v.* **3**
melancholic languissant(e) *adj.* **1**
mining exploitation minière *f.* **5**
minority minorité *f.* **6**
miss louper (fam.) *v.* **4**, rater *v.* **4**
mix se mêler *v.* **1**
monkey singe *m.* **3**
monthly mensuel(le) *adj.* **2**
move déménager *v.* **4**
move away s'éloigner *v.* **4**
moved déplacé(e) *adj.* **5**
murder meurtre *m.* **4**
murderous meurtrier/meurtrière *adj.* **4**

N

nasty crado *adj. inv.* **1**
natural resource ressource naturelle *f.* **5**
naturalization naturalisation *f.* **6**
net filet *m.* **6**
network réseau *m.* **2**
New Caledonia Nouvelle-Calédonie *f.* **4**
nightingale rossignol *m.*, laüstic *m.* **6**
nightmare cauchemar *m.* **5**
no matter what anyone says on a

beau dire tout ce qu'on voudra *loc.* **5**
noise bruit *m.* **3**
non-governmental organization (NGO) organisation non gouvernementale (ONG) *f.* **5**
not even même pas *loc.* **6**
notice constater *v.* **3**

obey obéir (à) *v.* **3**
ogre ogre/ogresse *m., f.* **5**
old-fashioned vieux jeu *adj. inv.* **3**
old man vieillard *m.* **4**
older Citroën economy car deux chevaux (2CV) *f.* **6**
olive tree olivier *m.* **1**
organic produce produits biologiques *m. pl.* **5**
out of focus flou(e) *adj.* **1**
outdated pourri(e) *adj.* **1**
oven four *m.* **6**
overalls salopette *f.* **5**
overwhelming accablant(e) *adj.* **4**

pack emballer *v.* **6**
panties culotte *f.* **1**
passage couloir *m.* **4**
paw patte *f.* **2**
pebble caillou *m.* **5**
pedestrian piéton(ne) *m., f.* **2**
penniless démuni(e) *adj.* **6**
pet animal domestique *m.* **1**
phonebook répertoire *m.* **2**
pick cueillir *v.* **4**
pick up venir chercher *v.* **3**, ramasser *v.* **5**
piece of trash ordure *f.* **4**
pipe canalisation *f.,* tuyau *m.* **5**
plan prévoir *v.* **5**
platform quai *m.* **4**, tribune *f.* **6**
play dumb faire l'innocent(e) *v.* **3**
play with tripoter *v.* **1**
plot comploter *v.* **2**
plow labourer *v.* **4**
pneumatic drill marteau-piqueur *m.* **6**
police detective inspecteur/ inspectrice de police *m., f.* **6**
possessions biens *m. pl.* **4**
poster affiche *f.* **2, 6**
precarious précaire *adj.* **6**
precious précieux/précieuse *adj.* **4**
predict prévoir *v.* **1, 5**
prepaid card mobicarte *f.* **2**
press appuyer sur *v.* **2**
press secretary attaché(e) de presse *m., f.* **2**
pretend faire semblant *v.* **3**
prevent empêcher *v.* **5**
produce émettre *v.* **5**

punch (a ticket) poinçonner *v.* **4**
pursue poursuivre *v.* **4**

reach atteindre *v.* **2**
realize a dream réaliser un rêve *v.* **3**
reception accueil *m.* **6**
recharge recharger *v.* **2**
reconstituted family famille recomposée *f.* **4**
record enregistrer *v.* **2**
record label maison de disques *f.* **2**
record producer maison de disques *f.* **2**
recycling recyclage *m.* **5**
recycling site déchetterie *f.* **5**
red-haired roux/rousse *adj.* **5**
redhead rouquin(e) *m., f.* **5**
reef récif *m.* **5**
(political) refugee réfugié(e) (politique) *m., f.* **6**
reindeer renne *m.* **3**
reliquary châsse *f.* **6**
remarry se remarier *v.* **4**
residence demeure *f.* **6**
residence permit titre de séjour *m.,* carte de séjour *f.* **6**
resign oneself se résigner *v.* **6**
revenge vengeance *f.* **6**
ring bague *f.* **1**
river bank rive *f.* **4**
road surface chaussée *f.* **2**
rude insolent(e) *adj.* **3**
runway piste d'atterrissage *f.* **4**

sample échantillon *m.* **3**
sand sable *m.* **4**
sane sain(e) *adj.* **2**
Santa's bag hotte *f.* **3**
screen écran *m.* **2**
seam couture *f.* **1**
seat siège *m.* **2**
secretly en cachette *loc.* **6**
see one's life flash before one's eyes voir sa vie défiler devant ses yeux *v.* **1**
seedbed semis *m.* **4**
self-employed worker travailleur/ travailleuse indépendant(e) *m., f.* **3**
semimonthly bimensuel(le) *adj.* **2**
sending envoi *m.* **2**
settler colon *m.* **4**
seventy-nine septante-neuf *loc.* **3**
sew up recoudre *v.* **1**
shade ombre *f.* **5**
sheep's milk cheese fromage de brebis *m.* **6**
sheltered abrité(e) *adj.* **4**
shore rivage *m.* **4**
shudder frémir *v.* **5**
shyness timidité *f.* **2**

sickly maladif/maladive *adj.* **4**
sign panneau *m.* **6**
silk soie *f.* **6**
similar semblable *adj.* **1**
simmer mijoter *v.* **2**
since then dès lors *loc.* **1**
sip gorgée *f.* **2**
ski poles bâtons *m. pl.* **3**
ski resort station de ski *f.* **3**
slam claquement *m.* **3**
slave esclave *m., f.* **4**
slavery esclavage *m.* **4**
sleeping bag sac de couchage *m.* **4**
sleeping pills somnifères *m. pl.* **3**
sleigh traîneau *m.* **3**
slum bidonville *m.* **4**
smile sourire *m.* **5**
smoke fumée *f.* **5**
snare lacet *m.* **6**
sniper tireur *m.* **2**
snow plow chasse-neige *m.* **3**
sob sanglot *m.* **3**
social worker assistant(e) social(e) *m., f.* **6**
solar panel panneau solaire *m.* **5**
soul âme *f.* **1**
species espèce *f.* **5**
spill se répandre *v.* **2**
squander gaspiller *v.* **5**
stamp empreinte *f.* **3**
standing debout *adv.* **6**
star vedette *f.* **2**
stay-at-home father papa poule *m.* **3**
stay up veiller *v.* **6**
steal dérober *v.* **1**
stealthily à pas de loup *loc.* **3**
stepfather beau-père *m.* **4**
still quand même *loc.* **5**
stone caillou *m.* **5**
strike grève *f.* **5**
subject assujettir *v.* **4**
subscription abonnement *m.* **2**
subway train rame *f.* **4**
supervised surveillé(e) *adj.* **6**
support soutenir *v.* **4**
sustain entretenir *v.* **1**
sustainable growth développement durable *m.* **5**
sweat shop atelier clandestin *m.* **5**
sweating en sueur *loc.* **5**
sweepstakes concours *m.* **2**
sweet doux/douce *adj.* **1**
swell enfler *v.* **6**
swimming instructor maître-nageur *m.* **1**

tainted vicié(e) *adj.* **4**
take care soigner *v.* **1**
take revenge se venger *v.* **6**
tale conte *m.* **1, 5**
tame apprivoiser *v.* **1**
tank truck camion-citerne *m.* **2**

target cible *f.* **2**
text message (Short Message Service) SMS *m.*, texto *m.* **2**
that's typical of humans c'est bien les humains *loc.* **2**
thing truc *m.* **1**
threatening menaçant(e) *adj.* **4**
thumb pouce *m.* **2**
to the max à fond *loc.* **3**
tool outil *m.* **6**
touch tripoter *v.* **1**
tournament tournoi *m.* **6**
tower donjon *m.* **6**
traffic circulation *f.* **1**
train car wagon *m.* **4**
train ticket titre de transport *m.* **4**
trap piège *m.* **6**
treasure box coffret *m.* **4**
turn down the sound baisser le son *v.* **3**
turn off éteindre *v.* **2**
turn on allumer *v.* **2**
turn out s'avérer *v.* **2**
turn the sound mettre le son *v.* **3**
turtle dove tourterelle *f.* **5**
type taper *v.* **2**

U

understand capter (fam.) *v.* **4**
unemployed person chômeur/chômeuse *m.*, *f.* **3**
unemployment chômage *m.* **3**
unfortunate funeste *adj.* **4**
university faculté (fac) *f.* **6**
upset vexé(e) *adj.* **1**; contrarié(e) *adj.* **3**
useless inutile *adj.* **1**

V

vessel vaisseau *m.* **4**
victim victime *f.* **1**
video game jeu vidéo *m.* **3**

W

wait poireauter *v.* **1**
wandering thoughts pensées vagabondes *f. pl.* **1**
warming réchauffement *m.* **5**
waste (material) déchets *m. pl.* **5**
water arroser *v.* **1**
weekly hebdomadaire *adj.* **2**
welcome accueil *m.* **6**
well-adjusted épanoui(e) *adj.* **2**
while tandis que *adv.* **3**
wild sauvage *adj.* **1**
wildlife la faune et la flore *f.* **5**
wisdom sagesse *f.* **6**
witness témoin *m.* **1**
work permit permis de travail *m.* **6**
(un)worthy (in)digne *adj.* **4**
wring tordre *v.* **6**

X

xenophobia xénophobie *f.* **6**

Y

yearly annuel(le) *adj.* **2**

Text Credits

Comic Credits

Photography Credits

All images © Vista Higher Learning unless otherwise noted.

Special Thanks to: Isabelle Alouane, Martín Bernetti, Anne Loubet, and Pascal Pernix.

Cover / Frontmatter: (front cover) © Jupiterimages/Getty Images; (background cover) © Cultura photography/Veer, a Corbis Corporation; **iii** © Andresr/Shutterstock.

Lesson 1: 2 (full pg) © amanaimages/Corbis; **13** Napoleon Bonaparte (1769-1821) in his Study at the Tuileries, 1812 (oil on canvas), David, Jacques Louis (1748-1825)/Private Collection/Lauros/Giraudon/The Bridgeman Art Library International; **18** The Granger Collection; **19** (full pg) © Pablo Caridad/123RF; **20** (full pg) © Pablo Caridad/123RF; **22** © Bettmann/Corbis; **24** Houghton Mifflin Harcourt; **25** Houghton Mifflin Harcourt; **26** Houghton Mifflin Harcourt; **27** Houghton Mifflin Harcourt; **30** (t) © AP Images; (b) © AFP/Getty Images.

Lesson 2: 36 (full pg) © David Fairfield/Getty Images; **46** © Lawrence Manning/Corbis; **51** © Image Source/Corbis; **53** © dlewis33/iStockphoto; **54** © kaczka/iStockphoto; **56** Image courtesy of André Berthiaume; **58** (background) © sgrae/iStockphoto; (t) © Patrick Strattner/Getty Images; (m) © Pokaz/Shutterstock; (foreground) © Stalman/iStockphoto; **60** (t) © Matthew Cole/Shutterstock; (r) © M. Claudio/Fotolia; **61** (l) © Matthew Cole/Shutterstock; (r) © Montenegro/Shutterstock; **63** (l) © Marco Di Lauro/Getty Images; **64** © Robert Vanden Brugge/EPA/Corbis; **68** (br) © Michael Dunning/Photographer's Choice/Getty Images.

Lesson 3: 69 (full pg) © Duane Osborn/Somos Images/Corbis; **86** © BALTEL/SIPA/Newscom; **87** © sozaijiten/Datacraft/Getty Images; **88** © Image Source/Getty Images; **90** © Sophie Bassouls/Sygma/Corbis; **91** © Reggie Casagrande/iStockphoto; **92** © Nancy Ney/Digital Vision/Getty Images; **96** © Eric Fougere/VIP Images/Corbis; **99** (r) © MELBA PHOTO AGENCY/Alamy.

Lesson 4: 102 (full pg) © Hans Wolf/The Image Bank/Getty Images; **118** © Sophie Bassouls/Sygma/Corbis; **119** Réunion des Musées Nationaux/Art Resource; **122** © The Gallery Collection/Corbis; **123** © Leonard de Selva/Corbis; **124** (background) © Thomas Luny/The Bridgeman Art Library/Getty Images; (foreground) © Michel Renaudeau/Age Fotostock; **126** (foregound) © Mark Harmel/Alamy; **126–127** © Medioimages/Photodisc/Getty Images; **127** (foregound) © National Geographic/Getty Images; **129** © The Gallery Collection/Corbis; **130** (t) © d17/ZUMA Press/Newscom; (b) Courtesy of Clément Oubrerie; **134** (l) © Image Source/Corbis; (m) © Franky DeMeyer/iStockphoto; (r) © Charles & Josette Lenars/Corbis.

Lesson 5: 136 (full pg) © Sygma/Corbis; **143** (r) © Mark Karrass/Corbis; **150** © Jeanne Drake; **151** © Nick Greaves/Alamy; **153** © Images.com/Corbis; **156** © Jean-Pierre Couderc/Roger-Viollet/The Image Works; **157** © Royalty-Free/Corbis; **158** (t) © Contour99/istock; (m) © Marta Bevacqua photos/Flickr/Getty Images; (b) © deeAuvil/istock; **161** © Margaret Courtney-Clarke/Corbis; **162** Courtesy of David Ratte; **166** © Hulton Archive/Getty Images; **167** (r) © Andreas G. Karelias/iStockphoto.

Lesson 6: 168 (full pg) © Francois Mori/Associated Press; **178** © Philippe Wojazer/Reuters/Corbis; **184** Courtesy of Abdelkader Djemaï; **185** © Win Initiative/Getty Images; **188** Ms.3142 fol.256 Marie de France (fl.12th century) writing, from an Anthology of French Poems, c.1280-90 (vellum) (detail) (b/w photo), French School, (13th century)/Bibliotheque de L'Arsenal, Paris, France/Giraudon/The Bridgeman Art Library International; **189** © Chris Gomersall/Alamy; **190** © Gianni Dagli Orti/Corbis; **192** © Gianni Dagli Orti/Corbis; **193** © Gianni Dagli Orti/Corbis; **196** © Eric Fougere/VIP Images/Corbis.

À propos de l'auteur

FRANÇOISE J. GHILLEBAERT est professeur de français à l'Université de Porto Rico, à Río Piedras. Elle enseigne des cours de phonétique et de diction du français, de conversation, de littérature, et également un cours de lecture du français écrit pour étudiants hispanophones en maîtrise et en doctorat. Originaire de Fontainebleau, en France, elle est détentrice d'une maîtrise de langues étrangères appliquées en anglais et en russe de La Sorbonne (Paris IV) et d'un doctorat de littérature française de l'Université du Texas à Austin. Elle a enseigné le français dans différentes universités en Louisiane, en Alabama et au Texas. Elle est l'auteur d'un livre de critique littéraire, *Disguise in George Sand's Novels* (2009), et la fondatrice et rédactrice en chef du journal électronique *Crisolenguas* (2007) du Département de Langues Étrangères de l'Université de Porto Rico à Río Piedras.